計算科学のためのHPC技術 1

下司 雅章 編

大阪大学出版会

まえがき

　本書は，文部科学省「HPCI戦略プログラム (SPIRE)」分野2＜新物質・エネルギー創成＞で組織された計算物質科学イニシアティブ (Computatinal Materials Science Initiative:CMSI) の事業の一環として取り組んだ人材育成プログラムの一つである配信講義「計算科学技術特論A」「計算科学技術特論B」のうち前者を土台とし，まとめたものである．90分の講義では時間的に十分示すことができない内容や正確な記述をさらに勉強しようとする若手研究者や学生に示すことを目的としている．それに一部CMSI人材育成シンポジウムで行った講演も含めている．日々進歩を遂げる計算機の世界ではあるが，ことにハイパフォーマンスコンピューティング (High Performance Computing:HPC) において，これからポスト「京」が登場して，その先のポストポスト「京」が登場したとしても基本的に変わらないであろう基本技術を中心にまとめ，若手人材育成に貢献できるものとなることを目指している．

　いわゆるスーパーコンピュータ（スパコン）は，1980年代辺りからいろいろな分野での利用が進み日米が凌ぎを削って開発に取り組んできた．その当時はいわゆるベクトル計算機が主流であって，プログラム開発者はベクトルチューニングに取り組んだ．しかし，1990年台後半になると，アメリカは高価なベクトルCPUの開発ではなく，安価なCPUに同時に処理をさせる並列化の方に開発の方向を転換した．この流れでスパコン開発は現在まで進んできている．現在は超並列とかメニーコアとか言われる時代で，2016年にはLinpackの性能を競い合うTop500のランキングのトップは1千万コアを超える時代に突入した．

　このことは，ユーザーの立場では単純には喜べるものではない．ベクトル計算機でのベクトルチューニングのように，ベクトル長を極力長く取れば性能の向上が見込めるようなものではなく，キャッシュの大きさを知ってそれにに乗るようにチューニングする，レイテンシ(遅延)の遅さを隠すようにする，データ通信の回数を減らすなど，ハードの特徴を熟知してチューニングしないと性能が出ないのが現在のスパコンである．これらのどれがホットスポットになるかは主には分野で区別される計算手法のアルゴリズムによって異なっており，全てに共通する開発方針はない．何よ

りこれから登場する数千万コアの並列度を使い切るだけの並列化軸がアルゴリズムの中にあるのか，あるいは新たに作り出せるのか，といった問題もある．さらにアクセラレータの搭載されたマシンへの対応も近年進められているが，まだ性能の向上が十分進められていない分野も少なくはなく，根本的なアルゴリズムの改良にまで取り組む必要に迫られている場合もある．

　このようなことは，一昔前は計算機科学の専門家やごく一部の物理学者，化学者などだけが行っていたことであるが，今のスパコンを使いこなそうと思うと，これらの知識や技術はより多くの人たちに必要となっている．ソフトウェアを開発している研究者にとっては必須と言ってよく，ユーザー的な立場であってもいくらかは知っておかなければならないことが増えていることは事実である．何も考えずにスパコンでコンパイルして実行しても，研究室レベルで広く使われているPCクラスターよりも性能が出ないことは普通にあることである．しかし，ちゃんとチューニングすれば格段の性能が出せることも事実で，このチューニングの技術が年々高度化していることは，この分野の難しさでもある．

　プログラムの高速化は，分野によっては成果と認められにくいところもあり，開発を進める研究者にとってこのことは研究成果が出せない大きなリスクを含んでいることになる．しかし，実際問題としてプログラムを高速化しないと同じ成果を出したとしてもその発表が遅れるという問題にもなるし，さらに途方もない時間をかけないと得られない結果を現実的な計算時間で得られるということは，研究の本質にかかわることであり，できる限り高速化することが極めて重要である．そのようにソフトウェアを開発できたならば，それは世界において大きなアドバンテージを持つこととになる．

　まだまだ一般世間では，Top500のランキングで一喜一憂するような報道がほとんどであるが，計算科学にかかわる者にとってそのようなマシンのピーク性能やLinpackのベンチマーク性能は参考程度であって，その上でいかに自身の開発したソフトウェアが性能を出せるようにチューニングできるかということが問題であり，そのようなソフトウェアがあってこそスパコンの本当の価値が発揮されるのである．「京」を中心とした

HPCI戦略プログラムのでは,多くの研究者が大変な労力を注いでソフトウェアの高速化に取り組み,そこで多くの研究成果とともにソフトウェア開発についての知見が得られた.それは単発のセミナーなどが企画されて紹介はされて入るものの,体系化された形にはなっていない.CMSIでは,分野振興・人材育成に大変力を入れて取り組み,計算科学技術の体系化されたカリキュラム作成を目指して取り組んだ.計算科学技術特論AおよびBはその一つとして実施し,AとBを隔年で開講している.この講義はテレビ会議システムを利用して,大阪大学ナノサイエンスデザイン教育研究センターを配信元として,CMSIの教育拠点を中心に全国最大14カ所に配信し,数十名から最大150名程度の受講生を集めて行った.講義の様子や講義資料はWEBで一般公開し,誰もがその内容をいつでも学べる状態にして提供し続けている.講義も一度やればそれで終わりではなく,各講師が2年毎にその都度進展したことを取り入れつつ講義を実施している.

　計算科学という分野は,各大学で学科ができるほどの規模の分野ではない.関係する研究者が全国に分散している.これまではそれぞれで独立で教育を行ってきたが,それは分野全体を考えたとき効率的とは言い難い.特に,地方大学などでは教員の負担がただでさえ大きい中この分野に特化した高度な教育を十分に与えることは容易ではない.このような最先端の計算技術を提供することは至難の業である.それを,同じ分野の教員で数年おきに交代で講義をするなどできれば,多少なりとも負担が減り,それで空いた時間を学生への教育時間や自身の研究の時間に回せると考えられる.テレビ会議システムを用いた教育システムは,大阪大学ナノサイエンスデザイン教育研究センターでは2002年より実施してきたが,そのノウハウをこの分野での教育に展開して,完全公開でより多くの興味を持つ人たちに提供してきた.このような形式の教育体制は,特に大学院生向けの教育体制としては今後の一つの方向性を示すものと考えられ,自分たちのコミュニティで後進を育てるというもののプロトタイプとなると考えている.

　上で述べたように,各分野でのスペシャリストだけを育成することことに留まらず,個別に得られた技術やノウハウを他の分野にも広く展開し

て共有し合い，日本全体で高度に計算機を活用できる人材を育成することを目指すべきであると考えている．本書の特に前半の内容は，物質科学の分野に限った内容ではなく，あらゆる分野に適用できる一般的な内容である．他分野で開発された技術が，別の分野の発展の過程で重要になってくるということはよくあることである．計算科学の分野では，計算コストのかかるホットスポットが計算規模を大きくしていくにつれて変化していくことが頻繁におこる．それに出会った時に，他分野の情報が共有出来ていると開発コストを大きく削減できるかもしれない．このようなことができるのが計算科学の分野であり，互いに情報交換をして互いに発展できる環境をしっかり作っておくべきである．それは，特定の科学分野のみならず，社会科学，経済，金融など全てに関連する可能性がある．このような異分野が連携できる仕組みを構築していく必要がある．本書がその先駆けとして，幅広い読者の役に立つことを願っている．

本書はこの講義の内容を土台として，講義時間で十分に紹介できなかったことやより正確な証明や引用先などを含め，若手研究者や学生がこれらの分野の勉強をするのに役立つものとしてまとめられた．講義ではアーキテクチャの説明など各講師で重複する部分があった内容を整理し，10年後においても通用するであろうと思われる技術について厳選してまとめられている．また，通常のテキストではあまり取り扱われない内容も含め，次代の計算科学の発展に貢献できる内容にすることを目指した．また，できる限り各講師の個性豊かな講義の雰囲気を残した形を維持できるように心がけた．

本書は姉妹本である計算科学技術Bの講義内容をまとめた『計算科学のためのHPC技術2』(大阪大学出版会)と比較すると，比較的一般的で基礎的な内容を多く含んでいる．とはいっても，ここではこの分野で全くの初心者は想定しておらず，プログラミングの初歩から知りたい方にはそれに適した別の書籍で学んでもらいたい．第1章はプログラムの高速化の基本的な考え方を，現在のハードウェアの状況から説明されている．第2章と第3章は高速化手法の最も普及しているMPIとOpenMPについて，これもハードウェアの状況をふまえた視点から述べられている．第4章は最先端スパコンでは必須のMPIとOpenMPのハイブリッド並列化

について述べられる．第5章では，さらに高速化を進める場合のポイントが述べられる．第6章では，科学技術計算では必須アイテムといってもよいBLASとLAPACKのライブラリについて，実例を交えながら述べられる．第7章では，コーディングの一番大事な点であるバグを入れないための注意点やそれを取り除く技術が高速化と関連して述べられる．第8章では，科学技術計算で多く使われる行列計算の中でも，第6章と違って疎行列を中心に高速化技術が述べられる．第9章では，古典分子動力学法のための高速化技法が述べられ，第10章では量子化学計算の高速化技法が述べられる．第11章は，計算精度についての技術が紹介されている．第11章の内容は，一連の講義ではなくシンポジウムを開催した時に取り上げたテーマであるが，重要であるにもかかわらず取り上げられる機会が少ないのでここで紹介することにした．

読者としては，もともと物理や化学，生物 (あるいは地球科学，宇宙科学，気象，防災，ものづくり，その他) といったサイエンスを学んできた人たちが想定され，その研究手法として数値計算やシミュレーションを行うことや，その研究手法の開発まで行うという人が多いと思われる．それらの人たちにとっては，プログラミングや数値計算という部分は情報系の専門家からすると学部生レベルの内容といえる部分を自力で習得していくことが多く，系統立てて学んだことがない人が多い．それは，サイエンスの学部学科に「計算科学科」や「計算科学コース」のようなもの (例えば金沢大学理学部計算科学科が全国に先駆けて設置し，現在は改組して理工学域数物科学類計算科学コース) がほとんどないことによる．多くの場合は大学院で研究室に配属されてから研究に必要な技術を習得していくことになるのであるが，所属する研究室の研究者の経験に基づいた指導によることになる．しかし，現在の教員の多忙な状況の中では，このレベルから上記のコミュニティーベースの配信講義で教育体制を整えていくことも必要ではないかと考える．このことを期待しつつ，現状ではこの分野の学生に取って参考になると思うテキストを以下に示す．これらは本書の内容とも関係が深く，プログラムを並列化など高度に開発していく土台として役立つと思う．

- 寒川 光, 藤野 清次, 長島 利夫, 高橋 大介 (共著) 『HPCプログラミ

ング』オーム社 (2009 年)

- 金田 康正『並列処理技術—高速化と性能向上のために—』コロナ社 (2010 年)

　最近は IoT や人工知能，ディープラーニング，ビッグデータといった言葉が新聞などの報道の中で使われることが増えている．文部科学省の第五次科学技術基本計画もこの分野を強調している．この状況を単なる流行りで終わることなく，しっかり根付かせて，日本が科学技術立国であり続けるための基礎としていくことが極めて重要である．本書がその一端になればと願っている．

　最後に，非常に多忙の中本書の執筆にご協力いただいたた著者の方々に編者として深く感謝申し上げる．また，本書をまとめるにあたり大阪大学出版会の栗原佐智子氏には大変お世話になった．ここに感謝の意を表する．

2017 年 1 月 30 日

下司　雅章

執筆者一覧

責任編集
  下司　雅章（げし・まさあき）
  大阪大学ナノサイエンスデザイン教育研究センター

執筆者一覧（執筆順）
  第1–5章
  片桐　孝洋（かたぎり・たかひろ）
  名古屋大学情報基盤センター
  第6章
  中田　真秀（なかた・まほ）
  理化学研究所情報基盤センター
  第7章
  渡辺　宙志（わたなべ・ひろし）
  東京大学物性研究所
  第8章
  山本　有作（やまもと・ゆうさく）
  電気通信大学大学院情報理工学研究科
  第9章
  吉井　範行（よしい・のりゆき）
  名古屋大学大学院工学研究科附属計算科学連携教育研究センター
  Jaewoon Jung
  理化学研究所　計算科学研究機構
  杉田　有治（すぎた・ゆうじ）
  理化学研究所　計算科学研究機構
  第10章
  石村　和也（いしむら・かずや）
  自然科学研究機構 分子科学研究所
  第11章
  大石　進一（おおいし・しんいち）
  早稲田大学基幹理工学部
  関根　晃太（せきね・こうた）
  早稲田大学基幹理工学部
  森倉　悠介（もりくら・ゆうすけ）
  早稲田大学基幹理工学部
  黒田　久泰（くろだ・ひさやす）
  愛媛大学大学院理工学研究科
  中田　真秀（なかた・まほ）
  理化学研究所情報基盤センター

目次

第1章 プログラムの高速化　　1
- 1.1 計算機アーキテクチャの構成方式の動向　　1
- 1.2 高速化に当たり考慮すべき計算機構成　　2
  - 1.2.1 パイプライニング　　2
  - 1.2.2 階層メモリ　　4
  - 1.2.3 非均質性　　6
  - 1.2.4 並列性　　6
- 1.3 高速化技法　　7
  - 1.3.1 ループ内連続アクセス　　7
  - 1.3.2 データ構造変換　　10
  - 1.3.3 キャッシュ構成とキャッシュライン衝突　　11
  - 1.3.4 ループアンローリング　　14
  - 1.3.5 キャッシュブロック化（タイリング）　　16
  - 1.3.6 ループ変換　　19
  - 1.3.7 その他の高速化方式　　21
- 1.4 数値計算ライブラリの利用　　24

第2章 MPIの基礎　　29
- 2.1 並列プログラミングの基礎　　29
  - 2.1.1 並列化の意味　　29
  - 2.1.2 並列計算機の分類　　29
  - 2.1.3 並列プログラミングのモデル　　32
  - 2.1.4 性能評価指標　　33
  - 2.1.5 MPIの特徴　　35
- 2.2 基本的なMPI関数　　37
  - 2.2.1 用語説明　　37
  - 2.2.2 1対1通信関数（手続き）　　40
  - 2.2.3 1対全通信関数（手続き）　　42

	2.2.4	集団通信関数（手続き）	43
	2.2.5	プログラム例	46
	2.2.6	通信アルゴリズムの考慮	47
	2.2.7	MPI プロセス割り当て	48

第 3 章　OpenMP の基礎　51
3.1　OpenMP とは 51
　　3.1.1　概要 51
　　3.1.2　対象となる計算機 52
　　3.1.3　コンパイル方法 53
　　3.1.4　記載方法 53
3.2　OpenMP 実行モデル 54
　　3.2.1　parallel 構文 54
　　3.2.2　ワークシェアリング構文 54
　　3.2.3　parallel do 構文 55
　　3.2.4　sections 構文 56
　　3.2.5　critical 節 57
　　3.2.6　private 節 58
　　3.2.7　reduction 節 59
　　3.2.8　その他の構文 59
　　3.2.9　スケジューリング 61
3.3　プログラミング上の注意 63
3.4　高速化技法としてのファーストタッチ 64
3.5　GPGPU への展開 65

第 4 章　ハイブリッド並列化技法　68
4.1　概要 68
4.2　想定される計算機アーキテクチャ 69
4.3　実行例 71
4.4　ピュア MPI 実行のプログラム開発の基礎 72
4.5　ハイブリッド MPI 実行のプログラム開発の基礎 73
4.6　ハイブリッド MPI 並列化時の注意事項 74

	4.6.1	並列化方針の間違い...............	74
	4.6.2	MPI プロセスのコアへの割り当て方法	75
	4.6.3	数値計算ライブラリとハイブリッド並列化	75
	4.6.4	コンパイラ最適化との関係...........	76

第 5 章 プログラム高速化の応用 78

- 5.1 性能チューニング総論................... 78
  - 5.1.1 演算時間ボトルネック............ 79
  - 5.1.2 通信時間ボトルネック............ 80
  - 5.1.3 I/O ボトルネック............... 80
- 5.2 性能プロファイリング.................... 81
- 5.3 ループ変換実例とその効果................. 81
- 5.4 通信最適化の方法...................... 83
  - 5.4.1 メッセージサイズと通信量......... 83
  - 5.4.2 ノン・ブロッキング通信........... 85
  - 5.4.3 永続的通信................... 86
- 5.5 ソフトウェア自動チューニングの適用.......... 87
- 5.6 自動並列化コンパイラの注意............... 88

第 6 章 線形代数演算ライブラリ BLAS と LAPACK の基礎と実践 93

- 6.1 線形代数の重要性....................... 94
  - 6.1.1 歴史的なこと, 特に世界で初めてガウスの消去法を用いた例 94
  - 6.1.2 現代での利用例................ 96
- 6.2 ライブラリ利用の重要性.................. 97
  - 6.2.1 コンピュータでの数の取扱い:浮動小数点数 ... 97
  - 6.2.2 教科書的な実装は効率が悪いという例 99
  - 6.2.3 最適化された実装が高速である実例 100
- 6.3 BLAS, LAPACK の紹介................. 101
  - 6.3.1 BLAS とは?.................. 101
  - 6.3.2 LAPACK とは?................ 103
- 6.4 Ubuntu 16.04 で BLAS, LAPACK を実際に使ってみる .. 104

	6.4.1	BLAS 実習:C++から行列–行列積 DGEMM を使う	104
	6.4.2	LAPACK 実習:C++から行列の固有ベクトル,固有値を求める DSYEV を使ってみる	107
	6.4.3	BLAS, LAPACK を使う上での注意点	110
	6.4.4	行列の Leading dimension とは?	112
6.5	最適化 BLAS, LAPACK の利用と,その結果の解析		114
	6.5.1	コンピュータの仕組みとボトルネック	114
	6.5.2	CPU のスピードとマルチコア化	116
	6.5.3	メモリバンド幅が狭くなってきていることと byte per flop	118
	6.5.4	Ubuntu での実例:インストールとライブラリの選択	120
	6.5.5	Ubuntu での実例:GEMM の比較	122
	6.5.6	Ubuntu での実例:GEMV の比較	124
6.6	まとめ		125

第7章 高速化チューニングとその関連技術　　129

7.1	高速化や並列化,その前に		129
7.2	バグを入れないコーディング		130
	7.2.1	デバッグの基礎	130
	7.2.2	sort+diff デバッグの例 1: 粒子対ペアリストの作成	131
	7.2.3	sort+diff デバッグの例 2: 粒子情報送信	133
	7.2.4	sort+diff デバッグの例 3: 並列版ペアリスト作成	134
	7.2.5	バグを入れないコーディングのまとめ	136
7.3	地雷型バグのデバッグ法		136
	7.3.1	デバッグの実例	137
	7.3.2	バージョン管理システムを利用したデバッグ	139
	7.3.3	地雷型バグのデバッグ法まとめ	141
7.4	プロファイラの使い方		142
	7.4.1	プロファイラとは	143
	7.4.2	サンプリングによる解析	143
	7.4.3	イベント取得による解析	148
7.5	実装による高速化の個別事例		150

	7.5.1	キャッシュを意識した最適化	150
	7.5.2	レジスタを意識した最適化	152
7.6	終わりに		155

第 8 章　行列計算における高速アルゴリズム　　158

- 8.1 エクサフロップスマシンのハードウェア特性 159
  - 8.1.1 2020 年のスーパーコンピュータ 159
  - 8.1.2 演算重視型スーパーコンピュータのハードウェア特性 159
- 8.2 大規模並列アプリケーションにおける要求の変化 162
- 8.3 線形計算アルゴリズムの課題 163
- 8.4 線形計算アルゴリズムの研究動向 165
  - 8.4.1 10^9 個のコアを活用できる並列性 166
  - 8.4.2 データ移動の削減 170
  - 8.4.3 アルゴリズムレベルでの耐故障性 176
  - 8.4.4 近似アルゴリズムによる計算量のオーダー低減 . 179
  - 8.4.5 強スケーリングの意味で効率的なアルゴリズム . 181
- 8.5 まとめ 183

第 9 章　古典分子動力学法の高速化　　189

- 9.1 古典分子動力学シミュレーション 189
  - 9.1.1 分子動力学計算の流れ 190
- 9.2 静電相互作用の高速化 192
  - 9.2.1 高速多重極展開法（FMM） 193
  - 9.2.2 FMM における基本セルの分割 195
  - 9.2.3 原子とサブセルとの相互作用 195
  - 9.2.4 多重極展開と局所展開 196
  - 9.2.5 FMM の計算精度 198
- 9.3 Multiple Time Step を用いた高速化 199
- 9.4 拘束動力学 201
- 9.5 生体分子系の古典 MD 計算の高速化 203
  - 9.5.1 相互作用の並列化 204

9.5.2	MD 専用計算機システムの開発	205
9.5.3	MD プログラムの GPU 利用	206
9.6	GENESIS の最適化と並列化	207
9.6.1	非共有相互作用の最適化（Inverse Lookup Table 法）	207
9.6.2	GENESIS の並列化手法	208
9.6.3	GENESIS のベンチマーク結果	211

第 10 章 量子化学計算の大規模化　219
- 10.1 分子科学分野の計算機環境 219
- 10.2 量子化学計算の概要 220
- 10.3 近似の導入 225
- 10.4 高速化 227
  - 10.4.1 演算量の削減 227
  - 10.4.2 収束回数の削減 228
  - 10.4.3 単体実行性能の向上 229
- 10.5 並列化 230
  - 10.5.1 並列化手法 230
  - 10.5.2 MPI 通信の最適化 231
  - 10.5.3 OpenMP 並列の最適化 232
  - 10.5.4 高速化と並列化の重要性と難しさ 232
- 10.6 高速化・並列化事例 232
  - 10.6.1 原子軌道 2 電子積分計算アルゴリズム 232
  - 10.6.2 2 次の摂動 (MP2) 法の MPI 並列化 235
  - 10.6.3 Hartree-Fock 計算の MPI/OpenMP ハイブリッド並列化 237
- 10.7 新たな量子化学計算プログラムの開発 240
  - 10.7.1 SMASH プログラムの概要 240
  - 10.7.2 原子軌道 2 電子積分計算ルーチン 241
  - 10.7.3 MPI/OpenMP ハイブリッド並列アルゴリズム . . 242
  - 10.7.4 SMASH の性能 242
- 10.8 まとめ 244

第11章 計算精度に関する技術　　　　　　　　　　　　　　249
11.1 大規模数値計算における精度保証 249
　　11.1.1 浮動小数点演算における丸めと区間演算 250
　　11.1.2 大規模連立一次方程式の精度保証付き数値計算 . 251
　　11.1.3 丸め変更を用いた行列積 RA の高速な包含方法 . 252
　　11.1.4 最近点丸めのみを利用した連立一次方程式の解に
　　　　　対する高速な精度保証付き数値計算法 253
　　11.1.5 数値実験 255
11.2 並列処理における収束精度問題 257
　　11.2.1 MPS 法 258
　　11.2.2 シミュレーション結果が異なる原因 260
　　11.2.3 改善策 262
　　11.2.4 まとめ 264
11.3 多倍長精度計算, 高精度計算 264
　　11.3.1 多倍長精度計算, 高精度計算の必要な場面 265
　　11.3.2 多倍長精度の種類とその演算の実際について . . . 267

索引　　　　　　　　　　　　　　　　　　　　　　　　　　274

第1章 プログラムの高速化

片桐孝洋

名古屋大学情報基盤センター

本章では，プログラム高速化の基礎について簡単な数値計算の例を用いて説明する．

1.1 計算機アーキテクチャの構成方式の動向

プログラム高速化を行うにあたり，計算機アーキテクチャの構成方式の動向について知ることは重要である．計算機アーキテクチャの構成方式の移り変わりにより，従来有効であった高速化方式が，近年の計算機アーキテクチャで有効でなくなることは珍しくない．逆に，従来有効でなかった高速化方式が近年脚光を浴びることさえある．

近年の計算機アーキテクチャの特徴をまとめると，以下のようになる．

- マルチコア型：電力削減のため周波数を落とすが，CPUに相当するを複数並べて並列化し演算性能を高める構成方式．2016年現在，普及型のもので10コア程度，サーバ等のハイスペックレベルで30コア程度が普及している．

- メニーコア型CPU：マルチコア型CPUと同様に周波数を落とし，かつ演算機能をさらに簡素化することでコアをさらに並べて並列性を高める方式．2016年現在，60コア程度で，実際の並列実行時には200以上の並列性をもつ．

- 演算加速器の利用型：CPUに加えて，演算加速器を追加する方式．GPU (Graphics Processing Unit) を利用する構成方式が主流である．

本章では主にマルチコア型CPUとメニーコア型CPUに向くプログラム高速化技法を紹介する．両者では，有効な高速化手法が異なることがあ

る．また，実行条件（例えば，利用するコアの数や扱う問題の大きさ）で有効な高速化手法が異なることが普通であるため，実際にプログラム高速化を行う際は注意が必要である．

1.2 高速化に当たり考慮すべき計算機構成

本節では，プログラム高速化を行うに当たり，一般的に注意すべき計算機アーキテクチャの特性について述べる．

1.2.1 パイプライニング

近年の計算機構成の特徴の一つに，パイプライニングの実装がある．パイプライニングとは処理の効率化の方法の1つである．一連の処理を複数のステージに分け，分けたステージを並列に実行することで，処理の効率化を図る方式である．

いま，パイプライニングを数値計算処理に適用する例を考える．密行列 $A \in \Re^{n \times n}$ とベクトル $x \in \Re^n$ の積の結果のベクトル $y \in \Re^n$ を得る演算

$$y = Ax \tag{1.1}$$

を考える．このとき最初の演算を行うには，行列 A の要素である $A_{1,1}$ と，ベクトルの要素である x_1 をメモリ上から取得しないと演算ができない．いま，Fortran 言語で処理を記載するとして，行列 A を 2 次元配列 A(n,n)，ベクトル x, y を 1 次元配列 x(n), y(n) で確保されているとする．このときの演算とパイプライン化の概念を図 1.1 に示す．

図 1.1(a) では，パイプラインを適用しない場合，処理を（1）データ A をメモリから取る；(2) データ x をメモリから取る；(3) 演算を行う；(4) 演算結果 y を収納；の 4 ステージに分けて，この 4 ステージが終わるまで，次の演算を実行できない．また，演算器が動いているのはステージ 3 のみである．全てのステージで 1 単位時間の時間がかかるとすると，4 単位時

1.2. 高速化に当たり考慮すべき計算機構成

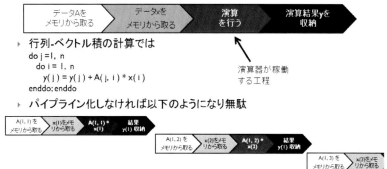

(a) 逐次演算の例

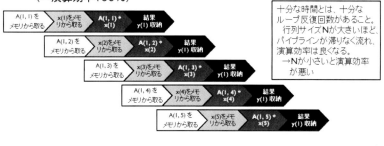

(b) パイプライン化の例

図 1.1 行列–ベクトル積演算におけるパイプライニング

間当たり3単位時間は演算器が休んでいることになる．その結果，演算器の稼働効率は25%になり，演算効率が悪いことがわかる．

そこで，図1.1(b)のようにパイプライン化を行う．図1.1(b)では，各ステージが同時に行えるようにハードウェア上の工夫を行う．例えば，(1)データAをメモリから取るステージが終わると，メモリから計算機へのデータ転送配線が空くので，直ちに(2)データxをメモリから取る処理が開始できる，とする．このことで，十分な時間がたつと，ある時間では4ステージが同時に動いていることになる．その結果として，十分な時間が経つと，常に演算器が回っている状態になる．結果として，演算効率が100%近くにすることができる．

図1.1(b)で注意すべきは，パイプライニングでの演算効率を高めるには十分な時間が必要であるが，行列-ベクトル積においてこの十分な時間とは，問題の大きさnが大きいことである．違う観点では，ループの長さnが大きいことである．

一般に，パイプライニング化の恩恵を得るためには，長いループ長を必要とすることに注意する．パイプライン化の性能を十分に引き出すために必要となるデータアクセス時間のことを，パイプライン・レイテンシと呼ぶことがある．パイプライン・レイテンシは小さい方が良い．また，大きなパイプライン・レイテンシのハードウェアでもパイプライン化による恩恵を得るためには，ループ長が長いほどよい．

1.2.2 階層メモリ

近年の計算機構成の特徴の1つは，メモリの構成が階層型になっていることである．これを，階層メモリと呼ぶ．メモリは高速であるがコストが高いため小容量のものと，低速であるがコストが低いため大容量のものがある．高速で大容量はあり得ないため，コストを抑えて，性能を高めるために階層メモリを持つことになる．図1.2に階層メモリの構成を示す．

図1.2では，高速なメモリから，レジスタ，キャッシュ，メインメモリ，ハードディスクを持つ．近年の計算機構成では，キャッシュはコア毎に独立して持つL1キャッシュと，複数のコアで共有して持つ共有キャッシュを

1.2. 高速化に当たり考慮すべき計算機構成

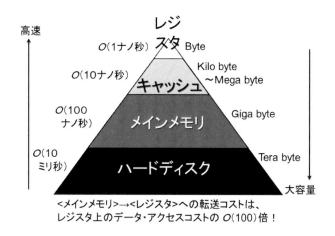

図 1.2 階層メモリの構成

持つことが多い．また，キャッシュの階層は 2 階層から 3 階層を持ち，今後のトレンドとして，4 階層以上になっていくことが予想される．最もメインメモリに近いキャッシュ（コアから見て最も遠いキャッシュ）を，LLC (Last Level Cache) と呼ぶことがある．

図 1.2 からわかることは，通常はメインメモリの上にデータが置かれているが，実装の工夫によりキャッシュメモリにデータを置くことができれば，演算に必要なレジスタまでデータを転送するコストが削減され，約 10 倍の転送時間の削減が可能となることである．また，特に実装を工夫しなければ常にメインメモリからレジスタにデータを転送するため，実装を工夫して常にレジスタにデータを置く高速実装のプログラムに対しては，約 100 倍も実行時間に差が出ることを意味している．

以上のように，近年の計算機においては，階層メモリを考慮した高速化技法が重要になることがわかる．

1.2.3 非均質性

近年の計算機の特徴の別の一面として，複数の異なる計算要素を並べることで，電力当たりの演算性能を高めることがある．これを，非均質構成もしくは，ヘテロジニアス構成 とよぶ．

非均質構成には，多様な側面がある．例えば，すでに演算加速器の利用型で説明したように，CPU とは異なる計算機構成の演算加速器を導入することで実現される，演算の非均質性がある．このような計算機では，演算加速器に向く高速実装をすることに加えて，CPU から演算加速器へのデータ転送量を抑えることが高速化につながる．

一方，メモリが共通に見える範囲の単位であるノードにおいて，CPU を複数配置するが，それぞれの CPU ごとにアクセス速度的に近接のメモリが存在する構成方式がある．この構成方式では，CPU ごとに，データの配置先のメモリごとにアクセス速度が異なるという，メモリアクセスの非均質性がある．このような構成ことを，NUMA (Non Uniform Memory Access) 構成とよぶ．NUMA 構成の CPU では，近傍のメモリにできるだけデータを配置することが，高速化手法の 1 つになり得る．

そのほか，倍精度演算よりも単精度演算のほうが実行時間が半分になる計算機構成もある．このような場合は，演算精度の非均質性を有し，この特徴を利用して高速化する 混合演算アルゴリズム [1][2] も研究されている．

以上のように，多様な側面から非均質性が存在し，高速化の観点で特徴を把握する必要がある．

1.2.4 並列性

最後に，かつ最も重要な特性が，並列性 である．すでに説明したように 2016 年現在の計算機構成では，ノード内は複数の CPU で構成され，各 CPU は最大で 200 以上の並列性を有している．今後，ノード内の並列性は，数千並列に達すると予想されている．

このように高い並列性を実現するために必要な高速化技法が望まれている．元々の計算プログラムやアルゴリズムに高い並列性があることが

必須になるのは当然であるが,それだけでは不十分である.パイプライン並列性を高める実装方式,例えばループ長が長くなるような実装方式を考慮しなくてはいけない.また,命令レベルの並列性を高めるような,マシン語と親和性の高い実装方式も考慮しなければならない.

1.3 高速化技法

本節では,近年の計算機構成で有効となる,汎用的なコード高速化技法について紹介する.

1.3.1 ループ内連続アクセス

まず考慮しないといけないことは,多くの演算で配列を扱うが,配列のアクセスを物理的に連続にすることである.物理的に連続にしないと,計算機ハードウェア構成から,データアクセス時間が増え,効率的な演算が実現できない.

配列のアクセスパターンと,物理的なメモリ上の収納順序は,計算機言語毎に異なっている.例えば,C 言語では,2 次元配列 A[i][j] において連続方向は j 方向となる.逆に Fortran 言語では,2 次元配列 A(i,j) において連続方向は i 方向となる.

例えば,Fortran 言語において,以下のプログラムを書くとき,

```
do i=1, n
  A(1, i) = b(i) * c(i)
enddo
```

このプログラムにおける配列 A のアクセスは 非連続アクセス となる.いま,以下の行列-行列積の演算

$$C = AB \qquad (1.2)$$

を考える.ここで,密行列 $A, B, C \in \Re^{n \times n}$ である.このとき,行列-行列積のプログラムは以下のようになる.

```
  do i=1, n
    do j=1, n
      do k=1, n
        C(i, j) = C(i, j) + A(i, k) * B(k, j)
      enddo
    enddo
  enddo
```

このプログラムは，配列 A は行方向（第 2 要素の k の方向），配列 B は列方向（第 1 要素の k の方向）にアクセスするため，Fortran 言語では配列 A が不連続アクセスになる．C 言語では逆に，配列 B が不連続アクセスになる．

このアクセスパターンを連続アクセスにするためには，一つの方法は，配列 A を転置し，元のデータを転置した形式で確保することである．つまり，データ構造を変更する．この方法は有効であるが，多くの実用プログラムでは適用が困難である．なぜなら，データ構造を変更するとプログラム全般に影響し，数千行〜数万行のコード全てを書き直さなければいけないからである．そのため，限定した状況でのみ，データ構造の変更が許される．

いま，データ構造の変換を許さないが，データアクセスパターンを変更したいとする．このとき，行列–行列積においては，ループ内の演算が単純なため，ループの順番を入れ替えても，つまり，計算順序を入れ替えても，最終的に得られる結果は変わらない．

以上の特徴を考慮すると，3 重ループをなすため，6 通りの組合わせがあることになる．この組合わせを考慮したデータアクセスパターンの種類を図 1.3 に示す．

図 1.3 では，ループの構成により，内積形式，外積形式，中間積形式という 3 種のデータアクセスパターンに分かれる．配列アクセスパターンに注目すると，中間積形式が最も連続アクセスの割合が高いため，高性能化する可能性がある[1]．

---

[1] ただし，問題サイズ n が大きくなるとき，キャッシュにデータが乗らなくなるため，データアクセス性能が劣化することは避けられない．このためには，後述のキャッシュブロック化という技法が必要になる．

1.3. 高速化技法

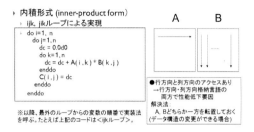

(a) 内積形式のデータアクセスパターン

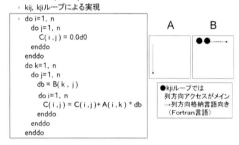

(b) 外積形式のデータアクセスパターン

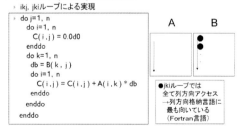

(c) 中間積形式のデータアクセスパターン

図 1.3 行列–行列積におけるデータアクセスパターンの種類

1.3.2 データ構造変換

ループ内連続アクセス節の行列–行列積の例でも説明したが,データアクセスを連続にするためにデータ構造を変更すると有効なことがある.そこで,データ構造変換も有効な高速化手法となる.

ここでいまデータとして,スカラ $a, b, c \in \Re$ があるとする.これを一元的に管理するため,データ構造として配列で管理することを考える.このデータ構造について,以下の2種が知られている.

- AoS (Array of Structure),構造体配列:(a, b, c) という構造体を作り,それを要素として,配列を作る方式.データ数を n 個,配列のインデックスを m とするとき,D(3n,m) の配列確保が必要である.D(1,1) に1番目のデータ a, D(2,1) に1番目のデータ b, D(3,1) に1番目のデータ c が収納される.

- SoA (Structure of Array),配列構造体:a に関する配列 A(n), b に関する配列 B(n), c に関する配列 C(n) を作り,それを構造体とする方式.D(n,n,n,m) の配列確保が必要である.D(1,*,*,1) に1番目のデータ a, D(*,1,*,1) に1番目のデータ b, D(*,*,1,1) に1番目のデータ c が収納される.

以上から,複数のデータの並び (a, b, c) ごとにアクセスする場合,つまり,$(a_1, b_1, c_1), (a_2, b_2, c_2), \cdots$ の場合は,AoS では連続アクセスとなるが,SoA ではそれぞれのデータが物理的に離れているため,不連続アクセスが生じる.

一方3つのデータのうち1つ,例えばデータ a のみしかアクセスしない場合は,AoS ででではデータ b, c のデータを使わないため,不連続アクセスになる.

以上のように,どのデータ構造が連続アクセスの観点から良いかは,対象となる演算のデータアクセスパターンに依存するためそれを考慮して,適切なデータ構造を選ぶことが必要である.

もし,現在採用しているデータ構造が演算に著しく不向きな場合で,かつ,全体にわたって適切なデータ構造が採用できない場合は,対象となる部分の直前でデータ構造変換を行い,演算後,元のデータ構造に戻す,と

1.3. 高速化技法

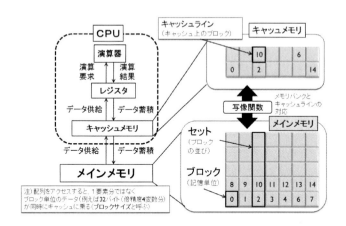

図 1.4 キャッシュメモリの構成

いうことが有効になることがある.ただし,メモリは 2 倍必要となり,かつ,データ構造変換の時間(多くは,データコピー時間)が必要で,その両者が許容できる場合に有効となる高速化方式である.

1.3.3 キャッシュ構成とキャッシュライン衝突

なぜ連続アクセスをするとなぜ高速化するかという点について,現在の計算機アーキテクチャでは,階層メモリの構成,特にキャッシュがあることが避けられない.そこでここでは,単純化されたキャッシュの構造(メモリモデル)について簡単に説明する.図 1.4 にキャッシュの構成を示す.

図 1.4 から,キャッシュメモリはメインメモリのデータアクセスの際,ハードウェアが自動的にキャッシュ上のメモリ(キャッシュラインと呼ぶ)にデータを置く機能を有す[2].メインメモリには,ある一定量ごとにデータが管理されており,これをブロックと呼ぶ.ブロック単位で,データをキャッシュラインに配置する.どのようにメインメモリ上のブロックを

---

[2] なかにはソフトウェアでキャッシュの制御が可能な計算機ハードウェアがある.

キャッシュラインに配置するかは,いくつかの方式がある.一般的には,この割り当てについて,写像関数が存在すると考えて良い.

このメインメモリ上とキャッシュ上のデータマッピング方式については,以下の方式が代表的である.

まず,読み出し（メインメモリからキャッシュへ）については,以下がある.

- ダイレクト・マッピング方式：キャッシュラインごとに直接的で,周期的に割り当てる.

- セット・アソシアティブ方式：メモリブロックをキャッシュブロックに柔軟に割り当てる方式である.メモリブロックをキャッシュブロックに任意に割り当てられる方式をフル・セット・アソシアティブ方式と呼ぶ.一方,N個の単位ごとにフル・セット・アソシアティブ方式になっている方式を,Nウェイ・セット・アソシアティブ方式と呼ぶ.

次に,書き込み（キャッシュからメインメモリへ）については,以下がある.

- ストア・スルー方式：キャッシュラインへ書き込み時に,メインメモリと中身を一致させる方式.

- ストア・イン方式：対象となるキャッシュラインが置き換え対象となったときに,メインメモリの中身と一致させる方式.

キャッシュがある状況で配列を非連続アクセスするとどうなるか説明する.図 1.5 にこの例を載せる.

図 1.5 では,配列 A(4,4) を非連続方向にアクセスする.ダイレクト・マッピング方式では,4つのキャッシュラインに循環的にメインメモリのブロックを割り当てる.いま,メインメモリのブロック番号を b,キャッシュラインの番号を c とすると,キャッシュラインが 4 ラインの場合は,

$$c = (b-1) \bmod 4 \tag{1.3}$$

1.3. 高速化技法

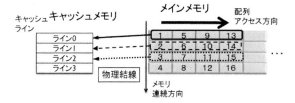

図 1.5 ダイレクト・マッピング方式で非連続アクセスする例

となる. 従って, ブロック 1, 5, 9, 13 はキャッシュライン 0 に, ブロック 2, 6, 10, 14 はキャッシュライン 1 に配置される. ここで, 配列 A の第 1 行を行方向に非連続アクセスすると, ブロック 1, 5, 9, 13 を順番にアクセスする. このとき, これらのブロックはキャッシュライン 0 に乗るため, すでに乗っているデータをアクセスのたびに出さなくてはならない. 結果として, キャッシュが無いのと同じ状況になり, 性能が劣化する. 以上の状況を, キャッシュライン衝突と呼ぶ.

キャッシュライン衝突は, 配列サイズとライン数が同じ時に生じやすい. キャッシュラインは, 2 の冪乗で構成されることが多い. そのため, 配列サイズが 2 冪になっている場合は, キャッシュライン衝突が起きる可能性がある.

キャッシュライン衝突を回避するには, パディング法がある. これは, 配列サイズは 2 の冪乗ではない数を確保し, 実際は 2 の冪乗の大きさの演算を行う. 大きさの整合性を取るため, 配列の各要素に余分な要素を確保する方法である. またパディングは, コンパイラにはオプションで行うこともできるため, パディング機能があるコンパイラを利用することも 1

つの方法である．

1.3.4 ループアンローリング

ここでは，レジスタにデータを置くことにより，メインメモリからのデータアクセスを削減する手法である，ループアンローリング を説明する．

いま，行列-行列積のコードを考える．このとき，ループアンローリングとは，ループの刻み幅を1以上の値にすることである．ループの刻み幅を m にすることを，m 段のループアンローリングという．いま，行列-行列積のコードについて，アンローリングしないコードは以下であった．

```
do i=1, n
  do j=1, n
    do k=1, n
      C(i, j) = C(i, j) +A(i, k) *B(k, j)
    enddo
  enddo
enddo
```

このとき，k-ループを2段展開するループアンローリングのコードは以下になる．

```
do i=1, n
  do j=1, n
    do k=1, n, 2
      C(i, j) = C(i, j) +A(i, k) *B(k, j)
              + A(i, k+1)*B(k+1, j)
    enddo
  enddo
enddo
```

以上の展開により，k-ループの終了判定回数が n 回から，n/2 回に削減されるため，高速化される可能性がある[3]．

以上は，行列サイズである n が2で割り切れる場合である．一般に，n が2で割り切れない場合のループについて考慮する必要がある点に注意する．具体的には，m 段のループアンローリングでは，以下のようなループ構成になる．

---

[3]ただしコンパイラの最適化により，ほとんど効果が無いか，むしろ遅くなることがある．コンパイラの最適化，特に，コンパイラが自動で行うループアンローリングについて知っておく必要がある．

1.3. 高速化技法

```
! <m段アンローリングのループ>
do k=1, n, m
   …
enddo
! <n/m の残りのループ>
if (mod(m,n) .neq. 0) then
   do k = (n/m)*m, n
      … <アンローリングしていない元の演算>
   enddo
endif
```

次に, j–ループ 2 段展開の例を以下に示す. なお以降, n が 2 で割り切れる場合のループのみ示す.

```
do i=1 , n
   do j=1 , n, 2
      do k=1 , n
         C(i, j ) = C(i, j ) +A(i, k) * B(k, j )
         C(i, j+1) = C(i, j+1) +A(i, k) * B(k, j+1)
      enddo
   enddo
enddo
```

以上のループでは, 逐次の結果を合わせるため, 内部に 2 つの式を記載する必要がある. ここで, 共通の配列の要素 A(i, k) が現れる. この A(i, k) を最適化を行わない場合はメインメモリから 2 回読み込むことになるが, 最初のアクセスで A(i, k) をレジスタに置いておくことで, 2 回目のアクセスをレジスタからのアクセスにすることができる.

以上のことからこのコードは, データをレジスタに置くことで高速化が可能となるコードになったことがわかる.

一方, 行列–行列積のコードでは, 最も外側のループである, i–ループ 2 段展開もすることができる. 結果を以下に示す.

```
do i=1 , n, 2
   do j=1 , n
      do k=1 , n
         C(i , j) = C(i , j) + A(i , k) * B(k, j)
         C(i+1, j) = C(i+1, j) + A(i+1, k) * B(k, j)
      enddo
   enddo
enddo
```

このコードでも, B(k, j) をレジスタに置くことでデータアクセス時間を削減し, 高速化できるコードになっている.

面白いことに行列-行列積では，2つ以上のループに同時にループアンローリングを適用することができる．以下に，i-ループ，および j-ループを同時に 2 段展開するコードを載せる．

```
do i=1 , n, 2
  do j=1 , n, 2
    do k=1 , n
      C(i  ,j  ) = C(i  , j  ) + A(i  , k) * B(k, j  )
      C(i  ,j+1) = C(i  , j+1) + A(i  , k) * B(k, j+1)
      C(i+1,j  ) = C(i+1, j  ) + A(i+1, k) * B(k, j  )
      C(i+1,j+1) = C(i+1, j+1) + A(i+1, k) * B(k, j+1)
    enddo
  enddo
enddo
```

以上から，A(i, k), A(i+1, k), B(k, j), B(k, j+1) の 4 つをレジスタに置くことができる．

以上のように適切なループに対してループアンローリングを適用し，段数を増やしていくことで，レジスタに複数のデータを置くことができる．その結果，メインメモリからのデータの転送時間を削減することができる．何個のデータをレジスタに置くべきかは，レジスタの数に依存するため，計算機アーキテクチャに依存する．

また，レジスタ数を上回る数のデータをレジスタに置こうとすると（つまり，ループアンローリングの段数を上げすぎると），データをレジスタに置けず，メインメモリにデータを書き戻すことが生じる．このようにデータがレジスタからあふれることをレジスタ・スピルとよぶ．レジスタ・スピルが生じると性能が低下する．

1.3.5 キャッシュブロック化（タイリング）

前節のループアンローリングは，主にレジスタ最適化を行う技法であった．そのため，問題サイズが大きい処理を扱う場合は，ループアンローリングを行っても，キャッシュからデータが追い出されるため，性能が低下する．ここではこの問題を解決する技法について説明する．

連続アクセスするように演算を変更しても，アクセス範囲が大きくなり，キャッシュの容量を超える範囲をアクセスすると，キャッシュラインから

1.3. 高速化技法

データが追い出され性能が低下する．データをアクセスするときにキャッシュにデータが無いことを キャッシュミスと呼ぶ．

キャッシュミスを削減するためには，一度キャッシュラインに載ったデータを再利用することができる場合には，同一の計算をするためのアクセスのループを小分けにしてアクセス範囲を縮小する．このようなことができるかどうかは，対象コードのデータアクセスパターンに依存する．結論として，行列‒行列積はこのようなキャッシュデータの有効活用をする実装が可能である．

キャッシュ上にあるデータを再利用するように，プログラムもしくはアルゴリズム自体を変更することをキャッシュブロック化と呼ぶ．また，プログラム上，ループを細切れにしてループ範囲を縮小し，キャッシュブロック化を促進する高速化技法をタイリング と呼ぶ．

いま，行列‒行列積のコードにブロック化を施すことを考える．ブロックの大きさを ibl とする．行列‒行列積のコードは 3 重ループのため，ブロック単位のアクセスが適用できる可能性のループは 3 つある．最内の演算が単純のため，結論としてこの 3 つのループ全てにキャッシュブロック化を適用する．以下にコード例を示す．

```
do ib=1, n, ibl
   do jb=1, n, ibl
      do kb=1, n, ibl
         do i=ib, ib+ibl-1
            do j=jb, jb+ibl-1
               do k=kb, kb+ibl-1
                  C(i, j) = C(i, j) + A(i, k) * B(k, j)
               enddo
            enddo
         enddo
      enddo
   enddo
enddo
```

以上のコードでは，ibl × ibl の小行列の行列‒行列積を複数回行うことで，全体の行列‒行列積を行っている．大きな行列‒行列積をキャッシュに入る小さな行列‒行列積の演算に変更することで，キャッシュブロック化を行っていると見なすことができる．図 1.6 にキャッシュブロック化の様子を示す．

図 1.6 のブロック幅 ibl は，キャッシュサイズに依存するため，計算機

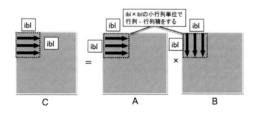

(a) $i = 1$ の時

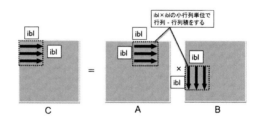

(b) $i = ibl$ の時

図 1.6 ブロック化した行列–行列積における動作の様子

アーキテクチャごとに最適な大きさが異なる．行列 A, B, C の小行列のサイズを考慮し，最適な `ibl` の大きさをチューニングする必要がある[4]．

キャッシュブロッキングとループアンローリングは異なる概念のため，双方同時に適用できる．上記のキャッシュブロッキングを施した処理は 6

---

[4]行列–行列積を行う数値計算ライブラリは，リリース前に開発者が最適なブロックサイズを決めて実装されており，ユーザーが直接ブロック化することは無い．また，数値計算ライブラリの中には，ソフトウェアのインストール時に最適なブロックサイズをキャッシュサイズと演算の特徴から判断し，試行実行をして自動チューニングを行うソフトウェアがある．これらパラメータを自動チューニングする研究は，ソフトウェア自動チューニングと呼ばれ，現在活発に研究されている．詳しくは，5 章で説明する．

1.3. 高速化技法

重ループになるため, この 6 重ループ全てについて同時にループアンローリングを施すことができる. キャッシュブロッキングとループアンローリングを併用すると, キャッシュにデータを載せた上で, レジスタにもデータを置く最適化が達成でき, 高い実行効率のプログラムが開発できる.

以下は, ブロック化したコードの i–ループおよび j–ループ同時に 2 段のアンローリングを適用したコード例である.

```
do ib=1, n, ibl
  do jb=1, n, ibl
    do kb=1, n, ibl
      do i=ib, ib+ibl, 2
        do j=jb, jb+ibl, 2
          do k=kb, kb+ibl
            C(i  , j)   = C(i  , j)   + A(i  , k) * B(k, j)
            C(i+1, j)   = C(i+1, j)   + A(i+1, k) * B(k, j)
            C(i  ,j+1)  = C(i  , j+1) + A(i  , k) * B(k, j+1)
            C(i+1,j+1)  = C(i+1, j+1) + A(i+1, k) * B(k, j+1)
          enddo
        enddo
      enddo
    enddo
  enddo
enddo
```

1.3.6 ループ変換

レジスタ最適化もしくは並列性を高めるため等で, ループの構造を変換する最適化をループ変換という. ここでは, ループ変換における主要な最適化方式を説明する.

いま, 以下のようなコードがあるとする.

```
DO K = 1, NZ
DO J = 1 , NY
DO I = 1 , NX
  RMAXY = 4.0/(1.0/R(I,J,K)+1.0/R(I+1,J,K)
    +1.0/R(I,J+1,K)+1.0/R(I+1,J+1,K))
  RMAXZ = 4.0/(1.0/R(I,J,K)+1.0/R(I+1,J,K)
    +1.0/R(I,J,K+1)+1.0/R(I+1,J,K+1))
  QG = ABSX(I)*ABSY(J)*ABSZ(K)*Q(I,J,K)
  SXY(I,J,K) = (SXY(I,J,K)+(RMAXY*(DXVY(I,J,K)
    +DYVX(I,J,K)))*DT)*QG
  SXZ(I,J,K) = (SXZ(I,J,K)+(RMAXZ*(DXVZ(I,J,K)
    +DZVX(I,J,K)))*DT)*QG
ENDDO
ENDDO
ENDDO
```

ループ融合およびループ消滅

最初のループ変換の例は，ループ融合，もしくはループ消滅 (loop collapse) と呼ばれる方法である．ループ融合は複数のループをまとめて1つのループにすることである．一方，ループ消滅はループの構成そのものを無くすコード変換である．ループ消滅については，ループ長を長くして，メインメモリからのデータ読出しの時間を隠したり，ループ自体を並列化する際の並列性を高めたりするために行う手法である．

ここでは，先程示したコードに対して，ループ消滅を行った例を以下に示す．

```
DO KK = 1, NZ * NY * NX
  K = (KK-1)/(NY*NX) + 1
  J = mod((KK-1)/NX,NY) + 1
  I = mod(KK-1,NX) + 1
  <元の演算そのまま>
ENDDO
```

以上の例では，元のコードの3重ループが消滅し，1重ループになっている．また，元のコードのK-ループはNZの長さ（並列性）しかなかったが，上記のKKループでは，NZ*NY*NXの長さまで大きくなっている．このループ長の増大は，次章以降で説明するOpenMPでの並列化で効果がある．

以上のコードの欠点の1つは，元のコードのループ変数であるインデックスK, J, I を KK からの計算で求めているため，コンパイラから見て，これらの変数が連続アクセスになっているか判断できないことにある．そのため，コンパイラ最適化を阻害し，演算性能が劣化することがある．この問題を解決するため，以下の2重ループの構成になるループ消滅が有効になることがある．

```
DO KK = 1, NZ * NY
  K = (KK-1)/NY + 1
  J = mod(KK-1,NY) + 1
  DO I = 1, NX
    <元の演算そのまま>
  ENDDO
ENDDO
```

以上のループ消滅を施したコードでは，最外側ループの長さがNZ*NYと長くなっているが，最内ループのI-ループは連続であり，コンパイラの最適化を阻害しない．そのため，有効となる場合がある．

1.3. 高速化技法　　　　　　　　　　　　　　　　　　　　　　　　　**21**

ループ分割

次に, ループ分割の例を説明する. 元のプログラムに対して, i–ループのループ分割を行う例を以下に示す.

```
DO K = 1, NZ
DO J = 1, NY
DO I = 1, NX
  RMAXY = 4.0/(1.0/R(I,J,K)+1.0/R(I+1,J,K)
    +1.0/R(I,J+1,K)+1.0/R(I+1,J+1,K))
  QG = ABSX(I)*ABSY(J)*ABSZ(K)*Q(I,J,K)
  SXY(I,J,K) = (SXY(I,J,K)+(RMAXY*(DXVY(I,J,K)
    +DYVX(I,J,K)))*DT)*QG
ENDDO
DO I = 1, NX
  RMAXZ = 4.0/(1.0/R(I,J,K)+1.0/R(I+1,J,K)
    +1.0/R(I,J,K+1)+1.0/R(I+1,J,K+1))
  QG = ABSX(I)*ABSY(J)*ABSZ(K)*Q(I,J,K)
  SXZ(I,J,K) = (SXZ(I,J,K)+(RMAXZ*(DXVZ(I,J,K)
    +DZVX(I,J,K)))*DT)*QG
ENDDO
ENDDO
ENDDO
```

以上のループ分割のプログラムでは, I–ループを分割することにより, ループの内部の式が少なくなる. そのため, 式が多いとデータのレジスタ割り当てでレジスタ・スピルが生じる場合に, ループ分割で内部の式が少なくなることで, レジスタ・スピルを避けることができる. その場合に, 高速化される場合がある. 一方この例では, QG の計算がループ分割で失われることにより, 再計算をする必要があるため, 演算量およびデータアクセス時間の増加のオーバーヘッドが, レジスタ・スピルの削減効果に対して少なくなる必要がある.

また上記のコードでは, K–ループをループ分割することができる. この場合は, ループ分解で 2 つに分けられた 3 重ループが形成される.

1.3.7　その他の高速化方式

この節では, その他に適用できるコード最適化の方式を説明する.

共通部分式の削除：以下の演算は共通に現れる項があるため, 最適化の余地がある.

```
d = a + b + c
f = d + a + b
```

ここで, 共通項 a + b に着目し, 以下のコードのように共通部分式の削除を行うと, 高速化される場合がある.

```
temp = a + b;
d = temp + c;
f = d + temp;
```

一方, 以下の演算を考える.

```
do i=1, n
  xold(i) = x(i)
  x(i) = x(i) + y(i)
enddo
```

このとき, 配列 x(i) は, 上記コード中の共通部分式と見なすことができる. そのため, 以下のように共通部分式を削除した実装が高速となる場合がある.

```
do i=1, n
  dtemp = x(i)
  xold(i) = dtemp
  x(i) = dtemp + y(i)
enddo
```

コードの移動：以下のコードを考える.

```
do i=1, n
  a(i) = a(i) / dsqrt(dnorm)
enddo
```

一般に, 除算の演算時間が乗算より遅い. そのため, 式をそのまま計算すると, ループが回るごとに, dsqrt(dnorm) の除算を行ってしまう. そこで, 演算を変えることによる精度の変化をユーザーが保証する場合は, 以下のようにコードを移動する.

```
dtemp = 1.0d0 / dsqrt(dnorm)
do i=1, n
  a(i) = a(i) * dtemp
enddo
```

以上のコードでは, dtemp との乗算に変更されており, 高速化される場合がある.

ループ中の IF 文の除去：IF 文がループ中, 特に最内ループに存在する場合, ハードウェアおよびコンパイラによる最適化を阻害することがある. 例えばハードウェアでは, IF 文の成立を予測して実行が高速化される

1.3. 高速化技法

ようになっているが, 不成立の場合は性能が劣化することがある. またコンパイラでは, IF 文が無い場合はデータを事前にレジスタに取り込むパイプライン処理を実現することができる場合, IF 文があることによりパイプライニングの恩恵を受けられなくなる. 従って可能な限り, ループ中の IF 文は除去した方がよい.

IF 文の消去のやり方は, 不必要な IF 文の場合はコード移動を行えば良いが, アルゴリズム上必要な IF 文については, アルゴリズム自体の変更が必要となる.

ここでは, 以下の, 配列 A の対角項に 1 を代入し, それ以外は配列 B の要素を代入する例を考える.

```
do i=1, n
  do j=1, n
    if ( i .neq. j ) then
      A(j, i) = B(j, i)
    else
      A(j, i) = 1.0d0
    endif
  enddo
enddo
```

以上のプログラムでは, ループが回るたびに IF 文が実行される.

そこでアルゴリズムを以下のように変更する：(1) 配列 A に配列 B の要素を代入する；(2) 配列 A の対角要素に 1 を代入する. このプログラムを以下に示す.

```
do i=1, n
  do j=1, n
    A(j, i) = B(j, i)
  enddo
enddo
do i=1, n
  A(i,i) = 1.0d0
enddo
```

以上により IF 文が完全除去され, 高速化される場合がある.

ソフトウェア・パイプライニングの強化：次に, メインメモリからのデータ移動に対するソフトウェア・パイプライニングの強化をして高速化する例を紹介する. この例では, ループアンローリングで生じるコードに対する変更である.

以下の 2 段アンローリングしたコードを考える.

```
do i=1, n, 2
  dtmp_b0 = b(i)
  dtmp_c0 = c(i)
  dtmp_a0 = dtmp_b0 + dtmp_c0
  a(i) = dtmp_a0
!---2段アンローリングのコード
  dtmp_b1 = b(i+1)
  dtmp_c1 = c(i+1)
  dtmp_a1 = dtmp_b1 + dtmp_c1
  a(i+1) = dtmp_a1
enddo
```

以上のコードは,単純にアンローリングしただけであるため,内部の式の並びについて最適化されていない.

例えば,`dtmp_b0` と `dtmp_c0` の値をメモリから読み込むとすぐに計算 `dtmp_b0 + dtmp_c0` を行うため,パイプライニングによるデータ読出しの時間について隠蔽する余地が少ない.そこで,以下のように式の並びを変換する.

```
do i=1, n, 2
!--- b()のデータの読出し
  dtmp_b0 = b(i)
  dtmp_b1 = b(i+1)
!--- c()のデータの読出し
  dtmp_c0 = c(i)
  dtmp_c1 = c(i+1)
!--- 計算部分
  dtmp_a0 = dtmp_b0 + dtmp_c0
  dtmp_a1 = dtmp_b1 + dtmp_c1
  a(i) = dtmp_a0
  a(i+1) = dtmp_a1
enddo
```

以上のコードでは,b() のデータの読出し,および,c() のデータの読出し,部分から計算部分までの間に距離があり,ソフトウェア・パイプライニングを適用する機会が増える.そのため,高速化される場合がある.

1.4 数値計算ライブラリの利用

数値計算ライブラリで対象となるコードと同じ機能が提供されている場合,自らコード最適化するよりも,専門家もしくはベンダーがコード最適化した数値計算ライブラリを利用すべきである.特に密行列の演算に

1.4. 数値計算ライブラリの利用

については, 演算の特性から最適化の余地があるため, 数値計算ライブラリを利用すべきである.

BLAS (Basic Linear Algebra Subprograms) という密行列の線形代数演算の規格に準拠したライブラリでは, 以下の3のカテゴリに演算を分けている.

- レベル1 BLAS: ベクトルの内積, ベクトルのスカラ和などの演算の分類.
- レベル2 BLAS: 行列–ベクトル積などの演算の分類.
- レベル3 BLAS: 行列–行列積などの演算の分類.

特に, レベル3 BLAS は最適化の余地が大きい. 理由は, 行列の演算のため, 行列サイズを $N \times N$ とすると, データ量が $O(N^2)$ に対して, 演算量が $O(N^3)$ のため, 演算時のデータの再利用性が高いためである. すでに前節で説明したキャッシュブロッキングが行列–行列積に適用できるのも, この特性があるからである.

実際レベル3 BLAS 演算の一つである, DGEMM は

```
C := alpha*op( A )*op( B ) + beta*C
```

の演算をする機能を有し, 行列 A, B, C の要素を代入する配列の大きさはそれぞれ A:M*K, B:K*N, C:M*N となる. DGEMM の数値計算ライブラリの利用法は, 以下のインターフェースになる.

```
CALL DGEMM('N', 'N', n, n, n, ALPHA, A, N, B, N, BETA, C, N )
```

以上の DGEMM 手続きの引数は, 左からそれぞれ, A が転置しているか, B が転置しているか, M の大きさ, N の大きさ, K の大きさ, alpha の値, A のアドレス, A の1次元目の要素数, B のアドレス, B の1次元目の要素数, beta の値, C のアドレス, C の1次元目の要素数, を表している. BLAS インターフェースに不慣れなユーザーにとって, どう見てもわかりやすいインターフェースとはいえないが, 性能面の恩恵がある. ここで, BLAS の典型的な性能傾向について, 図1.7 で説明する.

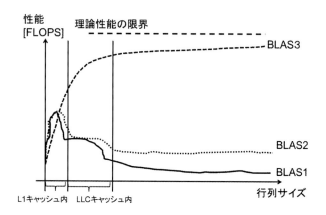

図 1.7　BLAS における典型的な性能

　図 1.7 では, レベル 3 BLAS (BLAS3) の最大性能が行列サイズが大きい場合に, ほぼ理論最大性能 (ピーク性能) に近づいていくことがわかる. 経験的に BLAS3 の対ピーク性能に対する効率は 90%以上である. その一方で, BLAS1 や BLAS2 は, 対ピーク性能に対して低い値をとる. また, BLAS1 と BLAS2 は, キャッシュの影響を受けるため, 階層キャッシュの大きさごとに性能が異なるのが一般的である.

　注意すべきは, BLAS3 の小規模行列に対する性能である. 多くの BLAS ライブラリは, 大きな行列サイズに特化してチューニングしてあるため, 小さい行列サイズでは高い性能を得ることができない. 経験的にこの小さいサイズは 100 次元以下である. そのため, 100 次元以下の小さい行列_行列積を行う場合には, 注意が必要である. また, 後述のスレッド並列化時には, 全体サイズが数千の大きさでも, スレッドあたりの問題サイズが 100 次元以下となる場合があるため, 注意を要する.

　密行列の連立一次方程式や固有値問題を求めることができる LAPACK や, 分散メモリ型並列計算機で動作する ScaLAPACK も, 初心者が行う実装よりはるかに高速実行できる場合が多い. そのため, 密行列演算につい

1.4. 数値計算ライブラリの利用

ては, 利用可能なライブラリを見つけて利用することを推奨する.

練習問題

1. 計算機を用いて, 行列–行列積においてメモリ連続アクセスとなる場合と, 不連続となる場合の性能を調査せよ.

2. 行列–行列積のアンローリングを, i, j, k ループについて行い, 性能向上を評価せよ.

3. 計算機を用いて、ブロック化を行った行列–行列積のコードに対して、アンローリングを行い, 各コードの性能を調査せよ.

4. 身近にある計算機のレジスタ数, キャッシュ構造とキャッシュサイズを調べよ. また, 上記1〜3の性能について, これらのハードウェア情報から性能の妥当性を考察せよ.

参考文献

[1] X. S. Li, J. W. Dammel, D. H. Bailey, G. Henry, Y. Hida, J. Iskandar, W. Kahn, S. Y. Kang, A. Kapur, M. C. Martin, B. J. Thompson, T. Tung and D. J. Yoo, *ACM Trans. Math. Softw.*, **28**, 152 (2002).

[2] A. Buttari, J. Dongarra, J. Kuzak, P. Luszczek, S. Tomov, *ACM Trans. Math. Softw.*, **34** (2008).

第2章　MPIの基礎

片桐孝洋

名古屋大学情報基盤センター

本章では，並列プログラミング時に必須となる基礎事項，およびMPI (Message Passing Interface) の概要について説明する．

2.1　並列プログラミングの基礎

2.1.1　並列化の意味

並列プログラミングを行う場合，多くは実行時間を短縮したいからという理由で始めることになる[1]．この意味において，並列プログラミングは逐次実行のプログラム（実行時間 T ）を:

$$p\text{ 台の計算機を使って } T/p \text{ にすること}$$

と位置づけられる．以上の考えは自明に思えるが，実際は，実行時間の短縮ができるかどうかは，対象処理の内容（アルゴリズム）で大きく困難性が異なる．この理由の1つは，アルゴリズム上，絶対に並列化できない部分の存在があることである．この並列化できない部分は，例えば通信に伴う事項であり，通信のためのオーバーヘッド（通信立ち上がり時間）やデータ転送時間といった事項が挙げられる．

そこでここでは，前提となる並列計算機の分類，並列プログラミングのモデルを通して，並列プログラミングのための基本事項をまとめる．

2.1.2　並列計算機の分類

Michael J. Flynn教授（スタンフォード大）の分類 (1966) によると，全ての並列計算機は以下の4種に分類される．

---

[1] 一方，多くのメモリ量を使い大規模計算したいという需要も併せ持つ．

- 単一命令・単一データ流（SISD, Single Instruction Single Data Stream）

- 単一命令・複数データ流（SIMD, Single Instruction Multiple Data Stream）

- 複数命令・単一データ流（MISD, Multiple Instruction Single Data Stream）

- 複数命令・複数データ流（MIMD, Multiple Instruction Multiple Data Stream）

上記の Flynn の分類は, 命令が単一か複数か, および命令の入出力にあたるデータの流れが単一か複数かで分類している. 現在普及している並列計算機は MIMD になる. 並列プログラミングの観点では, 実行は MIMD になるが, プログラミングモデルとして MIMD は複雑なため, プログラミングが困難となる. そこで現在もっとも用いられている並列プログラミングのモデルは SIMD になる. また SIMD は, 命令に内在する並列化方式（命令レベル並列性）でも用いられており, 近年よく耳にする技術用語となった.

一方, ハードウェア構成方式による並列計算機の分類もある. 図 2.1 に, メモリ構成方式の違いによる並列計算機の分類を示す.

図 2.1(a) では, PE (Processing Element) を計算要素（= CPU）とする. このとき, 共有メモリ型の並列計算機では, 1 つの大きなメモリ（共有メモリ）があり, それを多数の PE からアクセスできるようになっている構成である. 特に, 共有メモリへの各 PE からアクセス時間が均一である構成の並列計算機を SMP (Symmetric Multiprocessor) とよび, そのメモリ構成を UMA (Uniform Memory Access) とよぶ. 共有メモリ型における並列プログラミングは, メモリが分散されていないことで, プログラミングのコストが低いといわれる. 一方, ハードウェアの構成方式が複雑となるため, 近年でも 1000 並列程度の並列性に留まることが多い.

また, 分散メモリ型の並列計算機では, メモリが分散されて構成されている. ハードウェア的に, p 分散メモリを直接参照する手段がない. そのため, メッセージ交換を行うことで分散されたメモリの中身を参照する

2.1. 並列プログラミングの基礎

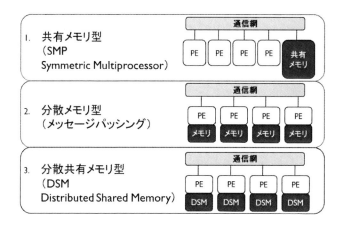

(a) 代表的な分類

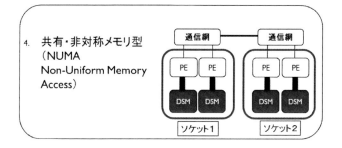

(b) NUMA 構成

図 2.1 メモリ構成方式の違いによる並列計算機の分類

必要がある．そのため，並列プログラミングが複雑化する．一方，超大規模な並列計算機を構成することができる．現在では，100万並列性を有する並列計算機が構築され，すべて分散メモリ型の並列計算機である．

　分散共有メモリ型 (Distributed Shared Memory, DSM) の並列計算機がある．この並列計算機では，実際は分散メモリになっているが，分散されたメモリを共有メモリに見せるようにハードウェアもしくはソフトウェアで制御するものである．

　一方，図 2.1(b) の共有・非対称メモリ型 (Non-Uniform Memory Access, NUMA) の並列計算機が近年盛んに構築されている．この理由は，UMA 構成のメモリを作るためには，ハードウェア資源的および電力資源的に効率が悪いからである．この共有・非対称メモリ型では，各 PE の集合に近いメモリと遠いメモリがあり，遠いメモリをアクセスする際は，近いメモリをアクセスする時間よりも時間がかかる．特に，近いメモリに同一でアクセスできる PE（= CPU）の集まりをソケットと呼ぶことがある．近年，2~4 ソケットの計算機が普及しており，トレンドとしてさらにソケット数は増加する傾向にある．

2.1.3　並列プログラミングのモデル

　実際の並列プログラムの挙動は MIMD となることは説明した．しかし MIMD は複雑なため，並列プログラミングのモデルとして利用することが困難である．そこで，通常は SIMD のモデルを用いてプログラミングをすることになる．

　SIMD は，同一命令（例えば加算）に対して，複数の入力と出力があるというモデルとなる．つまり，(1,2,3,4) というデータが入ってきたとき，(1 + 2, 3 + 4) という加算を同時に行い，(3, 7) が同時に出力する，というモデルである．入力データが配列であり，命令がループ，出力が配列と考えると，この SIMD を並列プログラムに当てはめて理解することが容易となる．

　SPMD（Single Program Multiple Data）とは，1 つの共通のプログラムが，並列処理開始時に，全 PE 上で起動するモデルであり，概念的に SIMD

2.1. 並列プログラミングの基礎

と同様のモデルである. SPMD は, MPI（バージョン1）のプログラミングモデルである. そのため, 先程の SIMD のモデルに, 配列とループを当てはめた例が成立する. つまり, プログラムが1つしかないので, 共通演算として同じプログラム上の演算やループが相当する. また, 並列処理のためには, 確保した配列を, 各 PE で異なる場所にアクセスするようにすることで, 並列処理を行うことになる.

並列処理の実行形態として, プロセスとスレッドの違いを認識する必要がある. 違いは, 別メモリの概念がプロセスであり, 共通メモリの概念がスレッドである. そのため, MPI はプロセス実行されるといえる. 一方, 第3章で紹介する OpenMP は, スレッド実行となる.

プロセスとスレッドの両者が異なる概念であるため, 双方を混合した実行が可能である. つまり, 別メモリの概念であるプロセス実行をしておき, それぞれのプロセス内で共通メモリの実行であるスレッド実行をすることができる. この実行形態を, ハイブリッド実行 と呼ぶ. 本書で紹介する, ハイブリッド MPI/OpenMP 実行は, このハイブリッド実行の1つの形態である.

2.1.4 性能評価指標

並列プログラムを性能評価する際, どのように善し悪しを判断するか. その答えは, 台数効果である. 台数効果は, T_S を逐次の実行時間, T_P を P 台での並列実行時間とすると

$$S_P = T_S/T_P \quad (0 \leq S_P) \tag{2.1}$$

となる. ここで, P 台用いて $S_P = P$ のとき, 理想的な速度向上という. 一方, P 台用いて $S_P > P$ のとき, スーパリニア・スピードアップという. スーパリニア・スピードアップが生じる主な原因は, 並列化により, データアクセスが局所化されてキャッシュヒット率が向上することによる高速化がある.

一方，並列化効率を考慮することがある．並列化効率は

$$E_P = S_P/P \times 100 \quad (0 \leq E_P) \quad (2.2)$$

[%] で表される．並列化効率にすると，並列数 P の時，どのぐらい理想的な速度向上から離れているか数値化できる．

台数効果は一般的に飽和性能をもつ．これは，P を増やしていった時の台数効果の限界値である．

アムダールの法則 という重要な並列処理の挙動に関する法則がある．いま，逐次実行時間を K とする．そのうち，並列化ができる割合を α とする．このとき，台数効果は以下のようになる．

$$\begin{aligned} S_P &= K/(K\alpha/P + K(1-\alpha)) \\ &= 1/(\alpha/P + (1-\alpha)) = 1/(\alpha(1/P - 1) + 1) \end{aligned} \quad (2.3)$$

上記の式から，例え無限大の数のプロセッサを使っても（$P \to \infty$），台数効果は，高々 $1/(1-\alpha)$ である．これは，例えば，全体の90%が並列化できたとして，無限大の数のプロセッサをつかっても，$1/(1-0.9) = 10$ 倍にしかならないことを意味している．さらに例を挙げたものを，図 2.2 に示す．

図 2.2 では，逐次実行において88.8%並列化できる場合，4並列では3倍と良好な台数効果が得られる．しかし，その倍の並列性の8並列にしても，$3 \times 2 = 6$ 倍も台数効果は出ず，結果として4.5倍に留まる．この理由は，逐次部分の全体の時間に占める割合が，並列数が増えれば増えるほど大きくなっていき，台数効果の向上を阻害するからである．

また，台数効果の取り方として，以下の2種がある。

- 強スケーリング：問題サイズを固定し，並列数 p を増加させていく方式である．今までの台数効果の説明は，この強スケーリングが基になっている．並列数 p が増加すると通信時間が増えていくため，理想的な速度向上を保つことが難しい．

- 弱スケーリング：並列処理の単位（例えば，ノード）当たりの問題サイズを固定し，並列数 p を増加させていく方法である．弱スケーリングでは，並列数が増えても演算時間が同一に保たれるため，通

2.1. 並列プログラミングの基礎

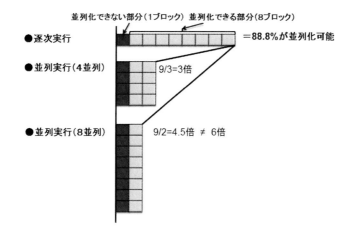

図 2.2 アムダールの法則の例

信時間の全体に占める割合が増加しないことが期待できる．もし，計算量が $O(n)$ のアルゴリズムであれば，理想的には並列数に依存せず実行時間が同一になる．一方，計算量が $O(n^3)$ になるようなアルゴリズムでは，並列数に依存しないで実行時間を同一に保つことはできないため，弱スケーリングでは評価ができない．

2.1.5 MPI の特徴

MPI [1][2][3][4][5] は，メッセージパッシング用のライブラリ規格の1つであり，メッセージパッシングのモデルである．そのため，コンパイラの規格や，特定のソフトウェアやライブラリを指すものではなく，あくまでも機能の規格を指す．

MPI は分散メモリ型並列計算機で並列実行に向き，大規模計算が可能である．MPI を用いた並列化により，1 プロセッサにおけるメモリサイズやファイルサイズの制約を打破可能である．プロセッサ数の多い並列計

算機での利用が必須であり，1プロセッサ換算で膨大な実行時間の計算を，短時間で処理可能となる．

また最大の特徴は，移植が容易な点である．API（Application Programming Interface）の標準化がなされているため，一度 MPI でプログラムを開発すると，MPI がインストールされている計算機で，プログラムの変更無しに実行が可能となる．現在，MPI をサポートしていないスーパコンピュータや PC クラスタはないため，このメリットは絶大である．

性能面の特徴として，並列性があるアルゴリズムを MPI で記述すれば，スケーラビリティが高いプログラムが開発できる．スケーラビリティとは，並列処理規模が大きくなっても，規模に比例して高い性能が実現できる性質である．

通信処理をユーザーが記述することによるアルゴリズムの最適化が可能であるが，欠点として，プログラミングが難しい（敷居が高い）と指摘されている．ただし著者は，これは経験によるものであり，一度 MPI を用いた並列処理の方法を身に付ければ，プログラミングの敷居が高いとは必ずしもいえないと考えている．特に高性能を達成するためのコストを考えると，プログラミングを含むコストが MPI で高いとはいえないと考えている．

さて，以降，MPI バージョン 1（以降 MPI-1 と示す）について説明する．なお，MPI バージョン 2 では，マスターワーカー形式の実行などの機能が拡張されている．さらに MPI バージョン 3 では，第 5 章で説明する非同期通信の機能拡張がなされている．

さて MPI-1 は説明したように SPMD モデルであるため，1 つのプログラムが並列時にプロセス数分だけコピーして起動する．今，a.out という実行可能ファイルがあるとき，MPI の起動は図 2.3 のようになる．

図 2.3 では，MPI の起動にはコマンド mpirun を用いている．また，並列数の指定にはオプション -n を利用している．並列数の指定は，スパコン環境では，別の手段で指定するため，不要なことがある．

図 2.3 では，a.out を起動した時点で MPI プロセス数分だけ，分散メモリ上に変数名は同じだが別の変数が用意される，と解釈できる．

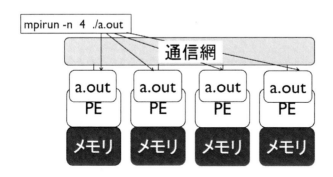

図 2.3 MPI の起動

2.2 基本的な MPI 関数

2.2.1 用語説明

MPI は「プロセス」間の通信を行う．プロセスは，HT（Hyper Threading）などの技術を使わなければ，「プロセッサ」（もしくは，コア）に 1 対 1 で割り当てる．

ここで，MPI 特有の専門用語として，ランク がある．これは，各「MPI プロセス」の「識別番号」のことである．通常 MPI では，MPI_Comm_rank 関数で設定される変数に，このランクが収納される．ランクは，0 から始まり，起動時の並列数 −1 の重複しない番号が各プロセスに割り当てられる．

図 2.5 で，ランクの説明をする．図 2.5 では，ランクは各 MPI プロセスに異なる番号が割り振られる．

一方，MPI の世界中の全 MPI プロセス数を知るには，MPI_Comm_size 関数を使う．

MPI においてブロッキング関数とは，例えば送信と受信を行うとき，受信は，送信が発行され，メッセージが転送され，メッセージが受信用の配

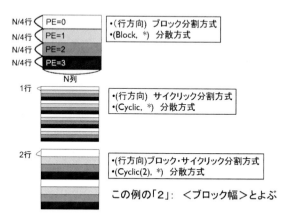

(a) 1次元分散の例

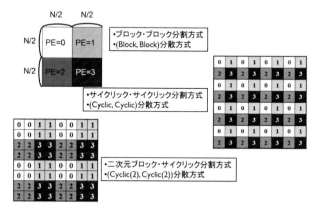

(b) 2次元分散の例

図 2.4 メモリ分散方式の違いによる並列計算機の分類

2.2. 基本的な MPI 関数

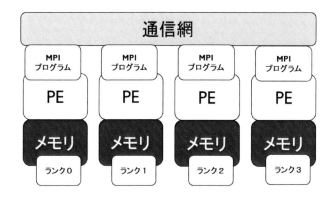

図 2.5 ランクの説明

列に完全にコピーされるまで終了しない関数である．ここで，ブロッキング関数の注意は，MPI の転送モードである．MPI では，デフォルトの転送モードである標準通信モードでは，送信用の MPI バッファがある場合は，相手側の受信が発行される前に，送信を終了することができる．そのため，送信バッファに入るような小規模サイズのメッセージ通信を行う場合は，相手側の受信が発行される前に送信が終了することがある点である．

MPI におけるノン・ブロッキング関数は，例えば送信を行う際に，相手方の受信が発行される前にメインプログラムに復帰する関数である．当然ながら，ノン・ブロッキングな送信関数は，送信配列の中身を書き換えても通信が正しく行えるかを保証しない．どのように保証するかというと，プログラム中で確認用の関数を呼ぶことで確認する．この確認用の関数は，`MPI_Wait` 関数がある．ユーザーは，ノン・ブロッキングな関数をコールしたあと，通信に関連しない演算をする．この間に，通信をオーバラップして行うことで，通信時間を隠蔽することを狙う．ここでの注意は，ノン・ブロッキング関数を呼ぶことで，本当に演算の裏で通信が行えるかは MPI 関数の実装やハードウェアに依存するため，ユーザーが思ったよう

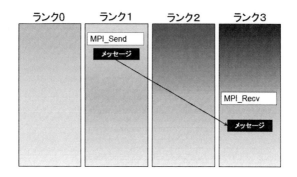

図 2.6 1 対 1 通信の説明図

に通信と演算がオーバラップされていないことがある点である.

2.2.2　1 対 1 通信関数（手続き）

ここで, 1 対 1 通信関数（手続き）の例を紹介する. 以下のブロッキング関数で標準通信モードの関数を使用する.

受信関数（手続き）: MPI_Recv

```
MPI_Recv( recvbuf, icount, idatatype, isource,
                itag, icomm, istatus, ierr )
```

ここで, recvbuf は受信領域の先頭番地を指定する. 例えば, double A[N] と宣言する配列であれば, 単に A と記載すればよい.

icount は 整数型で, 受信領域のデータ要素数を指定する. ここで, 例えば 5 要素を受信したいときは, 5 とそのまま書いても良いし, あるいは integer icount として, icount=5 として, icount と記載しても良い.

datatype は 整数型であり, 受信領域のデータの型を指定する. 例えば, 以下の型がある. MPI_CHARACTER (文字型), MPI_INTEGER (整数型), MPI_REAL (実数型), MPI_DOUBLE_PRECISION (倍精度実数型).

2.2. 基本的な MPI 関数

isource は整数型であり，受信したいメッセージを送信するランクを指定する．任意の PE から受信したいときは，MPI_ANY_SOURCE と記載する．

itag は整数型であり，受信したいメッセージに付加したタグ値を指定する．任意のタグ値のメッセージを受信したいときは，MPI_ANY_TAG と記載する．

icomm は整数型であり，プロセスの集団を認識するコミュニケータを指定する．通常では，MPI_COMM_WORLD と記載すれば良い．

istatus は，MPI_STATUS_SIZE の大きさをもつ整数型の配列である．受信状況に関する情報が入る．必ず，ユーザー自身が型宣言をした配列を確保して引き渡さないといけない．integer istatus(MPI_STATUS_SIZE) で宣言する．受信したメッセージの送信元のランクが istatus(MPI_SOURCE)，タグ値が istatus(MPI_TAG) に代入される．

ierr は整数型であり，エラーコードが入力されて戻る．

送信関数（手続き）：MPI_Send

```
MPI_Send( sendbuf, icount, idatatype, idest,
                          itag, icomm, ierr )
```

ここで，sendbuf は，送信領域の先頭番地を指定する．

icount は整数型であり，送信領域のデータ要素数を指定する．

idatatype は整数型であり，送信領域のデータの型を指定する．

idest は整数型であり，送信したいプロセスのランクを指定する．

itag は整数型であり，受信したいメッセージに付けられたタグ値を指定を指定する．

icomm は整数型であり，プロセスの集団を認識するコミュニケータを指定する．

ierr は整数型であり，エラーコードが入る．

さて，上記の MPI_Send をランク 1 が発行，MPI_Recv をランク 3 が発行したとする．このときのデータ送信の状況を図 2.6 で説明する．

図 2.6 では，この通信に関係するのはランク 1 とランク 3 だけであり，ランク 0 とランク 2 は何をやっていてもこの通信には関与しない．そのため 1 対 1 通信と呼ぶ．

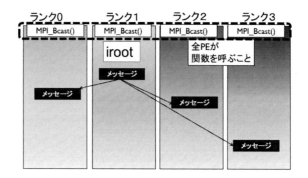

図 2.7　1 対全通信の説明図

2.2.3　1 対全通信関数（手続き）

さて,前項で説明した 1 対 1 通信があれば,どのような通信でも記載できる.しかしながら,よく使う処理を毎度 1 対 1 通信で記載するのは煩雑なばかりかコード数を増やしてしまう.そこで,よく使う通信パターンはMPI の専用関数（手続き）として提供されている.そのうちの 1 つが,あるメッセージを全てのプロセスに転送する,1 対全通信関数である.

代表的な 1 対全通信関数として,以下の MPI_Bcast 関数（手続き）がある.

```
MPI_Bcast( sendbuf, icount, idatatype, iroot, icomm, ierr )
```

ここで,sendbuf は,送信および受信領域の先頭番地を指定する.MPIではプログラムが 1 つのため,1 つのプログラム上の配列の記載で,送信データがある配列と受信データを収納する配列を記載することになる.問題は,どのプロセスに送信データがあるかを指定することである.これは,以下の引数で説明する.

icount は整数型であり,送信および受信領域のデータ要素数を指定する.

idatatype は整数型であり,送信および受信領域のデータ型を指定する.

2.2. 基本的な MPI 関数

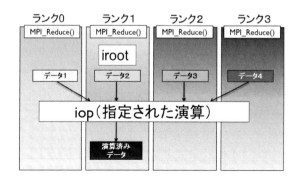

図 2.8 MPI_Reduce の説明図

iroot は整数型であり，送信したいメッセージがあるプロセス番号を指定する．全プロセスで同じ値を指定する必要がある．

icomm は整数型であり，プロセスの集団を認識するコミュニケータを指定する．

ierr は整数型であり，MPI のエラーコードが入る．図 2.7 に，上記の MPI_Bcast の動作を示す．

図 2.7 では，全てのプロセスが MPI_Bcast を呼ばないと，通信が開始されない．1 つでも MPI_Bcast を呼ばないランクがあると，そこで処理が停止する．

2.2.4 集団通信関数（手続き）

リダクション演算とは，操作によって次元を減少（リダクション）させる処理のことをいう．例えば，内積演算がそうであり，内積演算はベクトル（n 次元空間）をスカラ（1 次元空間）に落とす操作である．並列処理においても，リダクション演算は多用される基本演算である．並列処理におけるリダクション演算は，通信と計算を必要とするため，集団通信演算と呼ばれる．

MPIにおいては,リダクション演算結果の持ち方の違いで,2種の集団通信関数(手続き)が存在する.まず始めは,以下である.

```
MPI_Reduce( sendbuf, recvbuf, icount, idatatype, iop, iroot,
    icomm, ierr )
```

以下に引数を説明する.

sendbuf:送信領域の先頭番地を指定する.

recvbuf:受信領域の先頭番地を指定する.irootで指定したプロセスのみで書き込みがなされる.送信領域と受信領域は,同一であってはならない.すなわち,異なる配列の番地を指定しなくてはならない.

icount:整数型.送信領域のデータ要素数を指定する.

idatatype:整数型.送信領域のデータの型を指定する.

iop:整数型.演算の種類を指定する.例えば,以下のものがある.MPI_SUM(総和),MPI_PROD(積),MPI_MAX(最大),MPI_MIN(最小),MPI_MAXLOC(最大と位置),MPI_MINLOC(最小と位置)などがある.

iroot:整数型.結果を受け取るプロセスのicomm内でのランクを指定する.全てのicomm内のプロセスで同じ値を指定する必要がある.

icomm:整数型.PE集団を認識する番号であるコミュニケータを指定する.

ierr:整数型.エラーコードが入る.

以上から,MPI_Reduce関数(手続き)は,プロセスごとに所有する入力データに対して演算をして,その結果1つを,あるプロセスに収納する機能を有する.図2.8で,MPI_Reduce関数(手続き)の動作を説明する.

図2.8ではMPI_Bcast関数(手続き)と同様に,全てのプロセスでMPI_Reduce関数(手続き)を呼ばないと,そこで処理が停止する.

次の関数を以下で説明する.

```
MPI_Allreduce( sendbuf, recvbuf, icount, idatatype, iop,
    icomm, ierr )
```

以下に,引数の説明をする.

sendbuf:送信領域の先頭番地を指定する.

recvbuf:受信領域の先頭番地を指定する.送信領域と受信領域は,同一であってはならない.すなわち,異なる配列の番地を指定しなくてはな

2.2. 基本的な MPI 関数

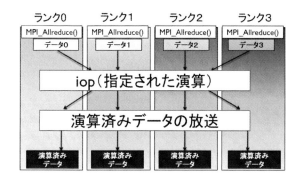

図 2.9 MPI_Allreduce の説明図

らない．
　icount：整数型．送信領域のデータ要素数を指定する．
　idatatype：整数型．送信領域のデータの型を指定する．
　iop：整数型．演算の種類を指定する．
　icomm：整数型．プロセス集団を認識する番号であるコミュニケータを指定する．
　ierr：整数型．エラーコードが入る．
　以上から，MPI_Allreduce 関数（手続き）は，プロセスごとに所有する入力データに対して演算をして，全てのプロセスに収納する機能を有する．図 2.9 で，MPI_Allreduce 関数（手続き）の動作を説明する．

　MPI_Allreduce 関数（手続き）の動作は，MPI_Reduce 関数（手続き）のあと MPI_Bcast 相当の処理が入ると見なすことができる．注意する点は，MPI_Allreduce 関数（手続き）は MPI_Bcast 相当の処理を含むので，MPI_Reduce 関数（手続き）よりも時間かかる．さらに，プロセス数が増えれば増えるほど，多くの通信時間を費やすようになるため，MPI_Allreduce 関数（手続き）の利用は多用すべきではない．

2.2.5 プログラム例

以下に MPI プログラムの簡単な例として,「並列版 Hallo World」プログラムを載せる.

```
  program main
<1> include 'mpif.h'
<2> integer myid, numprocs
<3> integer ierr
<4> call MPI_INIT(ierr)
<5> call MPI_COMM_RANK(MPI_COMM_WORLD, myid, ierr)
<6> call MPI_COMM_SIZE(MPI_COMM_WORLD, numprocs, ierr)
<7> print *, "Hello parallel world! Myid:", myid
<8> call MPI_FINALIZE(ierr)
<9> stop
<10> end
```

MPI のプログラムは SPMD のため, 1 つしかない. ここで読者は, <2>行の整数変数宣言で違和感があると思う. 動作として理解すべきは, 整数変数が宣言されているが, 起動時にプロセス数分だけ別の変数が作成される, という点である.

<4>行の MPI_INIT で MPI の初期化を行う. <5>行の MPI_COMM_RANK で, プロセス毎のランクを取得し, 整数変数 myid に収納する. <6>行の MPI_COMM_SIZE で, 起動時に定まる全体のプロセス数を整数変数 numprocs に収納する.

さて, 上記のプログラムの実行結果はどうなるか. 並列数によるが, 例えば 4 プロセス実行の出力例を以下に示す.

```
Hello parallel world! Myid:0
Hello parallel world! Myid:3
Hello parallel world! Myid:1
Hello parallel world! Myid:2
```

以上から, 4 プロセスなので, print 文による表示が 4 個でる. 1000 プロセスなら 1000 個出力がでる. また, ランクはプロセスごとに重複しないため, 異なるランクの番号が最後に出る. また, ランクの数字はばらばらであるから, MPI の各行は同期して実行されていないことがわかる. 実行ごとに結果は異なる. 注意は, 表示のランク順に, print 文が実行されているわけではない点に注意する. 標準出力に書き込んだ順に結果が出力されるため, 実際の実行順序とは異なることがある.

2.2.6 通信アルゴリズムの考慮

各プロセスが所有するデータを, 全プロセスで加算し, あるプロセス1つが結果を所有する演算を考える. この演算は, 集団通信関数（手続き）`MPI_Reduce` で1行で記載できるが, ここでは, 1対1通信でこの処理を実装することを考える.

まず, 逐次転送方式がある. この方式では, ランク0から始めて, ランク0はランク1に自分の所有データを転送する. ランク1はランク0からデータを受信後, その受信データと自分のデータを足し込み, その結果をランク2に転送する, という処理を繰り返す. 最後に, 並列数 p の時はランク $p-1$ が, 結果を受け取る.

一方, この逐次転送方式は並列性がない. そこで, 並列性を抽出した通信アルゴリズムを用いる方が一般的である. この方式は, 二分木転送方式と呼ばれる. 二分木転送方式は, 以下のような考え方である. 例えば, 1+2+3+4+5+6+7+8 という加算を行うとき, 4並列で, それぞれ2つのデータを所有しているとすると, 以下のような演算をする.

■フェーズ1 :
 ランク0 : 1 + 2 = 3   -> ランク1へ転送
 ランク1 : 3 + 4 = 7
 ランク2 : 5 + 6 = 11 -> ランク3へ転送
 ランク3 : 7 + 8 = 15
■フェーズ2 :
 ランク1: 3 + 7 = 10 -> ランク3へ転送
 ランク3: 11 + 15 = 26
■フェーズ3 :
 ランク3: 10 + 26 = 36

以上のように, 演算の順序を変えることを認める場合, 同時に演算すること, および同時に転送することができるため, 並列化が可能になる. このように, 通信のアルゴリズム自体を考えることが重要である.

通信と演算のコストを考えると, $nprocs$ 並列時の逐次転送方式の通信回数は明らかに, $nprocs-1$ 回となる. 一方, 二分木通信方式の通信回数

は, $log_2(nprocs)$ となり, コスト的に二分木方式が有利となる. ただしこの見積もりでは, 通信網が考慮されていない.

この見積もりの前提は, 各段で行われる通信は, 完全に並列で行われることである. つまり, 通信の衝突は発生しないとする. だが実際は, 同時に転送すると, MPI プロセスと計算ノードとの割り当て, および通信トポロジーにより, 衝突が生じる. また, 転送するデータ数は上記の例では 1 個であるが, 一般的には複数のデータ数を持つ. このときのメッセージサイズでも, 性能が異なる. 例えば, 8 バイト変数 1 つの場合と, 100MB の転送時は異なる状況となる. また, 2 並列の実行と 2 万並列の実行では, 異なる. 結論として, 必ずしも二分木通信方式がよいとは限らない. 机上評価だけで性能の善し悪しをきめることは危険であり, 何らかの性能評価に基づくほうがよい.

`MPI_Allreduce` 関数 (手続き) は, 内部で `MPI_Bcast` 相当の通信が 2 回行われている. この `MPI_Bcast` 相当の通信が全体性能に影響するが, この通信実装は逐次転送方式に行われているのではなく, 上記の二分木転送方式で実装されていることが多い.

2.2.7 MPI プロセス割り当て

最後に, MPI の起動時に定まる, MPI プロセスとノードとの割り当て (以降, MPI ノード割り当てと記載) について説明する. MPI では一般的に, Machine file でユーザーが MPI ノード割り当てを直接行うことができる.

スパコン環境ではバッチジョブシステムが行うため, この割り当て機能に制限かかかっていることがある. バッチジョブシステムが自動で行う場合, 通信網の形状を考慮し, 通信パターンを考慮し, 最適に MPI プロセスが物理ノードに割り当てられるかはわからない. 最悪は, 通信衝突が多発する MPI ノード割り当てとなる. ユーザーが, MPI プロセスを割り当てるネットワーク形状を指定できるバッチジョブシステムもある.

スパコンセンタの運用の都合で, ユーザーが望むネットワーク形状が常に確保できるとは限らない. つまり, 稼働率の最大化を狙うには, 空い

2.2. 基本的な MPI 関数

たノードに別のユーザの MPI ジョブを割り当てるポリシーもある．この場合，通信時間は増加する．ユーザーが MPI 割り当て形状指定すると，こんどはジョブの待ち時間が増加し，最終的なターンアラウンド時間が増えてしまうことがある．このように，運用の制約を考慮しつつ，通信を減らす努力や，実行時通信最適化の研究進展が望まれる．

練習問題

1. アムダールの法則により，10,000 コアの並列実行で 99% 以上の台数効果を出すためには，全体の何%が並列化できないといけないか計算せよ．

2. MPI の通信モードと，通信モードを考慮した関数（手続き）についてどのようなものがあるか調べよ．

3. MPI が使える並列計算機で，逐次転送方式，および二分木通信方式を実装せよ．両者について，メッセージサイズを 1 から変化させた実行時間を測定し，どの方式が何台の並列数で有効となるか調査せよ．その際，メッセージサイズにより，最適な方式が変化するかも調べよ．

参考文献

[1] 片桐 孝洋『スパコンプログラミング入門: 並列処理と MPI の学習』東京大学出版会 (2013).

[2] Message Passing Interface Forum, http://www.mpi-forum.org/.

[3] MPI-J メーリングリスト, http://phase.hpcc.jp/phase/mpi-j/ml/.

[4] Peter S Pacheco, 秋葉博 (訳)『MPI 並列プログラミング』培風館 (2001).

[5] 青山幸也『並列プログラミング虎の巻 MPI 版』理化学研究所情報基盤センター, http://accc.riken.jp/HPC/training/.

第3章 OpenMPの基礎

片桐孝洋

名古屋大学情報基盤センター

3.1 OpenMPとは

ここでは，ノード内で並列化する場合によく用いられる OpenMP による並列化について説明する．

3.1.1 概要

OpenMP (OpenMP C and C++ Application Program Interface Version 1.0) [1] [2] [2] とは，共有メモリ型並列計算機用にプログラムを並列化するための，(1) 指示文，(2) ライブラリ，および (3) 環境変数を規格化したものである．ユーザが，並列プログラムの実行させるための指示を与えるものである．

OpenMP について，最も注意が必要なことは，コンパイラによる自動並列化ではないことである．ユーザが，並列化の原理を理解した上で，OpenMP を用いて並列化する必要がある．

分散メモリ型計算機のための並列化である，MPI に比べて，データ分散の処理や，配列の局所化に伴うループの始値や終値の変更と配列のインデックスによる変更，通信処理の記載の手間が無い分，実装が簡単となる．ただし高性能化の際には，MPI と比較しても遜色のない手間がかかることが知られており，実装コストの議論は適用する状況に依存することを読者は知るべきである．特に，100 並列を超える OpenMP 実行で高い並列化効率を達成するのは，極めて困難である．

図 3.1 に，OpenMP による処理の概要を示す．図 3.1 では，OpenMP による並列化をした処理はスレッドになるが，各スレッドはコアに割り当てら

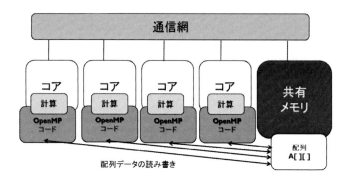

図 3.1 OpenMP による処理の概要. 同時に複数のコアが同時に計算して同時にアクセスする → 相互制御をしないと逐次計算と結果が一致しない.

れる. また, 共有メモリ上に配置された配列を各スレッドが同時に読み書きするため, 配列の読み書きの制御を正しく行わないと, 逐次実行の結果と一致しなくなることに注意が必要である.

3.1.2 対象となる計算機

OpenMP の対象となる計算機は共有メモリ型並列計算機となる. 従って, 分散メモリ型の並列計算機では, ノードのみしか OpenMP で並列化できない. そのため, 2016 年現在, 最大の並列数はたかだか 200 並列程度であるため, 分散並列化をしないと本質的に高並列化は望めない.

一方, MPI プログラムにおいて, ハイブリッド MPI/OpenMP 実行により, ノード内の処理を OpenMP で並列化することで, 分散メモリ計算機全体の MPI プロセス数を最大で 200 分の 1 にできる. そのため, ノード数の大きな並列実行において, 通信時間の削減が期待できる.

3.1.3 コンパイル方法

コンパイル方法は, OpenMP をサポートするコンパイラで, OpenMP 並列化を行う専用のオプションの指定で可能となる.

OpenMP のコードは, 後述のようにコメントで並列化を記載するため, OpenMP 並列化を行うオプションを指定しない場合は, 逐次コードとして動作する. そのため, 逐次プログラムと OpenMP による並列化プログラムを同じように扱えるメリットがある.

注意は, OpenMP の指示がないループは逐次実行となるため, 自動で並列化されない. コンパイラにより, 自動並列化によるスレッド並列化ができるコンパイラがあり, この自動並列化と OpenMP 並列化が併用できる場合がある. つまり, OpenMP の指示行がある行は OpenMP によるスレッド並列化を行い, 指示がないところはコンパイラによる自動並列化が適用できる.

3.1.4 記載方法

OpenMP の並列化指示は, コメントで行う. 言語毎にコメントの記載方式が定められている.

Fortran 言語の場合は,

```
!$omp     で始まるコメント行
```

が並列化の指定方法となる.

OpenMP のプログラムをコンパイルして生成した実行可能ファイルの実行は, そのファイルを指定することで行う. このとき, 並列数であるスレッド数を, 環境変数 OMP_NUM_THREADS で指定する. 以下に, OpenMP による実行可能ファイルが a.out の場合の実行例を示す. なお, 以下は Linux のシェルの bash の記載方法である.

```
$ export OMP_NUM_THREADS=16
$ ./a.out
```

ここでの注意は, 逐次でコンパイルしたプログラムと, OpenMP による並列プログラムの実行速度が, OpenMP による並列プログラムの実行を

OMP_NUM_THREADS=1 としても, 異なることである. 一般に, 逐次でコンパイルしたプログラムの実行の方が高速である. この理由は, 1 スレッド実行でも OpenMP 化による処理の増加 (オーバーヘッド) があるためである.

そのため, OMP_NUM_THREADS=1 の実行時間を 1 として台数効果を求めると, 逐次の実行時間を 1 として求めた台数効果より良くなることがあり, 公平な台数効果の評価にならないことに注意されたい.

また Fortran の固定形式と自由形式で OpenMP の記載の違いがでるが, 本書では紙面の都合で自由形式での記載とした.

3.2 OpenMP 実行モデル

3.2.1 parallel 構文

OpenMP による並列化で最も利用するのが, parallel 構文である. 図 3.2 で parallel 構文を説明する.

図 3.2 では, 逐次でブロック A → ブロック B → ブロック C というプログラムがあるとする. ここでブロックとは, 式やループなど, 処理の単位である. このとき parallel 構文でブロック B を並列化指定する. このとき, ブロック A は逐次実行されるが, ブロック B で並列実行に移り, 各スレッドでブロック B が並列実行される. その後, 並列処理を集結しブロック C が逐次実行される.

3.2.2 ワークシェアリング構文

parallel 指示文のように, 複数のスレッドで実行する場合に, OpenMP で並列を記載する処理, 図 3.2 のブロック B, の部分を並列領域と呼ぶ. 並列領域を指定して, スレッド間で並列実行する処理を記述する OpenMP の構文をワークシェアリング構文と呼ぶ.

ワークシェアリング構文は, 以下の 2 種がある.

(1) 並列領域内で記載するもの. do 構文, sections 構文, single 構文 (master 構文), などがある.

3.2. OpenMP 実行モデル

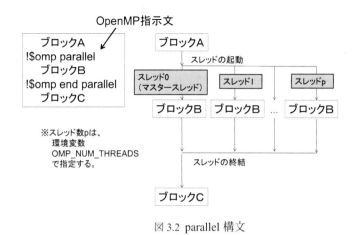

図 3.2 parallel 構文

(2)parallel 構文と組み合わせるもの. parallel do 構文, parallel sections 構文, などがある.

3.2.3 parallel do 構文

最もよく使われる OpenMP の構文は, parallel do 構文である. 図 3.3 に, 例を示す.

図 3.3 では, ループ変数 i のループを, OpenMP のスレッド実行時に, なるべく均等になるようにループを分け, それぞれ並列にループ中の式を実行する並列化であるこがわかる.

ここで注意が必要である. parallel do 構文は, どんなループにも適用できるわけではない. 図 3.3 のようにスレッド並列化して, 逐次と結果が合うループにのみ, 適用可能である. また, 適用できるかどうかの判断は, コンパイラが行わない. 並列化できないというエラーすら出ない. 従って, 並列化できるかどうかの判断と結果の責任は, プログラマ自身が責任を負う.

以上のように, OpenMP は自動並列化コンパイラではないことがわかることと思う. どのようなループが並列化できないかは, 後ほど説明する.

また, 図 3.3 の並列化では, 各スレッドに実行時に指定されたスレッド

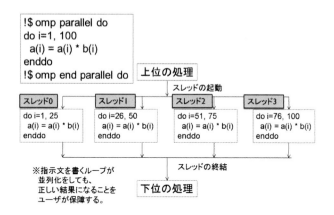

図 3.3 parallel do 構文

数を考慮して，なるべく均等になるようにループを割り当てた．デフォルトでは，このような並列化のやり方になっているが，変更が可能である．このように，各スレッドに割り当てるループの長さや割り当て方法のことをスケジューリングと呼ぶ．スケジューリングについても，後ほど説明する．

3.2.4　sections 構文

各スレッドに割り当てるループ処理などの仕事を，スレッド毎にそれぞれ違う仕事を割り当てたいことがある．このときに役に立つのが sections 構文である．図 3.4 に sections 構文の例を示す．

図 3.4 では，!$omp section で囲まれた処理を各スレッドに割り当て，並列に実行する．ここでは，手続き sub1〜sub4，並列数に応じて，各スレッドで同時に実行することができる．これらの手続き間に依存があってはならない．

3.2. OpenMP 実行モデル

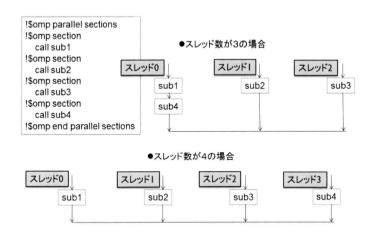

図 3.4 sections 構文

3.2.5 critical 節

OpenMP で並列化を行うに当たり，どうしても逐次処理が必要であることがある．このとき，OpenMP の構文中で，指定した範囲を逐次に実行することを保証する．それが，critical 節である．

具体的には，`!$omp critical` ～ `!$omp end critical` で囲まれた区間（クリティカルセクションとよぶ）は，並列実行中でも，クリティカルセクションへ入るスレッドは 1 つに制限される．そのため，逐次と結果が一致する．

注意は性能である．他のスレッドがクリティカルセクションへ入るかどうか監視するため，余分な時間がかかり，並列性能が低下する．特に，スレッド数が多い実行では，より大きな時間を費やす．そのため，できるのであれば，critical 節は利用しない実装方式にすべきである．

3.2.6 private 節

parallel do 構文中になど,OpenMP の項文中現れる変数は,デフォルトでは,共有変数になる.共有変数とは,各スレッド間で共有されている変数のことである.この共有変数に対して各スレッドで演算をする場合,タイミングにより,逐次と結果が一致しなくなる.

例えば,共有変数 i を,各スレッドで i=i+1 という加算を行う場合,並列実行すると逐次と結果が一致しない.なぜなら,あるスレッドが i の値をレジスタに読み込んでいる間に,あるスレッドが加算結果を i に書き込むことが起こりえるからである.この実行を逐次と一致させるには,critical 節などを用いるしかない.

なお OpenMP では,ループ変数においてもデフォルトでは共有変数になることに注意する.すなわち,do i=1, n というループがあるとき,変数 i は共有変数となる.そのため,parallel do 構文を用いる場合において,何もしないと正しくループのカウントができない[1].

ではどうやってこの問題を解決すれば良いか.その答えは,ループ変数を含め,スレッド毎に宣言されるプライベート変数にする.OpenMP では,private 節により,この変数宣言を行う.

例えば,以下の 2 重ループがあるとき:

```
do i=1, n
  k = a(i)
  do j=1, n
    b(j) = b(j) + k * c(j)
  enddo
enddo
```

このループを parallel do 構文で最も外側のループを並列化するには,以下のように記載しないといけない.

```
!$omp parallel do private(k,j)
do i=1, n
   …
!$omp end parallel do
```

---

[1] 例外は,parallel do が適用される直後のループである.このループ変数は,共有変数にならず自動的にプライベート変数となる.コンパイラによっては,ループ変数をデフォルトでプライベート変数にするコンパイラがあるが,これは仕様ではないので,コンパイラ依存の処理であることに注意する.

3.2.7 reduction 節

並列化する際,各スレッドで並列計算した結果について足しこんで,最終的な結果を得たいことがある.このような,並列実行と,その結果について操作を行う演算をリダクション演算とよぶ.

OpenMP では,リダクション演算を正しく行うための専用の節が用意されている.それが, reduction 節である.

reduction 節は,加算では" ＋ ",減算では" － ",乗算では" ＊ ",また最大では" max ",論理演算の AND では" .AND. "などが用意されている.

例えば,以下のループを parallel do 構文で並列化し,共有変数 s を reduction 節で加算する場合:

```
do i=1, n
  s = s + a(i)
enddo
```

以下ように記載することで, s の中身が逐次の結果と一致する.

```
!$omp parallel do
!$omp& reduction(+ : s)
do i=1, n
  s = s + a(i)
enddo
!$omp end parallel do
```

3.2.8 その他の構文

ここでは,その他の構文について説明する.

single 構文

parallel 構文中で,特定の箇所だけ逐次実行したいときがある.このときに用いるのが, single 構文である.

!$omp single ～ !$omp end single で囲まれた処理は,どこか 1 つのスレッドで実行される.また,この処理の終了後には,スレッド間で必ず同期がなされる.そのため,同期のための時間がかかる.スレッド全体

での同期が不要な場合は，上記の処理の直後に，`!$omp nowait`を挿入することで，同期処理を無くすることができる．

なお，single 構文と critical 構文は，single 構文に先に入ったスレッドのみ対象領域の処理を実行するのに対し，critical 構文では全てのスレッドが対象領域に入り処理を実行する点が異なる．

master 構文

機能的には single 構文と同じであるが，場合により single 構文より高速化されるのが master 構文である．違いは，master 構文で指定した処理（先ほどの例の`!$omp single`～`!$omp end single`で囲まれた処理）は single 構文ではどれか1つのスレッドで実行されるが，master 構文では必ずマスタースレッド（通常はスレッド0）に割り当てられる．かつ，終了後の同期処理が入らない．そのため，場合により高速化される．

flush 構文

変数について，物理メモリとの一貫性を取る明示的な指定を行うのが flush 構文である．flush 構文で指定されている変数のみ，その場所で一貫性を取る．それ以外の共有変数の値は，メモリ上の値との一貫性は無いため並列処理で注意が必要である．つまり，演算結果はレジスタ上に保存されるのみでメモリに計算結果を書き込まないため，flush 補助指定文を書かないとスレッド間で同時に足しこんだ結果が実行ごとに異なる状況がある．

ただし，以下の構文では，明示的にメモリとの一貫性を取るため flush 構文の記載は不要である：barrier 構文，critical 構文の出入口，parallel 構文の出口，for, sections, single 構文の出口．

注意として，flush 構文を使うと性能は悪くなるため，できるだけ用いないほうがよい．記法としては，以下になる．

```
!$omp flush (対象となる変数名の並び)
```

3.2. OpenMP 実行モデル

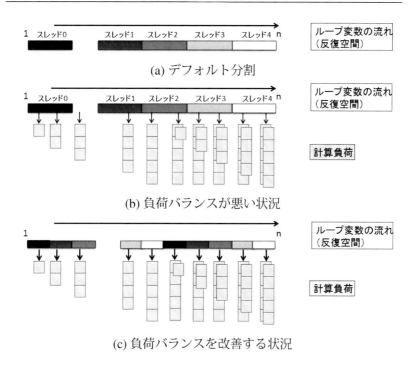

図 3.5 ループスケジューリング

ここで, 変数について flush 構文の指定を省略すると全ての変数が対象となる.

3.2.9 スケジューリング

parallel do 構文のところで説明したように, OpenMP では, デフォルトのスケジューリング方式は, ループの長さを実行する並列数で割り, そのループの長さの仕事を各スレッドに割り当てる. このような割り当ては, ループ変数に紐付けられた仕事量が均等である場合には, 仕事が均等にスレッドに分配されるため, 効率が良い. だが一般的に, このように仕事

▶ **schedule (static, *n*)**
　▸ ループ長をチャンクサイズで分割し、スレッド0番から順番に（スレッド0、スレッド1、…というように、ラウンドロビン方式と呼ぶ）、循環するように割り当てる。
　*n*にチャンクサイズを指定できる。
　▸ Schedule補助指定文を記載しないときのデフォルトはstaticで、かつチャンクサイズは、ループ長/スレッド数。

図 3.6　static 節の説明

量が均等である保証はない．ループ変数に紐付けられた仕事量に偏りがある場合，各スレッドに均等に仕事が分配されない．そのため，並列処理の効率が悪くなる．このような状況を，負荷バランスが悪いという．

以上の状況の説明を，図 3.5 に示す．

図 3.5 では，ループ変数に紐付けられた仕事が，ループが進むたびに比例して大きくなっていく場合，デフォルトのスケジューリングでは負荷バランスが悪くなる．ところが，ある間隔ごとに仕事を循環して割り当てる場合（図 3.5(b)），負荷バランスが良くなる．このような，ある間隔のことを，OpenMP ではチャンクサイズとよぶ．

OpenMP のデフォルトのスケジューリング方式は，各スレッドに割り当てるループの長さを実行する前に決めて割り当てる．このような方法を静的スケジューリングとよぶ．静的スケジューリングを行う OpenMP の節は，static 節である．図 3.6 に，static 節の例を載せる．ここでは，OpenMP のスケジュールを指定するディレクティブ schedule() の中に static と記載する．また，チャンクサイズを n に記載する．最適なチャンクサイズは，処理の中身とハードウェアに依存するため，実行して性能を測定しないとわからない．そのため，チャンクサイズはチューニングパラメタとなる．

一方，実行する前に仕事を割り当てられない場合がある．このときに用いるスケジューリングの方式が動的スケジューリングである．動的スケジューリングでは，最初はチャンクサイズごとに各スレッドに仕事を割り

- **schedule(dynamic, n)**
  - ループ長をチャンクサイズで分割し、処理が終了したスレッドから早い者勝ちで、処理を割り当てる。
    nにチャンクサイズを指定できる。

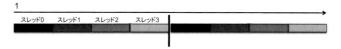

図 3.7 dynamic 節の説明

当てるが，終了後は，早い者勝ちで，次のループサイズがスレッドに割り当てられる．この動的スケジューリングでは，schedule() の中に dynamic と記載する．これを，dynamic 節という．dynamic 節の例を図 3.7 に示す．

図 3.7 では，チャンクサイズも static 節と同様に指定する必要があり，かつチャンクサイズはチューニングパラメタである．

dynamic 節でもチャンクサイズは固定である。処理に応じて，チャンクサイズを規則的に変化させる場合は，guided 節 がある．

最後に，スケジューリングは，parallel do 構文などの終わりに指定する．

3.3　プログラミング上の注意

OpenMP でよく用いる構文は parallel do 構文である．parallel do 構文で注意すべきは，private 節であり、スレッドごとに確保が必要な変数すべてを private 節で宣言しなくてはならない．また OpenMP のデフォルトは共有変数のため，private 節で宣言をし忘れると，共有変数になる．また、宣言をし忘れても、コンパイラによっては警告すら出ないため、気がつかないことが多い．そのため，注意して記載する必要があるが，実用コードでは，プライベート変数が 100 個以上にもなる場合があるため、OpenMP の言語仕様として利便性が悪いことが指摘されている．

3.4 高速化技法としてのファーストタッチ

第1章で説明したように,近年の CPU は NUMA 構成になっていることが多い. NUMA 構成では,近接のメモリと遠隔のメモリが共有メモリになっているが,近接のメモリと遠隔のメモリでアクセス時間が異なるハードウェア構成である.このような NUMA 構成の CPU では,プログラミング技法で,近接のメモリに配列を配置することができる.

特に,キャッシュ構成について, ccNUMA (Cache Coherent Non-Uniform Memory Access) の CPU 向けのメモリ最適化の方法として,ファーストタッチが知られている.ファーストタッチは, ccNUMA の並列計算機利用時において OpenMP による並列プログラミングでも重要な技法の1つである. ccNUMA のハードウェアでは,確保した配列は,各コアで,その配列に初めてアクセスした時,各コアに最も近いメモリに配列が置かれる.この原理を利用し,本計算と同じデータ・アクセスパターン(多くは,ループ構造と同じである)で,プログラム上最も先に OpenMP 指示文を用いて配列を初期化すると, CPU に近いメモリに配列データがセットされる.このようにプログラミングを行う.

以下にその例を示す.

```
! 以下は配列初期化のループ.ここで,近接メモリに配列A と B が置かれる.
!$omp parallel do private( j )
do i=1, 100
   do j=1, 100
      A( i ) = 0.0d0
      B( i , j ) =0.0d0
   enddo
enddo
!$omp end parallel do
…

!以下が本計算のループ.各スレッド(コア)で,近接メモリ上の配列A と B が
!アクセスされる.
!$omp parallel do private( j )
do i=1, 100
   do j=1, 100
      A( i ) = A( i ) + B( i , j ) * C( j )
   enddo
enddo
!$omp end parallel do
```

3.5 GPGPU への展開

近年, OpenMP version 4 (以降, OpenMP 4.0) [8] が制定された. この OpenMP 4.0 では, GPU の利用を考慮したディレクティブが制定されている. そのため, マルチコア型 CPU やメニーコア型 CPU 向けに OpenMP で並列化したコードに対して, いくつかの GPU 向けのディレクティブを追加するだけで, OpenMP のコードが GPU でも動作するようになる. 例えば, GPU をターゲットデバイスとするとき, 以下の **target** 構文で囲まれた演算を GPU 上で実行できる.

```
!$omp target
do i=1, n
   A(i) = A(i) + B(i)
enddo
!$omp end target
```

以上の場合は, プログラマが意識せずに, GPU 上で使われる配列 A, B が CPU から GPU へ転送される. ただし, target 構文中で使われる配列がその都度, GPU へ送られるため, CPU から GPU への転送, および GPU から CPU への転送が多発し, 性能が劣化してしまう. そのため, 一度 GPU へ送った配列はそのまま残して, CPU で必要になるときまで, CPU から GPU へデータを転送しないプログラミングが必要になる.

このような CPU から GPU への配列のデータ転送を抑制する方法として, 特定の配列のみ転送することを明記する必要がある. そのときに用いるのが, map 節である. 例えば, CPU 上で定義された配列 A(10) を, GPU 上に転送して演算したいときは, 以下のように記載する.

```
!$omp target data map(A)
   A()を使った演算
!$omp end target data
```

このように, CPU から GPU へのデータの移動, また, GPU から CPU へのデータの移動を考慮して, プログラミングをすることが, GPU を用いる場合の OpenMP 4.0 のプログラミング形態となる.

2016 年現在, OpenMP 4.0 はまだ十分に普及されているわけではなく, かつ性能においても GPU のための言語である CUDA 等に対してどれだけ性能を発揮するか, 十分に検証されてはいない.

また，OpenMP 4.0 と同様の GPU 向けのプログラム環境として，OpenACC [9][10] が知られている．OpenACC も OpenMP 4.0 と同様に，プログラムを CUDA に変換できる機能をもつ．OpenMP 4.0 と OpenACC の機能的な違いはあまりりない．OpenACC でも，CPU から GPU へのデータ移動を最適化する機能が性能面で重要であり，DATA 構文がそれに相当する．

このように GPU を利用した計算を容易にする計算機言語がそろいつつある。OpenMP ユーザーにとって，GPU コンピューティングが身近になっていくものと思われる．

練習問題

1. reduction 節を入れない場合，演算結果が逐次の結果と一致しないことをプログラムを作製し確認せよ．

2. 行列–行列積のコードを OpenMP で並列化せよ．また，1 スレッド実行に対する台数効果を測定せよ．

3. 行列–行列積のコードについて，ファーストタッチを実装して性能評価せよ．

4. OpenMP version 4.0 の仕様を調べよ．

5. OpenACC version 1.0, version 2.0 の仕様を調べよ．

参考文献

[1] OpenMP Forum. http://openmp.org/wp/.

[2] OpenMP Fortran Application Program Interface- Oct 1997, http://www.openmp.org/mp-documents/fspec10.pdf.

[3] 片桐孝洋『並列プログラミング入門: サンプルプログラムで学ぶOpenMP と OpenACC』東京大学出版会 (2015).

[4] NVIDIA NVLINK, http://www.nvidia.co.jp/object/nvlink-jp.html.

[5] BLAS (Basic Linear Algebra Subprograms), http://www.netlib.org/blas/.

[6] LAPACK–Linear Algebra PACKage, http://www.netlib.org/lapack/.

[7] ScaLAPACK—Scalable Linear Algebra PACKage, http://www.netlib.org/scalapack/.

[8] OpenMP Application Program Interface Version 4.0 - July 2013, http://www.openmp.org/mp-documents/OpenMP4.0.0.pdf.

[9] OpenACC Home, http://www.openacc.org/.

[10] OpenACC 2.0 Specification, http://www.openacc.org/node/361.

第4章 ハイブリッド並列化技法

片桐孝洋

名古屋大学情報基盤センター

ここでは, 主に1万並列を超える実行において, 通信時間を削減するために行うハイブリッド並列化の技法について説明する.

4.1 概要

はじめに, 用語の定義を行う.

- ピュア MPI 実行：並列プログラムで MPI のみ利用する実行.

- ハイブリッド MPI 実行：並列プログラムで MPI と何か (X (エックス)) を利用する実行. 何か (X) は, OpenMP によるスレッド実行 (ハイブリッド MPI/OpenMP 実行), もしくは, GPU 実行が主流.

- 「MPI+X」の実行形態：ハイブリッド MPI 実行と同義として使われる. X は, OpenMP や自動並列化によるスレッド実行, CUDA などの GPU 向き実装, OpenACC などの GPU やメニーコア向き実行, などの組合せがある. 主流となる計算機アーキテクチャで変わる.

ここで, 同一の資源量（総コア数）の利用を考えるとき, ピュア MPI 実行での MPI プロセス数に対してハイブリッド MPI 実行で MPI プロセス数を減らすことで通信にかかわるプロセス数を減らすことができるので結果として通信時間を削減できる. このように大規模並列実行時の通信時間の削減が, ハイブリッド並列化の主な目的となる.

4.2. 想定される計算機アーキテクチャ

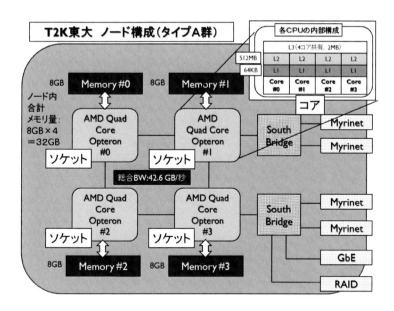

図 4.1 T2K オープンスパコン（東大版）の計算機アーキテクチャ

4.2 想定される計算機アーキテクチャ

ハイブリッド MPI 実行は，近年の計算機アーキテクチャのトレンドに適合する並列プログラミング方式である．そのため，近年の計算機アーキテクチャのトレンドを知る必要がある．ここで，図 4.1 に，東京大学情報基盤センターに設置された T2K オープンスパコン (東大版)（HA8000 クラスタシステム），CPU は AMD Quad Core Opteron （2.3GHz），のアーキテクチャ構成を示す．

図 4.1 では，CPU を 4 つ並べた構成になっている．各 CPU のことをソケットと呼ぶことがある．各ソケットには，近接のメモリが配置されている．また，離れているメモリにも，各 CPU からアクセスできるため，全体で共有メモリの構成を取る．ただし，近接メモリのアクセス時間は短く，遠隔メモリのアクセス時間は長くなる．図 4.2 に，説明図をのせる．

図 4.2 のような計算機アーキテクチャの構成を NUMA 構成と呼ぶことは説明した．また共有メモリにおいて，キャッシュメモリのデータの一貫性

第 4 章 ハイブリッド並列化技法

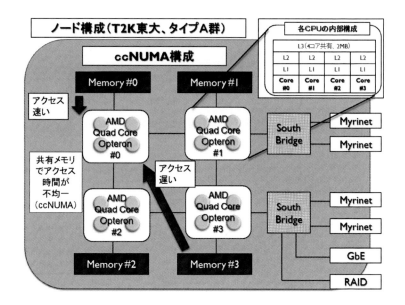

図 4.2 ccNUMA 構成の CPU におけるデータアクセス時間の違い

が保証されている並列計算機を, Cache Coherent NUMA 構成 (ccNUMA 構成) とよぶ. 図 4.1 の T2K オープンスパコン (東大版) は ccNUMA の計算機である.

図 4.2 では, 近接メモリのみデータアクセスが生じるように並列プログラムを配置すれば, データアクセスの観点から高速化ができることがわかる. つまり, MPI プロセス配置において, 図 4.2 では, 各ノードに 4MPI プロセスを配置し, 各 MPI プロセスは, 各ソケット #0〜#3 にそれぞれ 1 つずつ配置する. また, 各 MPI は, 4 スレッドの実行を行い近接メモリのみアクセスするハイブリット MPI 実行が, 計算機アーキテクチャの観点から最適であることがわかる. そのため, ハイブリット MPI 実行が行える並列プログラミングが現在主流となっている.

2016 年現在の計算機アーキテクチャでは, 通常は 2〜4 のソケットをもち, それぞれのソケット内では, 100 コア未満のコアから構成されている. また, ccNUMA 構成により, メモリアクセス性能は劣化するが, 大容量な

メモリを提供する方式の計算機も存在する．例えば，名古屋大学情報基盤センターに設置された UV2000 では [1]，1 ソケット当たり 128GB のメモリを有し，最大で 160 ソケットまで連結できる．そのため，全体で 20TB の共有メモリを提供可能である[1]．

4.3 実行例

ここでは，実際のハイブリット MPI 実行を行う並列プログラミング例を示す．以下は，行列‐ベクトル積の MPI プログラムに，OpenMP によるスレッド実行を行う並列化を付加し，全体でハイブリッド MPI 実行を行うプログラムである．

```
<1> call MPI_INIT(ierr)
<2> call MPI_COMM_RANK(MPI_COMM_WORLD, myid, ierr)
<3> call MPI_COMM_SIZE(MPI_COMM_WORLD, numprocs, ierr)…
<4> …
<5> ib = n/numprocs
<6> jstart = 1 + myid * ib
<7> jend = (myid+1) * ib
<8> if ( myid .eq. numprocs-1) jend = n
<9> !$omp parallel do private(i)
<10> do j = jstart, jend
<11>  y( j ) = 0.0d0
<12>  do i=1, n
<13>   y( j ) = y( j ) + A( j, i ) * x( i )
<14>  enddo
<15> enddo
<16> !$omp end parallel do
```

以上のプログラムでは，MPI 並列化において，最外の j ループの長さ 1〜n のループ長を MPI プロセス数 numprocs で割った長さを，各 MPI プロセスに割り当てている（<5>〜<8>）．さらに，各 MPI プロセスのループとなる長さ jstart〜jend に対して，OpenMP 並列化を行っている（<10>）．

以上のプログラムで興味深い考察ができる．MPI プロセス数が多くなっていくと，一般に問題サイズとなる n は固定なので，各 MPI プロセスのループとなる長さ jstart〜jend が小さくなっていく．jstart〜jend が

---

[1] ただし ccNUMA の特性により，メモリ配置を十分に配慮した高性能化を行わないと，遠隔メモリのアクセスが多発し，性能が著しく低下する．そのため，大規模メモリ実行ができても，高速化の恩恵を受けることができず，結果としてユーザーが求める実行性能が得られないことがある．

小さくなっていくと, OpenMP でスレッド実行できる数に制約がでる. つまり, jstart〜jend の長さが 10 であれば, 原理的に 10 スレッド並列以上の並列性がない. ここで, 現在のメニーコア計算機では, OpenMP スレッド並列性は 200 並列以上となるため, 各 MPI プロセスのループとなる長さを, 200 以上（プリフェッチなど, メモリアクセス最適化を考えると, 200 の数倍以上）の長さを確保しないと性能が出ない. そのため, このような並列性を確保できるアルゴリズムの再構築が課題となっている.

4.4 ピュア MPI 実行のプログラム開発の基礎

前節より, ハイブリッド MPI 実行を可能とする並列プログラミンでは, MPI 並列化が必須となることがわかる. そのため, まず MPI のみで並列実行できるピュア MPI 実行のプログラムの開発が必須となる.

ピュア MPI 実行のプログラム開発のための方法については, 紙面の都合から他書 [2] に譲る. ここでは, 簡単な方法論のみ概説する.

ピュア MPI 実行のプログラムを開発するには, 元となる逐次プログラムから開始することが多い. 最初からピュア MPI の実行のプログラムを作成することはまずない. また, 最初からピュア MPI 実行のプログラムを開発することは, デバックの観点からも好ましくない. そのため, バグ無く動作する逐次プログラム（手本となるプログラム）をまず開発する. この前提で, 著者が経験的に行っている開発方法は以下となる.

1. 正しく動作する逐次プログラムを開発する.
    ・簡易版 MPI プログラムの作成
2-1. 機能毎に処理を分割し, 分割した処理の前後で正しい結果となる出力を保存する.
2-2. 2-1 の機能毎に, MPI 並列化を行う. ここで, 配列のデータ分散は行わない.
2-3. 2-2 の並列化による実行結果が, 逐次結果と一致するか検証しつつデバックを行う.
    ・正式版 MPI プログラムの作成
3-1. 2 で完成した簡易版 MPI プログラムを利用し, 配列のデータ分散を

行い，再度 MPI 並列化を行う．
3-2. 2-1 の機能毎に，逐次結果と一致するか検証しつつデバックを行う．

以上の並列化の方法論では，2 の簡易版 MPI プログラムの作成が鍵である．最初から，データ分散を行った MPI 並列化を行う場合，相当の熟練 MPI プログラマでない限り，並列化で間違っているのか，アルゴリズムで間違っているのかの切り分けが困難となり，開発工数が増加する．

2 の簡易版 MPI プログラムの作成では，メモリ確保は逐次と同様に行うため，並列処理により問題サイズを大規模化ができない．しかし，データ分散に伴う通信処理と，配列インデックスの変更が不要となることが多い．そのため，MPI 並列ループの範囲のみ，各プロセスが所有するように変更するだけで済む（前節のコード例の（<5>〜<8>, 10）の処理）．

以上の簡易版 MPI プログラム作成後は，データ分散の変更のみ集中できるため，結果としてプログラム開発工数が少なくなる．

また，場合により，簡易版 MPI プログラムの作成のみで MPI 並列化を終わることも可能である．この場合は，メモリ量が必要なアルゴリズムではなく，計算量が膨大なアルゴリズムを並列化する場合である．簡易版 MPI プログラムは，場合により OpenMP とほぼ同様のコストで並列化できることがある．そのため，必ずしも OpenMP での並列化に比べて MPI 並列化のコストが高くなるとはいえない．

4.5　ハイブリッド MPI 実行のプログラム開発の基礎

ハイブリッド MPI 実行のプログラムの作成は，ここではピュア MPI プログラムの作成が元になっている．そのため，以下の手順となる．

1. 正しく動作するピュア MPI 実行のプログラムを開発する．
2. OpenMP を用いてスレッド並列化をする．
3. 2. の性能評価をする．
4. 3. の評価結果から性能が不十分な場合，OpenMP を用いた性能チューニングを行う．

5. 3. へ戻る.

6. 全体性能を検証し, 通信時間に問題がある場合, 通信処理のチューニングを行う.

なお, OpenMP を用いず GPU によるハイブリッド MPI 実行を行う場合は, GPU 計算のための言語である CUDA, もしくは, OpenMP 4.0 や OpenACC といった GPU 計算のためのディレクティブ言語に置き換えることで, 同様の開発方法を適用できる.

また近年, CPU では MPI と OpenMP のハイブリッド実行, かつ GPU を同時に使うハイブリッド並列化も行われている. この形態でも, 上記の開発方法が適用できる. しかし, GPU 間の MPI データ通信を行う場合, NVLINK [3] などのハードウェア上の工夫が無い場合, 通信時間が全体時間に占める割合が多くなることがある. そのため, 通信処理の高性能実装やアルゴリズム変更が必要となる場合がある.

4.6 ハイブリッド MPI 並列化時の注意事項

ここでは, ハイブリッド MPI プログラムを開発する際, 初心者が注意すべき事項を説明する.

4.6.1 並列化方針の間違い

マルチコア型 CPU の普及により, すでに開発済みの OpenMP プログラムを元に MPI 化する場合が増えてきている. このとき, 大抵の場合は, OpenMP の parallel 構文のループを MPI 化しなくてはならない. このとき, OpenMP ループ中に MPI ループを記載すると, OpenMP でのスレッド中で MPI 通信が行われるため, 通信多発で遅くなるか, 最悪は動作しなくなる.

4.6. ハイブリッド MPI 並列化時の注意事項   75

4.6.2　MPI プロセスのコアへの割り当て方法

　ccNUMA のハードウェアの場合, MPI プロセスの割り当てを, 期待する物理ソケットに割り当てないと, ハイブリッド MPI 実行の効果が無くなる.

　例えば, 1 ノードあたり 16 コアの計算機において, 4 ソケットが存在し, それぞれのソケットで 4 コアを有する計算機を考える. このとき, ノードあたり 4MPI プロセス実行では, それぞれのソケットに 1 つずつ MPI プロセス配置をしないと, MPI プロセスから派生する OpenMP 実行で近傍のメモリ上の配列にアクセスされなくなり性能が劣化する. 図 4.1 の T2K オープンスパコン (東大版) の例では, 4 つの MPI プロセスをソケット #0 に割り当ててしまうと遠隔メモリへのアクセスが多発し, ハイブリッド MPI 実行のハードウェア特性の観点での意味が無くなることからも理解できる.

　この MPI プロセスのソケット割り当ては, Linux の場合は numactl コマンド で実行時に指定できる. スーパーコンピュータ環境によっては, 専用のプロセスを物理コアに割り当てる記載方法がある.

4.6.3　数値計算ライブラリとハイブリッド並列化

　数値計算ライブラリのなかには, ハイブリッド MPI 実行をサポートしているものがある. また数値計算ライブラリ自体がスレッド並列化されている場合は, そのライブラリを用いて MPI 並列化すれば, ハイブリッド並列化が行える.

　密行列用ライブラリの ScaLAPACK[4] は, 通常はハイブリッド MPI 実行をサポートしている. これは, ScaLAPACK は, MPI 実行をサポートしており, ScaLAPACK は, 逐次の LAPACK[5] をもとに構築されており, LAPACK は基本数値計算ライブラリ BLAS[6] をもとに構築されているからである. 最も下位の BLAS は, スレッド実行をサポートしているため, 数値計算ライブラリ全体で, ハイブリット並列化をしていることになる.

4.6.4 コンパイラ最適化との関係

MPI 化および, OpenMP 化に際して, ループ構造を逐次から変更することになる. この時, コンパイラに依存し, 並列化したループに対して実行効率の悪いコードを生成することがある. つまり逐次コードに対して, 並列化したコードのコンパイラ最適化効率が悪化することがある. この場合に, 逐次の実行効率に対して並列での実行効率が低下し, 台数効果の向上を制限することになる.

この理由はいくつか考えられるが, 並列化時に利用する並列制御用の変数が大域変数の時に生じることがある. 例えば, MPI でのランクを収納する変数をループ中で利用して並列化することが ある (例えば, 先程のコード例の<10>における jstart, jend に, MPI のランク変数を用いて記載する場合). このようにループ変数に大域変数を記載するとコンパイラのコード解析が困難となり, 結果としてコード最適化を阻害することがある. この理由は, 大域変数が定数を取り得るか, プログラム上からは判断できないことによる.

以上のように, 並列処理の制御変数となる全体の MPI プロセス数を管理する変数, 自分のランク番号を管理する変数は, 大域変数である場合がある. この場合には, 性能面での注意が必要である.

練習問題

1. 並列計算機を用いて, サンプルプログラムに示した行列-ベクトル積をハイブリッド MPI/OpenMP で実装せよ. その上で, ピュア MPI 実行, および, ハイブリッド MPI 実行で性能が異なるか性能評価せよ. このとき, 1 ノードのソケット数を調べ, 妥当となるハイブリッド MPI 実行のやり方を調べ, 本当にそのやり方が最速となるか検証せよ.

2. ハイブリッド MPI 実行がピュア MPI 実行に対して有効となるアプリケーションを調べよ.

参考文献

[1] 「規模可視化システム UV2000 利用マニュアル」 名古屋大学情報基盤センター (2016),
http://www.icts.nagoya-u.ac.jp/ja/sc/pdf/uv2000manual_20160311.pdf.

[2] 片桐孝洋『並列プログラミング入門: サンプルプログラムで学ぶ OpenMP と OpenACC』東京大学出版会 (2015).

[3] NVIDIA NVLINK,
http://www.nvidia.co.jp/object/nvlink-jp.html

[4] ScaLAPACK—Scalable Linear Algebra PACKage,
http://www.netlib.org/scalapack/.

[5] LAPACK–Linear Algebra PACKage,
http://www.netlib.org/lapack/.

[6] BLAS (Basic Linear Algebra Subprograms),
http://www.netlib.org/blas/.

第5章　プログラム高速化の応用

片桐孝洋

名古屋大学情報基盤センター

　ここでは，プログラムの性能チューニングについての総論，チューニング実例，および通信最適化方法を中心に解説する．

5.1　性能チューニング総論

　性能チューニングでは，性能向上とチューニングのコストを勘案することが重要である．つまり，1時間の性能チューニングで速度が10倍になれば効果絶大であるが，性能チューニングに10日かけて速度が10%しか向上しなければ対費用効果がない．また，このチューニングコストの見積もりも初心者はできないことが多いため，最後に行うべき事項ともいえる．しかし逆に，とにかく動くプログラムを作成した結果，実行に1ヶ月も要するのであれば現実的に使えないのと同じである．この場合は，いくらコストをかけても性能チューニングを行わなければならなくなる．

　一般的には，コード最適化で行えることは後回しにし，採用するアルゴリズムを検討することが最善の策である．つまり，演算量を削減できる，もしくは，並列性が増えるアルゴリズムに書き換えてプログラムを再開発できるのであれば，それが最善の性能チューニングとなる．

　アルゴリズムの改善ができない，もしくは，すでに最善のアルゴリズムを採用している場合には，コードチューニングを行う．コードチューニングとは，コンパイラオプション，コードの書き換え，ジョブの割り当て方法の改善などシステム要因を考慮し，高速化を行うことである．

　コードチューニングを行う場合，最も重要なことは，自分のコードのホットスポット（重い部分）を認識することである．自分のコードのうち，どの部分に時間がかかるか，実測や性能プロファイリングツールを利用し

5.1. 性能チューニング総論

確認することから始める.そうすることにより,以下のボトルネック（性能に敏感な要因）を同定できる.

- 演算時間ボトルネック：演算時間が多い場合に起こる。
- 通信時間ボトルネック：通信時間が多い場合に起こる。
- I/O ボトルネック：I/O 時間が多い場合に起こる。

ここで,ボトルネックを生じる箇所であるホットスポット(多くはループで,関数(手続き)のこともある)の同定に,計算量などの机上評価はあてにならないことが多いので注意が必要である.実性能は計算機環境や実行条件に依存し,思わぬところにホットスポットがある.

また,性能チューニング状況に応じホットスポットは変わる.計算量が多くても,問題サイズが小さく,データがキャッシュに載る場合は,演算時間の占める割合が少なくなることもある.また,通信量が少なくても通信＜回数＞が多い場合,通信レイテンシ律速となり,結果として通信時間がほとんどとなることはまれではない.一方,I/O 量が少なくても対象計算機の I/O ハードウェアが貧弱,もしくは I/O を行うユーザ数が多く同時にI/O がされているときは,実行時に偶発的に I/O 性能が劣化する.このときは,I/O 律速となり I/O 時間が多くなり I/O ボトルネックを生じる.

5.1.1 演算時間ボトルネック

演算ボトルネックの場合,コード変更量を考慮すると,以下の順番で改善を検討するのがよい.

1. コンパイラオプションの変更：プリフェッチ,ソフトウェア・パイプライニング強化オプションなど,または,アンローリング,タイリング（ブロック化）のコンパイラ専用ディレクティブ追加,など
2. アルゴリズムを変更し,計算量が少ないものを採用する.
3. アルゴリズムを変更し,キャッシュ最適化向きのものを採用する.「ブロック化アルゴリズム」を採用する.

4. コンパイラが自動で行わないコードチューニングを手で行う．アンローリングなど．かつ／または，高速化（連続アクセス）に向くデータ構造を採用し，プログラム全体を書き換える．

5.1.2 通信時間ボトルネック

通信ボトルネックの場合，状況に応じて以下の事項を検討する．

- 通信レイテンシが主要因（通信回数が多い）：(1) こま切れの通信をまとめて送る（通信のベクトル化）；(2) 冗長計算を採用して通信の代わりに再計算をして通信回数を削減する（計算量を増加させる）．(3) 非同期通信を採用し通信時間の隠蔽をする．

- 通信量が主要因（1回当たり通信データが多い）：(1) 冗長計算により通信の代わりに再計算をして通信量を削減する（計算量を増加させる）．(2) より高速な通信実装を採用する（Remote Direct Memory Access (RDMA) などを用いて通信実装を行う）．(3) 非同期通信を採用して通信時間の隠蔽をする．

5.1.3 I/O ボトルネック

I/O ボトルネックの場合，状況に応じて以下を検討する．

1. データを間引き，I/O 量を削減する．

2. OS システムパラメタの変更をする．I/O ストライプサイズの変更など．大規模データサイズを 1 回だけ I/O する場合は，ストライプサイズを大きくする．

3. 計算機システムで提供される高速なファイルアクセス方式を使う：ファイルステージングを利用する．

4. より高速な I/O 方式を採用する．ファイル書き出しは，MPI プロセスごとに別名を付け，同時に I/O 出力する実装であることが多い．高

速なファイル I/O（Parallel I/O, MPI-IO など）を使うと，複数のファイルを 1 つに見せることができるだけではなく，MPI-IO の実装によっては高性能 I/O を実現できる．

5.2 性能プロファイリング

自分のプログラムのホットスポットを知る際，最も簡単な方法は，性能プロファイラを使うことである．性能プロファイラは，計算機環境毎に利用できるツールが異なる．一般に，情報基盤センター等のスーパーコンピュータには，専用の性能プロファイラがインストールされている．

どのような項目を性能プロファイルできるかは，性能プロファイラツールに大きく依存する．一般に，以下の項目の取得が可能である．

- ノード内性能: 全体実行時間に占める，各関数（手続き）の割合，GFLOPS 値，キャッシュヒット率，スレッド並列化の効率（負荷バランス），I/O 時間が占める割合，など．

- ノード間性能：MPI などの通信パターン，通信量，通信回数．多くは専用の GUI で見ることができる．一般的に GUI で可視化できないと，通信状況の把握は困難となる．

5.3 ループ変換実例とその効果

ここでは，コードチューニングの 1 例として，アプリケーションのコードにループ分割やループ融合（ループ消滅）のコードチューニングを施した例について説明する．

東京大学の古村教授が開発した地震波のシミュレーションコード Seism3D [1] における，ホットスポットとなるコードに，1 章で説明したループ融合とループ分割（ループ消滅）を適用する．このホットスポットのコードの概要は，1.3.6 項の例題のコードである．

いま，以下の 7 種のコード変換を行う：#1:基の 3 重ループコード（ベースライン），#2: I-ループ分割のみ，#3: J-ループ分割のみ，#4: K-ループ分

第5章 プログラム高速化の応用

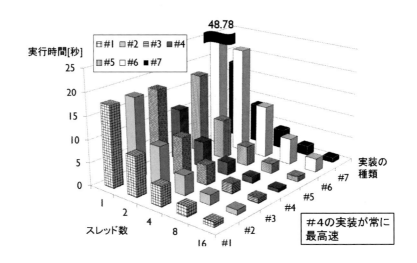

図 5.1 Seism3D の FX10 でのループ変換の効果

割のみ, #5: #2 ループに対するループ融合 (2 重ループ化), #6 : #1 ループに対するループ融合 (1 重ループ化), #7 : #1 ループに対するループ融合 (2 重ループ化).

上記の 7 つのコードに対して, 東京大学情報基盤センターに設置されている FX10 コンピュータシステム (CPU は Sparc64 IVfx (1.848 GHz)) を利用し, 1 ノード (16 スレッド) 実行した結果が, 図 5.1 である.

図 5.1 では, #1 のオリジナルコードにたいして, #4 のコードが 1.5 倍ほど高速化されており, ループ変換によるコードチューニングの効果がある.

なお, #4 のコードは, 3 重ループを完全に 2 分割したコードであり, 以下のようになる.

```
!$omp parallel do private(k,j,i,STMP1,STMP2,STMP3,STMP4,RL,
!$omp& RM,RM2,RMAXY,RMAXZ,RMAYZ,RLTHETA,QG)
DO K = 1, NZ
DO J = 1, NY
```

5.4. 通信最適化の方法

```
DO I = 1, NX
  RL = LAM (I,J,K); RM = RIG (I,J,K); RM2 = RM + RM;
  RLTHETA = (DXVX(I,J,K)+DYVY(I,J,K)+DZVZ(I,J,K))*RL
  QG = ABSX(I)*ABSY(J)*ABSZ(K)*Q(I,J,K)
  SXX(I,J,K)=(SXX (I,J,K)+(RLTHETA+RM2*DXVX(I,J,K))*DT)*QG
  SYY(I,J,K)=(SYY (I,J,K)+(RLTHETA+RM2*DYVY(I,J,K))*DT)*QG
  SZZ(I,J,K)=(SZZ (I,J,K)+(RLTHETA+RM2*DZVZ(I,J,K))*DT)*QG
ENDDO; ENDDO; ENDDO
!$omp end parallel do
!$omp parallel do private(k,j,i,STMP1,STMP2,STMP3,STMP4,RL,
!$omp& RM,RM2,RMAXY,RMAXZ,RMAYZ,RLTHETA,QG)
DO K = 1, NZ
DO J = 1, NY
DO I = 1, NX
  STMP1 = 1.0/RIG(I,J,K); STMP2 = 1.0/RIG(I+1,J,K);
  STMP4 = 1.0/RIG(I,J,K+1); STMP3 = STMP1 + STMP2
  RMAXY = 4.0/(STMP3+1.0/RIG(I,J+1,K)+1.0/RIG(I+1,J+1,K))
  RMAXZ = 4.0/(STMP3+STMP4+1.0/RIG(I+1,J,K+1))
  RMAYZ = 4.0/(STMP3+STMP4+1.0/RIG(I,J+1,K+1))
  QG = ABSX(I)*ABSY(J)*ABSZ(K)*Q(I,J,K)
  SXY(I,J,K)=(SXY (I,J,K)+(RMAXY*(DXVY(I,J,K)+
     DYVX(I,J,K)))*DT)*QG
  SXZ(I,J,K)=(SXZ (I,J,K)+(RMAXZ*(DXVZ(I,J,K)+
     DZVX(I,J,K)))*DT)*QG
  SYZ(I,J,K)=(SYZ (I,J,K)+(RMAYZ*(DYVZ(I,J,K)+
     DZVY(I,J,K)))*DT)*QG
END DO; END DO; END DO;
!$omp end parallel do
```

5.4 通信最適化の方法

ここでは,通信最適化の方法について説明する.

5.4.1 メッセージサイズと通信量

通信最適化を行う際,自分のプログラムの通信パターンについて知る必要がある. その前に,送信するメッセージサイズに伴う,一般的な通信時間の挙動を把握しておく必要がある. 図 5.2 に,通信時間のモデルを示す.

図 5.2 で示した,〈領域 1〉と〈領域 2〉のどちらになるのかで,通信パターンが異なり,対応する通信高速化の方法が異なる.

- 領域 1 の場合:通信レイテンシ が実行時間のほとんどである. この場合は,通信回数を削減する,細切れに送っているデータをまとめて 1 回にする,などが必要である.

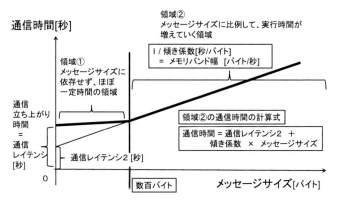

図 5.2 通信時間のモデル

- 領域 2 の場合：メッセージ転送時間 が実行時間のほとんどである．この場合は，メッセージサイズを削減する，冗長計算をして計算量を増やしてでもメッセージサイズを削減する，などが必要である．

ここで，⟨領域 1⟩ となる演算例として，内積演算のためのリダクション (MPI_Allreduce を用いて実装する場合) などが挙げられる．このときの送信データは倍精度 1 個分（8 バイト）となる．8 バイトのデータサイズだと，数個分のデータ（例えば，4 個分の 32 バイト）を同時に MPI_Allreduce する時間と，1 個分を MPI_Allreduce をする時間は，ほぼ同じ時間となることが多い．そのため，可能であれば複数回分の内積演算を一度に行うように変更すると，高速化される可能性がある．

例えば，連立一次方程式の反復解法で Conjugate Gradient (CG) 法の中の内積演算は，通常の実装だと 1 反復に 3 回の内積演算があるため，内積部分は通信レイテンシ律速となる．そこで，アルゴリズムを変更し k 反復を 1 度に行えば，内積に関する通信回数は $1/k$ 回に削減される．ただし単純な方法では，丸め誤差の影響で収束しない．そのため，通信回避 CG 法（Communication Avoiding CG, CACG）など通信回避を行う数値計算アルゴリズムの開発が進められている．

5.4. 通信最適化の方法

5.4.2 ノン・ブロッキング通信

通信時間の削減方法として，通信のための待ち時間を削減する方法がある．通信に必要な同期点を削減することが有効な手法となることがある．その際，通信方式を変更する必要がある．

基本的な通信方式は，送信と受信の処理を同期的に行う．例えば送信は，相手方の受信が発行され，安全にデータが転送されるまで，送信は終了しない．このような通信方式は，MPI ではブロッキング関数 を用いて実装する．例えば，MPI_Send 関数はブロッキング関数である[1]．

この一方，相手方の受信が発行される前に送信を終了し，後に，相手方の受信が終わっているか検査し，終わっていたら処理を進めることができれば，同期点を減らすことができる可能性がある．このような通信方式は，MPI ではノン・ブロッキング関数を用いて実装できる．例えば，MPI_Isend 関数が相当する．

いま，極端な例であるが，上記のノン・ブロッキング関数を用いた実装による高速化の例を示す．図 5.3 に，MPI プロセス 0 が，MPI プロセス 1 〜3 にデータを転送する場合を示す．

図 5.3 では，MPI プロセス 0 が逐次的に自分以外のプロセスにデータを送っているため，同期的にデータを送ると送るたびに待ち時間が生じ，結果として，通信時間が (プロセス数-1) に比例する時間増加してしまう．

そこで，MPI プロセス 0 では，まず（1）ノン・ブロッキング関数を用いてデータ転送を行い，（2）必要な計算を行い，（3）最後に，データが送られたかの検査を行う，と通信待ち時間を削減できる可能性がある．すなわち，データを送っている間に必要な演算をすることができるため，通信時間の隠蔽をすることができる．

---

[1] MPI では通信モードが複数ある．デフォルトの通信モードでは，通信バッファがある場合は，相手方の受信が発行される前に送信バッファにデータを書込み，処理を終わる．そのため MPI_Send 関数は，メッセージサイズが小さい時，上記で示したブロッキング関数の動きをしないことに注意する．

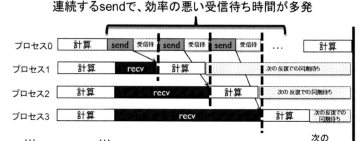

図 5.3 ノン・ブロッキング関数の適用で高速化される例

5.4.3 永続的通信

ノン・ブロッキング通信は, MPI_ISEND の実装が, MPI_ISEND を呼ばれた時点で本当に通信を開始する実装になっていないと意味がない. ところが, MPI の実装によっては, 通信をチェックする関数 MPI_WAIT が呼ばれるまで, MPI_ISEND の通信を開始しない実装がされていることがある. この場合には, ノン・ブロッキング通信の効果が全くない.

永続的通信 を利用すると, MPI ライブラリの実装に依存し, ノン・ブロッキング通信の効果が期待できる場合がある. 永続的通信は, MPI-1 からの仕様であり, たいていの MPI で使える. しかし, 通信と演算がオーバーラップできる実装になっているかは別問題であるため, 永続的通信を使っても必ず通信と演算がオーバーラップできる保証がない[2].

永続的通信の利用法は, 以下である.

---

[2] 名古屋大学情報基盤センターが所有する FX100 システムでは, 通信処理専用のコアであるアシスタントコアが実装されているため, 通信と演算のオーバーラップがやりやすくなることが期待される.

1. 通信を利用するループ等に入る前に 1 度, 通信相手先を設定する初期化関数を呼ぶ.

2. その後, MPI_SEND する箇所に MPI_START 関数を書く.

3. 真の同期ポイントに使う関数 (MPI_WAIT 等) は, MPI_ISEND と同じものを使う.

MPI_SEND_INIT 関数で通信情報を設定しておくと, MPI_START 時に通信情報の設定が行われないため, 同じ通信相手に何度でもデータを送る場合, 通常のノン・ブロッキング通信に対し, 同等以上の性能が出ると期待できる. この適用対象は, 例えば, 領域分割に基づく陽解法, 陰解法のうち反復解法を使っている数値解法, などがある.

以下に, 図 5.3 の例を永続的通信で実装する場合のコードを示す.

```
integer istatus(MPI_STATUS_SIZE)
integer irequest(0:MAX_RANK_SIZE)
…
if (myid .eq. 0) then
  do i=1, numprocs-1
    call MPI_SEND_INIT(a, N, MPI_DOUBLE_PRECISION, i,
      0, MPI_COMM_WORLD, irequest(i), ierr)
  enddo
endif
…
if (myid .eq. 0) then
  do i=1, numprocs-1
    call MPI_START (irequest, ierr )
  enddo
else
  call MPI_RECV( a, N, MPI_DOUBLE,_PRECISION ,
    0, i_loop, MPI_COMM_WORLD, istatus, ierr )
endif
    a()を使った計算処理
if (myid .eq. 0) then
  do i=1, numprocs - 1
    call MPI_WAIT(irequest(i), istatus, ierr )
  enddo
endif
```

5.5 ソフトウェア自動チューニングの適用

近年, 計算機アーキテクチャが複雑化してきたことから, 性能チューニングのコストが増大し, 結果として, 高性能ソフトウェア開発費が増加す

ることが問題となっている. また, ソフトウェアの性能チューニングはノウハウの塊であり, 専門家（もしくは, チューニングの匠）しかできないことも, エンジニアリングとしては問題である. 高生産性のあるソフトウェア構築方法論は, ソフトウェア工学の範疇の研究課題であるが, HPCでは実行性能に重きを置いて, ソフトウェアの生産性を高めないといけない. このように, 性能を重視してソフトウェア生産性を高める研究分野は, ソフトウェア性能工学 (SPE: Software Performance Engineering) と呼ばれる.

性能チューニングの自動化を狙う研究で, 我が国で 15 年ほど前から研究が盛んにされている研究分野がソフトウェア自動チューニング (Software Auto-tuning, AT) [2] [3] [4] [5] [6] である. 現在, AT が適用のための, 理論, モデル化 [7] [8] [9], AT 専用言語 [10] [11] [12] [13], および, アプリケーション適用の広範な分野の研究が進められている.

本書で示したコードチューニング技法のアンローリングやループ変換（ループ分割, ループ融合（ループ消滅）など）は, AT 言語の ppOpen-AT [11] [12] [13] に実装されている. そのため, AT のための専用ディレクティブでアンローリングなどの指定をすれば, 性能チューニングに必要なコードと AT 方式の実装コードが自動生成され, 対象ソフトウェアに自動付加される. ppOpen-AT の利用により AT のためのコード開発および性能チューニングの自動化が実現されるため, 低いコストで高性能計算ソフトウェアが開発できる環境を創成することが AT 言語の研究目的である.

5.6　自動並列化コンパイラの注意

スレッド並列化を行う際, コンパイラが自動で並列化を行う自動並列化コンパイラを使う際は注意が必要である. 自動並列化コンパイラは, 並列性のないコードを自動で並列性のあるコードに書き換えてくれるコンパイラではない. ループ並列性がない逐次コードは並列化できないことを認識しなくてはいけない.

自動並列化コンパイラは, コードの書き方が悪いと, 原理的に並列化できるループも, 自動並列化できないことが多い. また, 言語仕様にも大き

5.6. 自動並列化コンパイラの注意

く依存する.例えば,ループ構造(開始値と終了値が明らかかどうか,など),や関数引数が値渡しか参照渡しかなど,言語的な特徴から生じる問題もある.特に C 言語では,並列化したいループがある関数コール時に,引数にデータ依存があると判断されると,引数を用いたループの並列化ができない.デフォルトでは正しいコードを生成するため,引数間は依存があると判断せざるを得ない.そのため,自明な並列化ループも,コンパイラの判断で並列化しないことがある[3].

このように,自動並列化コンパイラを利用する際も,性能を引き出すためには並列化の基礎を習得する必要がある.また並列化のためにコードを書き直すと,OpenMP や MPI を用いた並列プログラミングと,コード開発工数の観点から差がなくなる.そのため,自動並列化コンパイラで工数削減ができないことがあることを認識すべきである.

練習問題

1. 自分の計算機環境で利用できる性能プロファイラを調査し利用してみよ.

2. 並列計算機環境で,本書で示したサンプルプログラムを実装し,ノン・ブロッキング送信(MPI_Isend 関数(手続き))がブロッキング送信(MPI_Send 関数(手続き))に対して有効となるメッセージの範囲(N=1〜適当な上限)について調べて結果を考察せよ.

3. 2. のプログラムを,永続的通信関数(手続き)を用いて実装せよ.また,ノン・ブロッキング関数(手続き)の実行時間と比べよ.

4. 所有するプログラムに対し,ループ分割,ループ融合(ループ消滅)を実装せよ.また,OpenMP 実装を行い,性能評価をスレッド数を変化させて行え.

5. ソフトウェア自動チューニング (AT) のためのツールや言語について調査せよ.

---

[3]関数引数に依存がないことを明示するためには,コンパイラオプションで指定するか,専用のディレクティブで指定する.

6. AT 言語 ppOpen-AT を ppOpen-HPC プロジェクトのページ [14] からダウンロードし，計算機環境にインストールしてサンプルプログラムを実行させることで AT の効果を検証せよ．

参考文献

[1] T. Furumura, L. Chen, *Parallel Comput.*, **31**, 149(2005).

[2] D. パターソン, J. ヘネシー『コンピュータの構成と設計（下巻）, 第5版』日経 BP 社, p.404 (2014).

[3] 片桐孝洋『ソフトウエア自動チューニング−数値計算ソフトウエアへの適用とその可能性』慧文社 (2004).

[4] 片桐孝洋 (編集) 情報処理学会誌「情報処理」, 大特集：科学技術計算におけるソフトウェア自動チューニング, **50** (6)(2009).

[5] 片桐孝洋 (編集)「特集：数値計算のための自動チューニング」日本応用数理学会 学会誌「応用数理」（岩波書店）**20** (3) (2010).

[6] 片桐孝洋 (編集),「企画：エクサスケール時代に向けた数値計算処理の自動チューニングの進展」, 日本計算工学会 学会誌「計算工学」**20** (2) (2015).

[7] T. Katagiri, K. Kise, H. Honda and T. Yuba, *The Fifth International Symposium on High Performance Computing (ISHPC-V), Springer Lecture Notes in Computer Science*, **2858**, 146 (2003).

[8] T. Tanaka, R. Otsuka, A. Fujii, T. Katagiri and T. Imamura, *Scientific Programming, IOS Press*, **22**, 299 (2014).

[9] R. Murata, J. Irie, A. Fujii, T. Tanaka and T. Katagiri, *Embedded Multicore/Many-core Systems-on-Chip (MCSoC)*, 203 (2015).

[10] T. Katagiri, K. Kise, H. Honda and T. Yuba, *Parallel Comput.*, **32**, 92 (2010).

[11] T. Katagiri, S. Ohshima and M. Matsumoto, *Special Session: Auto-Tuning for Multicore and GPU (ATMG-14)*, *Proceedings of IEEE MCSoC2014*, 91 (2014).

[12] T. Katagiri, S. Ohshima and M. Matsumoto, *Proceedings of IEEE IPDPSW2015*, 1221 (2015).

[13] T. Katagiri, S. Ohshima and M. Matsumoto, *Proceedings of IEEE IPDPSW2016*, 1488 (2016).

[14] ppOpen-HPC プロジェクトホームページ
http://ppopenhpc.cc.u-tokyo.ac.jp/ppopenhpc/.

第6章　線形代数演算ライブラリBLASと LAPACKの基礎と実践

中田真秀

理化学研究所 情報基盤センター

　この章では，線形代数演算ライブラリである BLAS, LAPACK の基礎的な事柄，および実践的な事柄について解説する．コンピュータでの行列演算，ベクトル演算のような線形代数演算は BLAS や LAPACK を用いるのが当たり前というほど，大変基本的なライブラリである．また，コンピュータに合わせた実装や高速化も重要となる．安直に聞こえるかもしれないが，このような線形代数演算については極力ライブラリを用いるべきである．数学の定理などを教科書に載っているそのままでプログラムにすると効率が悪かったり，多く誤差を含んで望んだ結果が得られない場合があるからである．

　ただ，無条件にライブラリを利用すると，パフォーマンスが得られない場合もある．最適化されているライブラリを用いる必要がある．最適化されているものといないものの速度差は大きいため，それを入手することが重要となる．

　現在，最適化 BLAS, LAPACK については数年前と全く変わり，環境が格段に良くなった．これらは Ubuntu など Linux のディストリビューションに含まれているため，簡単に利用でき，また切り替えも容易である．この章では Ubuntu 16.04 について，手軽に試せるように構成した．

　GPU を利用する場合についても述べたかったが，紙面の都合上載せることができなかったのは残念である．さらにまた数年すれば環境も変わってくるだろう．基本的なことは述べたため，それらについても簡単な応用で対処できるはずである．何れにせよ，読者の研究，作業におけるヒントになることがあれば幸いである．

6.1 線形代数の重要性

線形代数は多くの応用があるためその基礎として大変重要である．多くは大学の一回生で学ぶことになるのだが，基礎的であるがゆえ抽象的でもある．歴史的なことや，現代ではどこに使われているかなどをもって重要であることを述べたい．読者は自分が興味を持っている問題についてどれがベクトルかどれが行列になるかを考えながら学ぶと理解が早いかもしれない．

6.1.1 歴史的なこと，特に世界で初めてガウスの消去法を用いた例

線形代数は古くから存在する．エジプトで発見されたパピルスには記述が断片的に残っている．一番はっきりしている記録は，古代中国の紀元前一世紀から紀元後二世紀にかけて著された「九章算術」であろう．その第 8 章にあたる「方程」では，ガウスの消去法による連立一次方程式の問題が 18 問，解答とともに出題されている．最初の一問目のみ，解法が書かれている．その第一問について引用してみよう [1]．

- 今有上禾三秉, 中禾二秉, 下禾一秉, 實三十九斗；上禾二秉, 中禾三秉, 下禾一秉, 實三十四斗；上禾一秉, 中禾二秉, 下禾三秉, 實二十六斗. 問上, 中, 下禾實一秉各幾何.

- 答曰:上禾一秉, 九斗, 四分斗之一, 中禾一秉, 四斗, 四分斗之一, 下禾一秉, 二斗, 四分斗之三.

- 方程術曰, 置上禾三秉, 中禾二秉, 下禾一秉, 實三十九斗, 於右方. 中, 左禾列如右方. 以右行上禾遍乘中行而以直除. 又乘其次, 亦以直除. 然以中行中禾不盡者遍乘左行而以直除. 左方下禾不盡者, 上為法, 下為實. 實即下禾之實. 求中禾, 以法乘中行下實, 而除下禾之實. 餘如中禾秉數而一, 即中禾之實. 求上禾亦以法乘右行下實, 而除下禾, 中禾之實. 餘如上禾秉數而一, 即上禾之實. 實皆如法, 各得一斗.

Google 翻訳を用いつつ，和訳してみると以下のようになる．

6.1. 線形代数の重要性

- 問: 3束の上質のキビ, 2束の中質のキビ, 1束の低質のキビが39個のバケツに入っている. 2束の上質のキビ, 3束の中質のキビ, 1束の低質のキビが34個のバケツに入っている. 1束の上質のキビ, 2束の中質のキビ, 3束の低質のキビが26個のバケツに入っている. 上質, 中質, 低質のキビ一束はそれぞれバケツいくつになるか.

- 答: 上質 $9\frac{1}{4}$, 中質 $4\frac{1}{4}$, 低質 $2\frac{3}{4}$

- 上質のキビ3束, 中質のキビ3束, 低質のキビ1束を39バケツを右行に置く. 中行, 左行も右のように並べる. 右の上質を中行にかけ, 右行で引く. また左行にもかけて右行から引く. 次に, 中行の中質のキビの余りを左行にかけて, 中行で引く. 左の低質に余りがあるのでそして, 割れば求まる (実を法で割る). 以下略

このままではわかりづらいため, 現代的に書いてみると以下のようになる.

- 問:
$$\begin{cases} 3x + 2y + z = 39 \cdots (右) \\ 2x + 3y + z = 34 \cdots (中) \\ x + 2y + 3z = 26 \cdots (左) \end{cases}$$

- (右) はそのまま, (中) は (中) を3倍したものから (右) を2倍したものを引く, (左) を3倍して (左) から (右) を引く.

$$\begin{array}{r} 3(2x+3y+z=34) \\ 2(3x+2y+z=39) \\ \hline 5y+z=24 \cdots (中) \end{array} \qquad \begin{array}{r} 3(x+2y+3z=39) \\ 3x+2y+z=39 \\ \hline 4y+8z=39 \cdots (左) \end{array}$$

- それから, (左) を5倍する.

$$\begin{cases} 3x + 2y + z = 39 \cdots (右) \\ 5y + z = 24 \cdots (中) \\ 20y + 40z = 195 \cdots (左) \end{cases}$$

- (左)-(中)x4 をする

$$36z = 99$$

後は略

しかしながら,その後線形代数までの発展は無く(そもそも行政のための数学書であった),清代半ばまでの間,相当の期間忘れ去られてしまう.日本にも平安時代に伝わるが,その後は忘れ去られる.その後,南北朝時代(紀元後 439-589 頃) にも「孫子算経」が著された.我々にも馴染み深い「雉兎同籠」がでている.日本には「因帰算歌」として 1640 年に今村知商により輸入され,江戸時代には「鶴亀算」として知られるようになった.原典では解法が 2 通り出ており,一つ目は今の解法とは違った算木を用いた解き方をしているためわかりづらい.二つ目は馴染みの深い鶴亀算の解き方そのものである.しかしながらガウスの消去法まで理解されていたか,というと若干疑問が残る内容である.このようにガウスの消去法は古代中国人はすでに知っていたことになるが,歴史の中で忘れ去られたためか,このことに言及されることはほとんどない.

6.1.2 現代での利用例

現代ではあらゆるところに線形代数が使われている.そのごくごく一部を切り出してみた.

- コンピュータ: チップの動作原理は量子力学であるが,これはヒルベルト空間論という無限次元の線形代数を基礎としている.量子力学における波動関数はベクトル,物理量は行列で表される.エネルギーはハミルトニアンという行列の固有値に相当するため複素エルミート行列の固有値問題を解くことになる.

- 3 次元 CG: コンピュータの中で三次元の物体が動いているようにみえるのは,一秒間に何千万回と線形代数の座標変換を行っているからである.

- 構造解析: 建築物の設計には構造解析が必要だが,これは固有値問題を解く.

- 線形計画法: どのように生産すれば効率がよいかなどを計算する方法. シンプレックス法は内部で線形連立一次方程式を解く.

- 微分方程式: 物理モデルの多くは微分方程式であるが, これをコンピュータ上で解く場合, 線形連立一次方程式を解くことに帰着される.

- 機械学習, 深層学習: 基本的なアルゴリズムは線形代数の塊である. 様々な線形代数が道具として使われる.

- 最小二乗法: 実験などから得られた数値に対して, 特定の関数で近似するとする. その時残差の二乗和を最小とするような近似を行いたい場合. 線形代数の手法で解かれる.

このように, 様々な分野で当たり前のように線形代数がでてくる. むしろこれらを使えないと話にならないという状況である. 応用が幅広いため, 線形代数そのものは抽象度が高い. 様々な教科書, 解説も出ているので, ぜひ頑張って学んでいただきたい.

6.2 ライブラリ利用の重要性

一昔前に比べて, 基礎的なライブラリの充実度は格段に良くなってきた. ここではライブラリ利用の重要性について述べる. 教科書通りにプログラムを組むと, アルゴリズム的に計算に時間がかかりすぎる場合があったり, 誤差が大きくなりすぎてしまったり, CPU のパワーを活かしきれない場合があるなど, 意外に複雑で面倒である. 安易に思えるかもしれないが, まずは既存のライブラリを探す方が良い.

6.2.1 コンピュータでの数の取扱い:浮動小数点数

コンピュータはデータは基本的に "0" "1" のビットと呼ばれる, 列のみを扱える. そうすると整数しか扱えないことになるが, 工夫して浮動小数点数という実数ではないが, それらしく扱える数を定義できる. 浮動小

図 6.1 binary64 または倍精度の bit の並び (図は Codekaizen による https://commons.wikimedia.org/wiki/File:IEEE_754_Double_Floating_Point_Format.svg から)

点数はフォーマットが IEEE 754-2008 で定まっており, 現在ほとんどのコンピュータが採用している[1]. binary32, binary64 (または習慣的に単精度および倍精度と呼ばれる) の利用がほとんどである. binary64 は名前の通り 64bit で表され, 6.2.1 のようになっている. 1bit の符号, 11bit で指数部, 52bit で仮数部を表す. これらは 2 進数で, 具体的には

$$(-1)^{符号} \times 1.\overbrace{01010010100001\cdots 11}^{52bit} \times 2^{(指数部-1023)}$$

のように表す. 大まかに $\log_{10} 2^{53}$ = 15.96 と 10 進 16 桁程度の有効桁があることになる. 浮動小数点数は実数ではないので演算には誤差が入ったり, 扱える数に限りがあったりする. 例えば, 結合法則 $a + (b + c) = (a + b) + c$ が成り立たない例を挙げる. 実数では

$$1.0 + (-1.0 + 1.0 \times 10^{-20}) = (1.0 - 1.0) + 1.0 \times 10^{-20} = 1.0 \times 10^{-20}$$

が成立するが倍精度浮動小数点演算では

$$1.0 + (-1.0 + 1.0 \times 10^{-20}) = 0$$

となる. 分配法則も成り立たない. 例えば

$$(1.62 - 0.983) \times 3.15 = 2.00655$$

だが, 簡単のため 10 進かつ有効桁三桁の浮動小数点演算で分配法則が成り立たないことを示そう. この例ではそのまま計算すると

$$(1.62 - 0.983) \times 3.15 = 2.01$$

---

[1] メーカーやベンダーの都合でフォーマットが違っていた時代があった. するとデータの互換性がなくなったり, コンピュータが変わるとプログラムの変更も必要とすることがあった.

6.2. ライブラリ利用の重要性

となる.一方カッコ内を分配して計算すると

$$1.65 \times 3.15 - 0.983 \times 3.15 = 5.10 - 3.10 = 2.00$$

となって成立しないことがわかった.計算の順序によっては同じ計算も異なる結果を与えるのである.普段はあまり気にする必要はないが,有効桁数があると,誤差が入ることがある,従って同じ計算のつもりが違う結果を与えることがある,ということは忘れてはならない.例えば最近のマルチコア型 CPU で最適化された BLAS を使い,二回同じ行列–行列積を求めたとしても,結果が異なる場合がある (大抵の場合はわずかに異なる程度).

6.2.2 教科書的な実装は効率が悪いという例

線形連立一次方程式 A を $n \times n$ の行列,x, y を n 次元のベクトルとする.

$$Ax = y$$

を解く場合を考えよう.線形代数の教科書にはクラメールの公式が出ている.それを使えば原理的には線形連立一次方程式が解けるはずである.それによると n 個の解を得るためには,$n+1$ 個の行列式を求めなければならない.そして行列式を求めるのに,ライプニッツの公式を使うと,一つの行列式を求めるためには $(n-1) \times n!$ 回の積と,$n!-1$ 回の和,最後に 1 回の割算の計算をしなければならない.これは n が大きくなるとすぐ手に負えなくなる.例えば $n = 100$ の場合 $n! = 9.3 \times 10^{157}$ 回の演算が必要となる.京でさえ,一秒間に"たった"10^{16} 回程度しか計算できないのを考えると,全く現実的ではない事がわかる.

では,逆行列を求めるのがどうだろうか.

$$x = A^{-1}y$$

これなら逆行列を計算し,次に行列とベクトルの積を行えば良い.計算は現実的に可能に思える.しかしながら,「数値計算の常識」によると,逆

行列の計算は手間もかかり,誤差を多く含むため用いるべきではないとある [2].

通常はこのような線形方程式の解をコンピュータで求めるには LU 分解を用いる. これであれば, 大まかに計算回数は $n^3/3$ 程度となり, 手間も誤差も少なく計算することができる. Higham によると「何よりも良い方法」とされている [3].

他にも, 固有値計算

$$Ax = \lambda x$$

についても, 前掲「数値計算の常識」[2] によると「現在実用になっている固有値の計算法はどれも相当に大げさなもので, 下記のようないくつかの "部品" の適当な組み合わせからできている. ただ, どの部品にも, また組み合わせ方にも, いろいろと数値計算上注意を払わなければならない細かな点が多く, "数値計算の入門書" を読んで "原理" を理解して "小さな演習問題" をやったくらいでは, "本当に良いプログラム" を書くのは難しいのではないかと思われる.」とある.

やはり先ずは先人の教えに従い,轍を踏まぬようにライブラリを探すのが良さそうである.

6.2.3 最適化された実装が高速である実例

次に速度の話をする. 例えば, 行列–行列積はナイーブに実装した場合と最適化されている場合とは全くパフォーマンスが変わってくる. 詳しくは後述するが実験してみよう. マシンは Intel Xeon CPU E5-2603 @ 1.80GHz 4 コアを用い, OS は Ubuntu 16.04.1 を用いた.

比較のためのソフトウェアは GNU octave[4] を用いた. このソフトウェアは主に数値計算を目的とした高レベルのインタープリタ言語である. 線形および非線形の問題の数値的解法を取り扱うことができる. さらにこの分野でのスタンダードである Matlab[5] に文法がよく似ている. 行列やベクトルが手軽に扱え, またその演算には BLAS, LAPACK を用いているため, 比較がしやすいという事情があり, ここでは GNU octave を用いた.

ここでは最適化された BLAS とそうでない BLAS および GNU octave をインストールし、BLAS のパフォーマンス比較をしてみる.

```
$ sudo apt install libopenblas-base libblas3 octave
...
$ sudo update-alternatives --config libblas.so.3
There are 2 choices for the alternative libblas.so.3 (providing /usr/lib/libblas.so
    .3).

  Selection    Path                                     Priority   Status
------------------------------------------------------------
* 0            /usr/lib/openblas-base/libblas.so.3       40        auto mode
  1            /usr/lib/libblas/libblas.so.3             10        manual mode
  2            /usr/lib/openblas-base/libblas.so.3       40        manual mode
1を選択
$ octave
...途中略...
octave:1> n=4000; A=rand(n); B=rand(n);
octave:2> tic(); C=A*B; t=toc(); GFLOPS=2*n^3/t*1e-9
GFLOPS =   1.2861
...
$ sudo update-alternatives --config libblas.so.3
これで 0 を選択
$ octave
octave:1> n=4000; A=rand(n); B=rand(n);
octave:2> tic(); C=A*B; t=toc(); GFLOPS=2*n^3/t*1e-9
GFLOPS =   94.835
octave:3>
```

GFLOPS がパフォーマンスの値である. 一つ目は参照 BLAS または reference BLAS と呼ばれる実装であるが, 1.28GFlops であった (Flops は演算を一秒間に何回できるかという意味で, G は 10^9 の意味である, つまり一秒間に 1.28×10^9 回程度演算ができた, の意味). これは全くの教科書的な実装である. このお手本を元に多くの人が, 同じ値をなるべく速く出そうと努力する. その努力の結晶の一つ, OpenBLAS を用いた例を二つ目として示した. このときは 94.8Flops であった (こちらは一秒間に 94.8×10^9 回程度演算ができた, の意味). なんと 74 倍も違う. これほど劇的な違いがある場合は珍しいが, 最適化を施したライブラリを用いるべきである, というのがわかっていただけるだろうか.

6.3 BLAS, LAPACK の紹介

6.3.1 BLAS とは?

まず BLAS(Basic Linear Algebra Subprograms) だが, その名のとおり基礎的な線形代数のサブプログラムであり, FORTRAN77 で様々なルーチンへの仕様を提供している. つまり, あるルーチンはこの動きをする, という定義をしている. また, サブプログラムとあるように, BLAS には, 行列

やベクトルの定数倍,和,積など非常に簡単なルーチンのみが用意されている.目的はビルディングブロックとして,より高度なプログラムをユーザーに作ってもらうことにある.さらに,BLASは手本や見本となるような,参照実装も提供されており(reference BLASと呼ばれる),誰でも入手,動作確認ができる.参照実装はとても美しく書かれており,プログラム自身がそのままドキュメントといって良い位である.参照実装であることと,その美しさについては頻繁に見落とされるが,実はBLASを世界標準としている本質的なことである.

さて,BLASにはLevel 1, Level 2 そしてLevel 3 と三種類のものがある.x, yはベクトル α, β は定数,A, B, C は行列とする.

まず,Level 1 BLASは,ベクトル–ベクトル演算のルーチン群である,ベクトルの加算(DAXPY),

$$y \leftarrow \alpha x + y, \tag{6.1}$$

や内積計算(DDOT)

$$dot \leftarrow x^T y, \tag{6.2}$$

など15種類あり,さらに単精度,倍精度,複素単精度,複素数倍精度についての4通りの組み合わせがある.

次にLevel 2 BLASであるが,行列–ベクトル演算のルーチン群であり,行列–ベクトル積(DGEMV)

$$y \leftarrow \alpha A x + \beta y, \tag{6.3}$$

や,上三角行列の連立一次方程式を解く(DTRSV)

$$x \leftarrow A^{-1} b, \tag{6.4}$$

など25種類あり,同じように4通りの組み合わせがある.最後にLevel 3 BLASは行列–行列演算のルーチン群であり,行列–行列積(DGEMM),

$$C \leftarrow \alpha A B + \beta C \tag{6.5}$$

やDSYRK,

$$C \leftarrow \alpha A A^T + \beta C \tag{6.6}$$

6.3. BLAS, LAPACK の紹介

上三角行列の連立一次方程式を解く DTRSM

$$B \leftarrow \alpha A^{-1} B \tag{6.7}$$

など, 9 種類 (に加えて精度による組み合わせがある). どんなルーチンがあるかを参照したい場合は Quick reference があるのでそれを参照としていただきたい.

6.3.2 LAPACK とは?

LAPACK(Linear Algebra PACKage) もその名の通り, 線形代数パッケージである. BLAS をビルディングブロックとして使いつつ, より高度な問題である連立一次方程式, 最小二乗法, 固有値問題, 特異値問題を解くことができる. また, それに伴った行列の分解 (LU 分解, コレスキー分解, QR 分, 特異値分解, Schur 分解, 一般化 Schur 分解), さらには条件数の推定ルーチン, 逆行列計算など, 様々な下請けルーチン群も提供する. 品質保証も非常に精密かつ系統的で, 信頼のおけるルーチン群である. また, BLAS とは違い, バージョン 3.2 からは Fortran 90 も用いられるようになり, 3.3 からは C からの利用も API 提供という形で考慮されるようになり, スレッドセーフにもなっている[2]. 2016/6/18 に最新バージョン 3.6.1 が出ている. LAPACK は 1745 ものルーチンからなっている. 単精度, 倍精度, 複素数単精度, 複素数倍精度について各 400 個程度のルーチンがある. パソコンからスーパーコンピュータまで, 様々な CPU, OS 上で動き, web サイトはなんと 1 億 3000 万ヒットである. 世界中の人に愛されている素晴らしいライブラリである. 人類の宝といえるだろう.

---

[2]マルチコア環境では「スレッド」と呼ばれる軽い単位でプログラムが並列に走る. この時, 同じメモリ領域に違うスレッドがアクセスするため, OpenMP で言うところの private にしないと違うスレッドが勝手にメモリを書き換えてしまい, 意図しない動作をすることがある. LAPACK 3.3 からはそのような priavte でない変数をなくし, マルチコアマルチスレッド対応の一部を行った.

6.4 Ubuntu 16.04 で BLAS, LAPACK を実際に使ってみる

では,ここで BLAS, LAPACK を実際に使ってみる. Ubuntu 16.04 をインストールしたマシンを用意してほしい. ターミナルを開いて,

```
$ sudo apt install libblas-dev liblapack-dev liblapacke-dev octave gfortran g++
```

と必要なソフトウェアをインストールしておく.

6.4.1 BLAS 実習:C++ から行列-行列積 DGEMM を使う

行列-行列積 DGEMM を使ってみよう. ここでは,

$$A = \begin{pmatrix} 1 & 8 & 3 \\ 2 & 10 & 8 \\ 9 & -5 & -1 \end{pmatrix}$$

$$B = \begin{pmatrix} 9 & 8 & 3 \\ 3 & 11 & 2.3 \\ -8 & 6 & 1 \end{pmatrix}$$

$$C = \begin{pmatrix} 3 & 3 & 1.2 \\ 8 & 4 & 8 \\ 6 & 1 & -2 \end{pmatrix}$$

$\alpha = 3, \beta = -2$ として,

$$C \leftarrow \alpha AB + \beta C$$

を計算するプログラムを書いてみる. 答えは

$$\begin{pmatrix} 21 & 336 & 70.8 \\ -64 & 514 & 95 \\ 210 & 31 & 47.5 \end{pmatrix}$$

である. さて, List6.1 のようにエディタなどで入力し,

```
$ g++ dgemm_demo.cpp -o dgemm_demo -lblas
```

6.4. Ubuntu 16.04 で BLAS, LAPACK を実際に使ってみる

List 6.1 C++での DGEMM のサンプル. 行列−行列積を求める. ファイル名は "dgemm_demo.cpp" とすること.

```
// dgemm test public domain
#include <stdio.h>
#include <cblas.h>

//Matlab/Octave format
void printmat(int N, int M, double *A, int LDA) {
  double mtmp;
  printf("[ ");
  for (int i = 0; i < N; i++) {
    printf("[ ");
    for (int j = 0; j < M; j++) {
      mtmp = A[i + j * LDA];
      printf("%5.2e", mtmp);
      if (j < M - 1) printf(", ");
    } if (i < N - 1) printf("]; ");
    else printf("] ");
  } printf("]");
}
int main()
{
  int n = 3; double alpha, beta;
  double *A = new double[n*n];
  double *B = new double[n*n];
  double *C = new double[n*n];

  A[0+0*n]=1; A[0+1*n]= 8; A[0+2*n]= 3;
  A[1+0*n]=2; A[1+1*n]=10; A[1+2*n]= 8;
  A[2+0*n]=9; A[2+1*n]=-5; A[2+2*n]=-1;

  B[0+0*n]= 9; B[0+1*n]= 8; B[0+2*n]=3;
  B[1+0*n]= 3; B[1+1*n]=11; B[1+2*n]=2.3;
  B[2+0*n]=-8; B[2+1*n]= 6; B[2+2*n]=1;

  C[0+0*n]=3; C[0+1*n]=3; C[0+2*n]=1.2;
  C[1+0*n]=8; C[1+1*n]=4; C[1+2*n]=8;
  C[2+0*n]=6; C[2+1*n]=1; C[2+2*n]=-2;

  printf("# dgemm demo...\n");
  printf("A =");printmat(n,n,A,n);printf("\n");
  printf("B =");printmat(n,n,B,n);printf("\n");
  printf("C =");printmat(n,n,C,n);printf("\n");
  alpha = 3.0; beta = -2.0;
  CBLAS_LAYOUT Layout = CblasColMajor;
  CBLAS_TRANSPOSE trans = CblasNoTrans;
  cblas_dgemm(Layout, trans, trans, n, n, n, alpha, A, n, B, n, beta, C, n);
  printf("alpha = %5.3e\n", alpha);
  printf("beta  = %5.3e\n", beta);
  printf("ans=");  printmat(n,n,C,n);
  printf("\n");
  printf("#check by Matlab/Octave by:\n");
  printf("alpha * A * B + beta * C\n");
  delete[]C; delete[]B; delete[]A;
}
```

でコンパイルができる．何もメッセージが出ないなら，コンパイルは成功である．プログラムのみそとしては，"cblas.h" をインクルードすること，次節で説明するが，Column major であることを指定すること，である．実行は以下のようになっていればよい．

```
$ ./dgemm_demo
# dgemm demo...
A =[ [  1.00e+00,  8.00e+00,  3.00e+00];\
     [  2.00e+00,  1.00e+01,  8.00e+00];\
     [  9.00e+00, -5.00e+00, -1.00e+00] ]
B =[ [  9.00e+00,  8.00e+00,  3.00e+00];\
     [  3.00e+00,  1.10e+01,  2.30e+00];\
     [ -8.00e+00,  6.00e+00,  1.00e+00] ]
C =[ [  3.00e+00,  3.00e+00,  1.20e+00];\
     [  8.00e+00,  4.00e+00,  8.00e+00];\
     [  6.00e+00,  1.00e+00, -2.00e+00] ]
alpha =  3.000e+00
beta  = -2.000e+00
ans=[ [  2.10e+01,  3.36e+02,  7.08e+01];\
      [ -6.40e+01,  5.14e+02,  9.50e+01];\
      [  2.10e+02,  3.10e+01,  4.75e+01] ]
#check by Matlab/Octave by:
alpha * A * B + beta * C
```

octave につなげる，または結果を octave にコピー&ペーストすると，この答えをチェックできる．

```
$ ./dgemm_demo | octave
A =

   1    8    3
   2   10    8
   9   -5   -1

B =

   9.0000   8.0000   3.0000
   3.0000  11.0000   2.3000
  -8.0000   6.0000   1.0000

C =

   3.0000   3.0000   1.2000
   8.0000   4.0000   8.0000
   6.0000   1.0000  -2.0000

alpha =  3
beta = -2
ans =

    21.000   336.000    70.800
   -64.000   514.000    95.000
   210.000    31.000    47.500

ans =

    21.000   336.000    70.800
   -64.000   514.000    95.000
   210.000    31.000    47.500
```

最後の ans 二つが同じである，つまり正しいことが解る．

プログラムの

```
CBLAS_LAYOUT Layout = CblasColMajor;
CBLAS_TRANSPOSE trans = CblasNoTrans;
cblas_dgemm(Layout, trans, trans, n, n, n, alpha, A, n, B, n, beta, C, n);
```

6.4. Ubuntu 16.04 で BLAS, LAPACK を実際に使ってみる

が行列-行列積を計算する部分である. C/C++ から使う場合は CBLAS という金口を合わせるための道具を使う. "CBLAS_LAYOUT" は行列のメモリへの格納の仕方である. Row major か Column major かで変わってくる. 実際行列 A への値の格納の仕方は

```
A[0+0*n]=1;  A[0+1*n]= 8;  A[0+2*n]= 3;
A[1+0*n]=2;  A[1+1*n]=10;  A[1+2*n]= 8;
A[2+0*n]=9;  A[2+1*n]=-5;  A[2+2*n]=-1;
```

を参考にしていただきたい. 普通の C/C++ では Row major の順だが, FORTRAN ではこちらがデフォルトとなる (Column major). BLAS はそもそも FORTRAN で書かれているため, そのような流儀の違いが少し出てくる. "CBLAS_TRANSPOSE" は行列の転置を行うか否かを指定する. この場合は転置を取らないので, "CblasNoTrans" を指定している. "cblas_dgemm" が, すべての設定を終えた後に実際に行列-行列積を行う部分である. n が行列の次元を指定する部分, だというのは容易に想像つくだろうが, 実際には 3 つ以上出て来る. 行列の leading dimension という概念が入ってくる. とりあえず今回は同じ次元, 正方行列の積を求める場合のみ考える, 初心者をを卒業したら leading dimension について学ぶのが良い. 大きな行列の部分行列を考えるときなどに必要になる.

6.4.2 LAPACK 実習:C++ から行列の固有ベクトル, 固有値を求める DSYEV を使ってみる

次は LAPACK 実習として C++ から行列の対角化 DSYEV を使ってみる.

$$A = \begin{pmatrix} 1 & 2 & 3 \\ 2 & 5 & 4 \\ 3 & 4 & 6 \end{pmatrix}$$

の固有ベクトル, 固有値を求めてみる. 固有値は,

$$-0.40973, 1.57715, 10.83258$$

で, 固有ベクトル v_1, v_2, v_3 は

$$v_1 = (-0.914357, 0.216411, 0.342225)$$
$$v_2 = (0.040122, -0.792606, 0.608413)$$
$$v_3 = (0.402916, 0.570037, 0.716042)$$

である. これを求めよう. List6.2 のようにエディタなどで入力し,

```
$ g++ eigenvalue_demo.cpp -o eigenvalue_demo -lblas -llapack -llapacke
```

でコンパイルができる. 何もメッセージが出ないなら, コンパイルは成功である. これを実行すると

```
$ ./dsyev_demo
A =[ [ 1.000000000000000e+00, 2.000000000000000e+00, 3.000000000000000e+00];
 [ 2.000000000000000e+00, 5.000000000000000e+00, 4.000000000000000e+00];
 [ 3.000000000000000e+00, 4.000000000000000e+00, 6.000000000000000e+00] ]
#eigenvalues
w =[ [ -4.097260154436277e-01]; [ 1.577148955239774e+00]; [ 1.083257706020385e+01]
    ]
#eigenvecs
U =[ [ -9.143569741239890e-01, 2.164105806969943e-01, 3.422247571892085e-01];
 [ 4.012194019687459e-02, -7.926056565391025e-01, 6.084131023712891e-01];
 [ 4.029163111437181e-01, 5.700374845434359e-01, 7.160416974099556e-01] ]
#Check Matlab/Octave by:
eig(A)
U'*A*U
```

となる. 確かに固有値, 固有ベクトルが得られている. 先ほどと同様に octave につなげる, または結果を octave にコピー&ペーストすると, この答えをチェックできる.

```
$ ./dsyev_demo | octave
A =

   1   2   3
   2   5   4
   3   4   6
w =

  -0.40973
   1.57715
  10.83258
U =

  -0.914357   0.216411   0.342225
   0.040122  -0.792606   0.608413
   0.402916   0.570037   0.716042
ans =

  -0.40973
   1.57715
  10.83258
ans =

  -4.0973e-01   1.3878e-17   8.6042e-16
   1.6653e-16   1.5771e+00  -4.4409e-16
   4.4409e-16  -8.8818e-16   1.0833e+01
```

6.4. Ubuntu 16.04 で BLAS, LAPACK を実際に使ってみる

List 6.2 C++ での DSYEV 対角化，固有ベクトルを求めるサンプル．ファイル名は "eigenvalue_demo.cpp" とすること．

```
//dsyev test public domain
#include <iostream>
#include <stdio.h>
#include <lapacke.h>
//Matlab/Octave format
void printmat(int N, int M, double *A, int LDA) {
  double mtmp;
  printf("[ ");
  for (int i = 0; i < N; i++) {
    printf("[ ");
    for (int j = 0; j < M; j++) {c
      mtmp = A[i + j * LDA];
      printf("%20.15e", mtmp);
      if (j < M - 1) printf(", ");
    } if (i < N - 1) printf("]; ");
    else printf("] ");
  } printf("]");
}
int main()
{
  int n = 3;
  double *A = new double[n*n];
  double *w = new double[n];
  //setting A matrix
  A[0+0*n]=1;A[0+1*n]=2;A[0+2*n]=3;
  A[1+0*n]=2;A[1+1*n]=5;A[1+2*n]=4;
  A[2+0*n]=3;A[2+1*n]=4;A[2+2*n]=6;
  printf("A ="); printmat(n, n, A, n);
  printf("\n");
  int matrix_layout = LAPACK_COL_MAJOR;
  //get Eigenvalue
  LAPACKE_dsyev(matrix_layout, 'V', 'U', n, A, n, w);
  //print out some results.
  printf("#eigenvalues \n"); printf("w =");
  printmat(n, 1, w, 1); printf("\n");
  printf("#eigenvecs \n"); printf("U =");
  printmat(n, n, A, n); printf("\n");
printf("#Check Matlab/Octave by:\n");
  printf("eig(A)\n");
  printf("U'*A*U\n");
  delete[]w;
  delete[]A;
}
```

一つ目の ans は固有値であり，一致している．最後の ans は，行列 A を固有ベクトルを使って対角化したものである ($[v_1 v_2 v_3]' A [v_1 v_2 v_3]$)．ほぼ対角行列で，固有値が対角要素に来ている．計算の誤差により，対角行列からは僅かにずれる (倍精度計算は有効桁が 16 桁なので精度はこれくらいが限界となる) が，解は正しく求まったとしてよい．

　行列への値の代入は簡単に理解できるであろう．行列と固有ベクトル用の配列を二つ用意して，以下のように

```
LAPACKE_dsyev(matrix_layout, 'V', 'U', n, A, n, w);
```

行列の対角化を行う．LAPACK を C/C++ から呼び出すには LAPACKE を使う．注意すべき点は CBLAS と行列のレイアウト指定や，転置などの指定には整合性が無いことである．"CBLAS_LAYOUT" と "int matrix_layout = LAPACK_COL_MAJOR;" が混じり，"CBLAS_TRANSPOSE" は LAPACKE には存在せずそのまま文字列を送り込む．まず，'V' は固有値と固有ベクトルを求めるという意味，A は対称行列の上三角を利用するという意味である．また固有ベクトルで上書きされる．n は行列の次元，w は計算された固有値を返すための配列である．二つ目の n は A の leading dimension であるが，今回は正方行列をそのまま使っているのでおまじないと思っていただくのが良い．

6.4.3　BLAS, LAPACK を使う上での注意点

　BLAS, LAPACK を扱う上でいくつか注意すべき点を挙げる．FORTRAN の細かい言語仕様が，意外と落とし穴となるので注意しなければならない．

Column major, row major に注意

　行列は 2 次元だが，コンピュータのメモリは 1 次元的である．次のような行列

$$A = \begin{pmatrix} 1 & 2 & 3 \\ 4 & 5 & 6 \end{pmatrix}$$

6.4. Ubuntu 16.04 で BLAS, LAPACK を実際に使ってみる

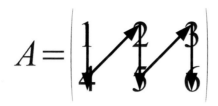

図 6.2 Column Major:行列のデータは列方向にメモリに格納される.

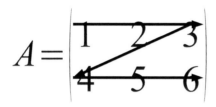

図 6.3 Row Major:行列のデータは行方向にメモリに格納される.

を考えるとき，どのようにメモリに格納するかの違いが Column major, row major である．アドレスの小さい順から

$$1, 4, 2, 5, 3, 6$$

のように格納されるのが，図 6.2 にもあるよう，Column major であり，アドレスの小さい順から

$$1, 2, 3, 4, 5, 6$$

のように格納されるのが，図 6.3 にもあるよう，Row major である．FORTRAN, Matlab, octave では Column major となっており，C, C++では普通 Row major であるので，C, C++から呼び出すときや，高速化のため，連続メモリアクセスを行いたいときなどに意識する必要が出てくる．

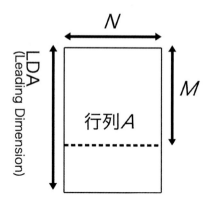

図 6.4 Leading dimension の考え方: $M \times N$ 行列 A は, より大きな $LDA \times N$ 行列の部分行列と扱うことがある.

6.4.4 行列の Leading dimension とは?

実際の計算では, 元の行列の区分行列 (小行列, 部分行列などともいわれることがある) を考えることがある. そのために, "leading dimension" が設定されている (図 6.4). BLAS, LAPACK などで現れる, LDA, LDB などの引数がそれである. 図の例では, $M \times N$ の行列 A は $LDA \times N$ の行列の部分行列となっている. FORTRAN で $A(i, j)$ にアクセスする際は, $A(i + j * m)$ でなくて,

$$A(i + j * lda)$$

とアクセスしなければならない. 一体どんなところで使われるのだろうか. 応用例をあげてみよう. 行列–行列積の高速化をすることを考える. その際, 区分行列の積を計算すると教科書通りの実装より高速化できることが知られている. 区分行列を考える. 行列 A と行列 B の積 C を考える.

6.4. Ubuntu 16.04 で BLAS, LAPACK を実際に使ってみる

A_{ij}, B_{ij}, C_{ij} は A, B, C を区切ってできる行列とする.

$$A = \begin{pmatrix} A_{11} & A_{12} & \cdots & A_{1q} \\ A_{21} & A_{22} & \cdots & A_{2q} \\ \vdots & \vdots & \ddots & \vdots \\ A_{p1} & A_{p1} & \cdots & A_{pq} \end{pmatrix}, B = \begin{pmatrix} B_{11} & B_{12} & \cdots & B_{1r} \\ B_{21} & B_{22} & \cdots & B_{2r} \\ \vdots & \vdots & \ddots & \vdots \\ B_{q1} & B_{q1} & \cdots & B_{qr} \end{pmatrix}$$

その積 C

$$C = \begin{pmatrix} C_{11} & C_{12} & \cdots & C_{1r} \\ C_{21} & C_{22} & \cdots & C_{2r} \\ \vdots & \vdots & \ddots & \vdots \\ C_{p1} & C_{p1} & \cdots & C_{qr} \end{pmatrix}$$

について,

$$C_{ij} = \sum_k A_{ik} B_{kj}$$

が成立する. この時, この C_{ij} を計算してゆくのがよい. この A_{ij} などの区分行列をもとの A からコピーせずにそのまま行列のようにアクセスする方法がある. 例えば A_{ij} の (p, q) 要素は, A の leading dimension を使って

$$A_{ij}(p + q * lda)$$

のようにアクセスすれば, 普通の行列のように扱うことが可能となる.

FORTRAN, C++, C の配列のスタートの違い

FORTRAN では配列は 1 からスタートするが, C, C++では, 0 からスタートする. 例えば

- ループの書き方が一般的には 1 から N まで (FORTRAN) か, 0 から n 未満か (C,C++).

- ベクトルの x_i 要素へのアクセスは FORTRAN では $X(I)$ だが, C では $x[i-1]$ となる.

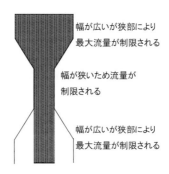

図 6.5 ボトルネック概念図.

- 行列の $A_{i,j}$ 要素へのアクセスは FORTRAN では $A(I, J)$ だが, C では Column major として $A[i - 1 + (j - 1) * lda]$ とする.

などである.

6.5 最適化 BLAS, LAPACK の利用と, その結果の解析

現在は最適化された BLAS, LAPACK として, ほぼ決定版の OpenBLAS があるが, 2010 年頃まではかなり混沌としていた. まず, 最適化のためのプログラミングは職人芸的なところがあり, 行える人が大変貴重あったこと, オープンソースの考え方も充分浸透していなかったこと, などが考えられる. 最近は Linux のディストリビューションにも標準でほぼ最速の BLAS, LAPACK がいつでも利用できるようになっている. まずはコンピュータの仕組みとボトルネックについて述べる. 次に Ubuntu での実例である.

6.5.1 コンピュータの仕組みとボトルネック

ボトルネックという言葉がある. 図 6.5 を見ながら, 作業 A, 作業 B, 作業 C と, 3 つの工程からなる作業を行う場合を考える. まず作業 A を行い次に作業 B, そして作業 C を行うとしよう. 全体の作業効率はどのよう

6.5. 最適化 BLAS, LAPACK の利用と, その結果の解析

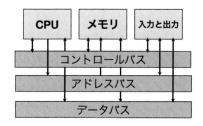

図 6.6 フォン・ノイマン型コンピュータ概念図

に考えられるだろうか. 作業 A, C を大変効率良く改善ができたとしよう. では全体的に見たときの作業はどうなるか. 効率は上がるだろう. 作業 A, C の改善が極限まで進みほとんど時間がかからなくなったときはどうだろう. 作業 B の効率が足を引っ張るようになる. このとき, 作業 B は全体の作業のボトルネックだという言い方をする.

さて, コンピュータはプログラムに書かれたとおりに動く. これは当たり前のように思われるが「フォン・ノイマン型コンピュータ」とよばれる (図 6.6). ここで有名なのはフォン・ノイマンボトルネックと呼ばれるものである. コンピュータは CPU のみが高速でも全体は高速にはならない. CPU やメモリや外部とのデータのやり取りを結ぶ「バス」が充分高速でないと, そこがボトルネックになってしまう. バスのスピードのことを「バンド幅」とよぶ. 特に CPU-メモリのバンド幅はメモリバンド幅と呼ばれることが多い.

プログラムをより高速に動かしたい. そのようなときにそのプログラムのボトルネックはどこか, を見極めるのが大変重要である. それはライブラリを入れ替えるだけでよいのか? 試すだけなら簡単であるが, それ以外にも考えるべき点は多い.

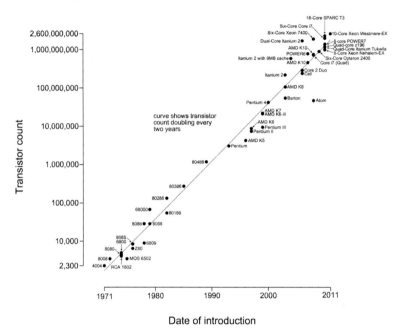

図 6.7 ムーアの法則概念図 (図は Wgsimon による https://commons.wikimedia.org/wiki/File:Transistor_Count_and_Moore's_Law_-_2011.svg から)

6.5.2 CPU のスピードとマルチコア化

トランジスターの集積度が 18ヶ月ごとに倍になる, というムーアの法則というのがある (図 6.7). コンピュータのスピードはトランジスタの集積度にほぼ比例するため, CPU のスピードは同じように指数関数的に高速になってきた. ただしムーアの法則を支えているのは, 物理的, 技術的ブレークスルーがその都度起こってきたことによる. 例えば, 2000 年位までは CPU の高速化というと動作周波数をあげるというのが主であった. しかしながら, 動作周波数をあげるのはもう限界になっており, 今では動

6.5. 最適化 BLAS, LAPACK の利用と, その結果の解析　　　117

作周波数を下げてでもいくつかのコアを詰め込んだ CPU を用意するのが当たり前になっている. これをマルチコア化という.

最近ではマルチコア化が進み, 普通の CPU1 個に 10 以上のコアが入っている場合も珍しくない. また従ってプログラムやライブラリを組むときはマルチコアに対応するのが大変重要になってくる.

ここで FLOPS という単位を定義しておこう. これは Floating point operation per second, つまり浮動小数点演算を一秒間に何回行えるかという単位である. 例えば, 1 回の浮動小数点演算を 1 clock で行う場合 1GHz で動いている CPU の性能は 1GFlops

$$1\text{Flop} \times 1\text{clock} \times 1\text{G}/(\text{clocks}) = 1\text{GFlops}$$

となる. マルチコアの場合は例えば 1GHz で 4 コア存在し, 1 回の浮動小数点演算を 1 clock で行う場合 4GFlops である.

$$1\text{Flop} \times 1\text{clock} \times 1\text{G}/(\text{clocks}) \times 4\text{cores} = 4\text{GFlops}$$

最近のコアは 1 命令でいくつかの演算を行う single instruction multiple data(SIMD) 演算が入っていることがある. 例えば, Intel の SSE2 命令セットは SIMD で一命令で 4 演算 (二つの倍精度浮動小数点演算の加算と乗算, 合計 4 演算) を一度に行える. そうすると, SSE2 をサポートした 2GHz, 8 コアの CPU の性能は 64GFlops

$$4\text{Flop} \times 1\text{clock} \times 2\text{G}/(\text{clocks}) \times 8\text{cores} = 64\text{GFlops}$$

となる[3]. この数値が大きければ大きいほど, コンピュータは高速であると言える.

なお, この時浮動小数点演算は特に意味のあることは行っていない (いるとは限らない). 単に演算器が動いていることを指している. そのためこの時の「理論ピーク性能」という.

我々は様々な演算を行いたいのであるが, その時は演算器が人間にとって意味のある計算をしている. そういう場合はすべての演算器が常に動いているわけではないので理論ピーク性能よりは落ちてしまうことになる.

---

[3]TurboBoost など動的にクロックが変化する場合は算出が困難になる.

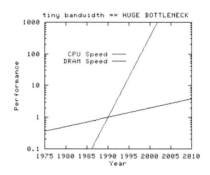

図 6.8 メモリバンド幅と CPU 演算速度の経年グラフ (図は https://www.cs.virginia.edu/stream/ から Dr. John McCalpin から許可を得て引用)

6.5.3 メモリバンド幅が狭くなってきていることと byte per flop

メモリバンド幅と CPU の演算速度の経年グラフ (図 6.8) を見るとわかるが, メモリバンド幅の向上に比べて CPU の演算速度の向上は著しい. メモリバンド幅はそんなに上がっていない. 1990 年くらいがターニングポイントであった. これから何が言えるだろうか. 1990 年までは, 演算が大変貴重であった. 従って一回演算したらその結果をメモリに置いてなるべく使いまわすのがプログラムを最適化する方法であった. それ以降は何回か演算しても良いから, メモリになるべく読み書きしないようにするのが, プログラムの最適化の方法となっている. つまり全くパラダイムが変化しているのである.

ただ今後のトレンドとしては, メモリバンド幅が相対的に狭くなる方向に来ている. 従ってプログラムを作る際にはなるべくメモリを読み書きしないで計算するアルゴリズムを採用する必要がある.

メモリバンド幅は CPU とメモリーモジュール間がどのようなバス構成になっているかを見ているので, CPU だけでなくメモリーモジュールやマザーボードなどの性能に依存する (メモリのチャネル数, DDR3/4 の規格およびそれの動作周波数但しメモリチャネル数などは CPU に依存しているのでバス幅が CPU の性能に見えてくるのはわかりにくいかもしれない). STREAM[6] で実測してみよう. Ubuntu 16.04, Intel Xeon CPU

6.5. 最適化 BLAS, LAPACK の利用と，その結果の解析

E5-2603 @ 1.80GHz, DDR3 800/1066 を用いた結果を挙げる．なお，図中，
-DSTREAM_ARRAY_SIZE=100000000 はシステムによって大きさを変えるのが良い．

```
$ wget https://www.cs.virginia.edu/stream/FTP/Code/stream.c
$ gcc -O3 -DSTREAM_ARRAY_SIZE=100000000 -fopenmp stream.c -o stream
$ ./stream
-------------------------------------------------------------
STREAM version $Revision: 5.10 $
-------------------------------------------------------------
This system uses 8 bytes per array element.
-------------------------------------------------------------
Array size = 100000000 (elements), Offset = 0 (elements)
Memory per array = 762.9 MiB (= 0.7 GiB).
Total memory required = 2288.8 MiB (= 2.2 GiB).
Each kernel will be executed 10 times.
 The *best* time for each kernel (excluding the first iteration)
 will be used to compute the reported bandwidth.
-------------------------------------------------------------
Number of Threads requested = 8
Number of Threads counted = 8
-------------------------------------------------------------
Your clock granularity/precision appears to be 1 microseconds.
Each test below will take on the order of 31033 microseconds.
   (= 31033 clock ticks)
Increase the size of the arrays if this shows that
you are not getting at least 20 clock ticks per test.
-------------------------------------------------------------
WARNING -- The above is only a rough guideline.
For best results, please be sure you know the
precision of your system timer.
-------------------------------------------------------------
Function    Best Rate MB/s  Avg time   Min time   Max time
Copy:            34833.3    0.046317   0.045933   0.047808
Scale:           35946.3    0.045001   0.044511   0.045305
Add:             38871.4    0.062394   0.061742   0.064245
Triad:           38862.1    0.062550   0.061757   0.063273
-------------------------------------------------------------
Solution Validates: avg error less than 1.000000e-13 on all three arrays
-------------------------------------------------------------
```

四つの結果があるが，一つ目は a(i)=b(i) という単なる配列のコピーである．Scale は a(i)=q*b(i) という低数倍，Add は a(i)=b(i)+c(i) というベクトルの足し算，Triad は a(i)=b(i)+q*c(i) という定数倍掛けたベクトルとベクトルの足し算にになる．35GB/s〜40GB/s 程度のメモリバンド幅が出ていることがわかる．

この場合重要なことはマルチスレッドを通してマルチコアを使うことである．メモリバンド幅 にマルチコアは関係無さそうに見えるが，バンド幅 を使い切る場合には重要となる．なぜならば，もし一つのコアがメモリバンド幅 を使い切ってしまったら他のコアがメモリを利用できなくなる．その為一件必要無さそうに見えてもマルチコア対応のプログラミングは必須になっている．

最後に Bytes per Flops について説明する．一回の浮動小数点演算を行う際に必要なメモリアクセス量を Bytes/Flops で定義する (memory bandwidth per unit of performance) (違う定義:1 回の浮動小数点計算に何 bytes メモリ

にアクセスできるか). 例えば, triad の場合であるが, x, y は n 次元ベクトル, a はスカラー以下の演算をすると 0 Bytes per Flops はいくつになるか.

$$y_i \leftarrow y_i + ax_i$$

$2n$ 回の浮動小数点演算, $3n$ 回のデータの読み書きが必要となる. 倍精度一つで, 8bytes なので, 24bytes / 2 Flops = 12 bytes/ flops となる.

メモリバンド幅が演算速度より遅い (小さい) 場合, Bytes per Flops が小さければ小さいほど高速な処理が可能となる.

6.5.4 Ubuntu での実例:インストールとライブラリの選択

Ubuntu 16.04 にデフォルトで入っている BLAS と LAPACK のパッケージを調べてみよう.

```
$ apt-cache search libblas
libblas-common - Dependency package for all BLAS implementations
libblas-dev - Basic Linear Algebra Subroutines 3, static library
libblas-doc - Transitional package for BLAS manpages
libblas3 - Basic Linear Algebra Reference implementations, shared library
libatlas-base-dev - Automatically Tuned Linear Algebra Software, generic static
libatlas3-base - Automatically Tuned Linear Algebra Software, generic shared
libblas-test - Basic Linear Algebra Subroutines 3, testing programs
libblasr - tools for aligning PacBio reads to target sequences
libblasr-dev - tools for aligning PacBio reads to target sequences (development
    files)
libopenblas-base - Optimized BLAS (linear algebra) library (shared library)
libopenblas-dev - Optimized BLAS (linear algebra) library (development files)
$ apt-cache search liblapack
liblapack-dev - Library of linear algebra routines 3 - static version
liblapack-doc - Library of linear algebra routines 3 - documentation (HTML)
liblapack-doc-man - Library of linear algebra routines 3 - documentation (manual
    pages)
liblapack3 - Library of linear algebra routines 3 - shared version
liblapacke - Library of linear algebra routines 3 - C lib shared version
liblapacke-dev - Library of linear algebra routines 3 - Headers
libatlas-base-dev - Automatically Tuned Linear Algebra Software, generic static
libatlas3-base - Automatically Tuned Linear Algebra Software, generic shared
liblapack-pic - Library of linear algebra routines 3 - static PIC version
liblapack-test - Library of linear algebra routines 3 - testing programs
libopenblas-base - Optimized BLAS (linear algebra) library (shared library)
libopenblas-dev - Optimized BLAS (linear algebra) library (development files)
```

となっている. 主に 3 つの BLAS と LAPACK がある. 一つ目は reference BLAS, LAPACK とよばれるもので, お手本になる実装である. これが一番正確な値を出す. 次に R. Clint Whaley によって始められた Automatically Tuned Linear Algebra Software(ATLAS) という実装である [7]. これは BLAS や LAPACK のあるルーチンに対して, いくつかのパラメータといくつかの実装 (カーネルと呼ばれる. 核の意味. 一般的には一番時間のか

6.5. 最適化 BLAS, LAPACK の利用と、その結果の解析

かるところについて, 前処理後処理などを切り取った部分) を用意して, それらを組み合わせる. それを実際に実行して最も高速なものを選んでゆくという戦略で実装してある. 自動チューニングとも呼ばれる. 最後に OpenBLAS である. これは後藤和茂氏が GotoBLAS2[8] として様々なプロセッサ向けに高速な BLAS の全ルーチンと LAPACK のいくつかのルーチンを公開していたものの, 開発が中止さた. 最後のバージョンである GotoBLAS2 1.13 は BSD ライセンスというオープンソースライセンスで公開された. それを Zhang Xianyi[9] が引き継いだものである. x86, x86_64 だけではなく, ARM や POWER もサポートされている. 実装はハンドチューニングを行っている. 実行時に高速なカーネルを選ぶということは行わないが, 自動チューニングの技法も一部取り入れられてる.

ATLAS の自動チューニングの戦略では, 実行時にいくつかの中から選ぶということを行うため, 本来は使う前に自分で ATLAS を構築しなければならない. 従って, Ubuntu から自動インストールされるものは, 他のコンピュータでビルドされたものであること, マルチコアを利用しないため, かなり遅くなる. そのため直接比較をするのはアンフェアであるが, 今回は敢えて比較してみる.

さて, インストールしよう.

```
$ sudo apt-get install libblas-dev libatlas-base-dev libopenblas-dev \
  liblapack-dev libatlas-base-dev libopenblas-dev
```

次に, どの BLAS, LAPACK が使われるかを指定する. デフォルトでは, 最も高速な OpenBLAS が選ばれているはずである. まずは BLAS であるが,

```
$ sudo update-alternatives --config libblas.so.3
There are 3 choices for the alternative libblas.so.3 (providing /usr/lib/libblas.so
    .3).

  Selection    Path                                     Priority   Status
------------------------------------------------------------
* 0            /usr/lib/openblas-base/libblas.so.3       40        auto mode
  1            /usr/lib/atlas-base/atlas/libblas.so.3    35        manual mode
  2            /usr/lib/libblas/libblas.so.3             10        manual mode
  3            /usr/lib/openblas-base/libblas.so.3       40        manual mode
Press <enter> to keep the current choice[*], or type selection number:
```

となっている. ここで選択することもできる. LAPACK についても

```
$ sudo update-alternatives --config liblapack.so.3
There are 3 choices for the alternative liblapack.so.3 (providing /usr/lib/
    liblapack.so.3).
```

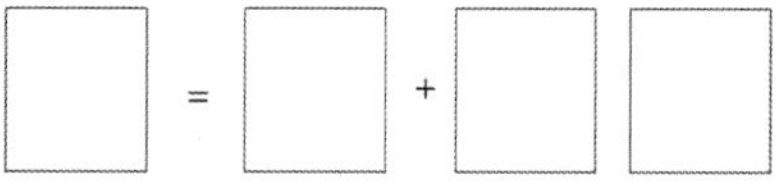

図 6.9 DGEMM 概念図.

```
  Selection    Path                                         Priority   Status
------------------------------------------------------------------------------
* 0            /usr/lib/openblas-base/liblapack.so.3         40        auto mode
  1            /usr/lib/atlas-base/atlas/liblapack.so.3      35        manual mode
  2            /usr/lib/lapack/liblapack.so.3                10        manual mode
  3            /usr/lib/openblas-base/liblapack.so.3         40        manual mode
Press <enter> to keep the current choice[*], or type selection number:
```

となる. reference(2), atlas(1), openblas(0,3) 版の BLAS, LAPACK を数字を選択することで可能となる. ただ, まれにバグもあることもある. つまり特定のライブラリでは動かないことがある. それを回避するためにはいくつかインストールしておくのは悪くないと思われる.

6.5.5　Ubuntu での実例:GEMM の比較

まずは DGEMM で比較してみよう. これは行列–行列積である.

A, B, C を $n \times n$ の行列として, $C = AB$ を求める場合を考える. 行列のデータを読む回数は $2n^2$ である. 演算の回数はどうなるだろうか. C_{ij} と, 一つの要素を求めるのに n 回の乗算および $n - 1$ 回の加算が必要となる (図 6.9).

$$(C)_{ij} = \sum_{k}^{n} A_{ik} B_{kj}$$

これが n^2 回あるため, $2n^3 - n^2$ 回演算が必要となる. n の大きなときにはメモリ使用量は $2n^2$ 程度, それに対する演算は $2n^3$ となる. 演算のほうが多い. つまり一つの要素は一度読んだ後 n 回程度演算に利用されるはずである. このような場合はデータを読み込む速度より CPU 演算速度のほうが重要である. 従って現在のコンピュータでは大変高速に計算できる.

さて, octave での実行結果を示す. 先ずは OpenBLAS である. 実行は Ubuntu 16.04 上, CPU は Intel Xeon CPU E5-2603 @ 1.80GHz を用いた.

6.5. 最適化 BLAS, LAPACK の利用と，その結果の解析

```
$ octave
GNU Octave, version 4.0.0
Copyright (C) 2015 John W. Eaton and others.
This is free software; see the source code for copying conditions.
There is ABSOLUTELY NO WARRANTY; not even for MERCHANTABILITY or
FITNESS FOR A PARTICULAR PURPOSE.  For details, type 'warranty'.

Octave was configured for ''x86_64-pc-linux-gnu''.

Additional information about Octave is available at http://www.octave.org.

Please contribute if you find this software useful.
For more information, visit http://www.octave.org/get-involved.html

Read http://www.octave.org/bugs.html to learn how to submit bug reports.
For information about changes from previous versions, type 'news'.

octave:1> n=4000; A=rand(n); B=rand(n);
octave:2> tic(); C=A*B; t=toc(); GFLOPS=2*n^3/t*1e-9
GFLOPS =   101.25
octave:3>
```

次に ATLAS で行った場合であるが，

```
octave:1> n=4000; A=rand(n); B=rand(n);
octave:2> tic(); C=A*B; t=toc(); GFLOPS=2*n^3/t*1e-9
GFLOPS =  6.4421
```

最後に reference BLAS で行った場合であるが，

```
octave:1> n=4000; A=rand(n); B=rand(n);
octave:2> tic(); C=A*B; t=toc(); GFLOPS=2*n^3/t*1e-9
GFLOPS =  1.2806
```

このように，OpenBLAS が 101.25GFlops と一番高速であった．また，Xeon E5-2603 @ 1.80GHz の理論ピーク性能は 115.2GFlops である

$$1.8\text{GHz} \times 4\text{cores} \times 8(\text{AVX}) = 115.2\text{GFlops}$$

AVX は Intel Advanced Vector Extensions のことで，SSE の後継の SIMD 型の命令の拡張である．256bit 幅を持ち，加算と乗算を 1 clock で計算できる．256bit で 4 つの倍精度を格納でき，加算と乗算で 2 回演算できる．従って 1 clock で 8 演算が可能である．理論ピーク性能と比較して 88% 程度の性能が引き出されていることになる．

参考までにこの演算の Bytes per Flops を求めておく．

$$C \leftarrow AB + C$$

で，AB については，n^3 回の積，$n^2(n-1)$ 回の和，$AB+C$ では n^2 回和をとる．従って $2n^3$ 回の浮動小数点演算となる．そこに $4n^2$ 回のデータ読み書きが必要となるため

$$\frac{4n^2}{2n^3} \times 8 = \frac{16}{n}$$

図 6.10 DGEMV 概念図.

n が大きなところで Bytes per Flops はゼロに近づく. このため CPU の利用効率は高い.

6.5.6 Ubuntu での実例:GEMV の比較

まずは DGEMV で比較してみよう. これは行列–ベクトル積である.

A を $n \times n$ の行列とし, x, y を n 次元ベクトルとし, $y = Ax$ を求める場合を考える. 行列とベクトルのデータを読む回数は $n^2 + n$ である. 演算の回数はどうなるだろうか. y_i と, 一つの要素を求めるのに n 回の乗算および $n - 1$ 回の加算が必要となる (図 6.10).

$$(y)_i = \sum_{j}^{n} A_{ij} x_j$$

これが n 回あるため, $2n^2 - n$ 回演算が必要となる. n の大きなときにはメモリ読み書き回数 $2n^2$ 程度, それに対する演算は $2n^2$ となる. 従って DGEMV の byte per flop は 8 となる.

つまりメモリ使用量と演算量のオーダーは同じである. データは読んでは捨て, 読んでは捨てとなり再利用されない. この場合 CPU だけが高速でも DGEMV は高速にならない[4]

さて, octave での実行結果を載せる. まずは OpenBLAS である. 実行は Ubuntu 16.04 上, CPU は Intel Xeon CPU E5-2603 @ 1.80GHz を用いた. STRAM ベンチでの実測でメモリバンド幅は 40GB 程度なので 5GFlops

---

[4] ただし Xeon などはメモリチャネルが Core i7 などより増強されているので CPU が高価なものを使うとよい. この点はわかりづらいと思われる

が限界となる. これは DGEMM の 100GFlops と比べると 20 倍も遅い. この計算をしている間は CPU はほとんど遊んでいるのである.

```
$ octave
octave:1> n=10000; A=rand(n); y = rand(n,1) ; x = rand(n,1) ; tic();
             y=A*x; t=toc(); GFLOPS=2*n^2/t*1e-9
GFLOPS =    5.4217
```

この結果よりだいたいメモリバンド幅のピーク性能が出ていることがわかった. なお, ATLAS では

```
$ octave
octave:1> n=10000; A=rand(n); y = rand(n,1) ; x = rand(n,1) ;
tic(); y=A*x; t=toc(); GFLOPS=2*n^2/t*1e-9 GFLOPS =   0.98827
```

reference BLAS では,

```
octave:1> n=10000; A=rand(n); y = rand(n,1) ; x = rand(n,1) ;
tic(); y=A*x; t=toc(); GFLOPS=2*n^2/t*1e-9 GFLOPS =   1.2627
```

と 1/5 程度の性能しか出なかった. これは, マルチコア環境においてマルチスレッドマルチスレッドを考慮していないから, メモリバンド幅をほとんど活かしきれてないためである. ATLAS は本来マルチコア対応なのであるがパッケージシステムではすべての環境で動かさねばならないため, コア数を 1 に限っているし, 他のマシンでビルドした ATLAS を使わざるを得ないため, 自動チューニング機構の意味が全くなくなってしまう. そのためアンフェアに遅い比較となってしまった.

6.6 まとめ

線形代数が大変重要だということから始まり, それがライブラリとして結実した BLAS, LAPACK を使おうということでこれらを紹介した. C++ から呼び出す使う形でのテスト, それから最適化された BLAS, LAPACK をどう使うか, を実際の Linux のディストリビューションである Ubuntu で解説した. 最適化された BLAS, LAPACK については, 概観を述べた. コンピュータの仕組みを簡単に説明した後, どうやって高速化すべきか, そして線形代数演算はその種類によって大きく演算スピードが変わる, 特にメモリバンド幅が律速段階となる場合は CPU のスピードと比較して大変遅くなることなどを説明した. ユーザーからすれば, もはやどんな BLAS

やLAPACKを使うかというのは全く意識しなくても良い環境となった．つまりいつでも最も高速なものを誰もが使っている状態である．しかしながらある程度中身を知っておくことは大変重要である．それについて述べたつもりである．

特にメモリは今後スピードが劇的に上がらないといわれている．そのため様々な工夫がされてきたがそれについて述べることはできなかった．また近年ポピュラーになってきているGPUについても述べることができなかった．ただそれらもボトルネックの考え方を理解すれば特に難しいことはない．

皆さんのコンピュータが速く使えていることの理解の一助となることを願ってこの章を終わりたい．

練習問題

1. Intel Xeon X5680を2個積んだマシンの倍精度演算の理論性能値を求めよ．ただし，動作周波数は3.3GHzとし，TurboBoostは用いない．

2. 図6.11は上に挙げたマシンで行列–行列積を行ったものである．グラフから実行性能を読み取って，CPUの性能が何%程度引き出せているかを求めよ．

3. 図6.12は先程と同じ計算だが図の一部を拡大したものとなっている．なぜこのような「ギザギザ」ができるかを考察せよ．

6.6. まとめ

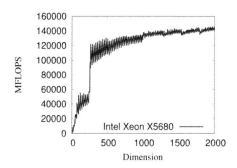

図 6.11 Intel Xeon X5680 で正方行列を用い, Intel MKL(マスカーネルライブラリ) を使って様々な次元で行列–行列積を行ったときの, パフォーマンスを図示したもの. 横軸は次元, 縦軸は MFLOPS である.

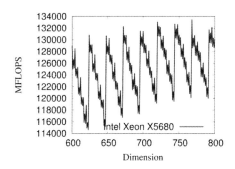

図 6.12 図 6.11 と同じ計算の一部を拡大したもの.

参考文献

[1] 著者不詳, 九章算術, 紀元前一世紀から紀元後二世紀頃.

[2] 伊理正夫, 藤野和建『数値計算の常識』共立出版 (1985).

[3] N. J. Higham, *SIAM: Society for Industrial and Applied Mathematics*, 2nd edition (2002).

[4] S. Hauberg J. W. Eaton and D. Bateman, *GNU Octave version 3.0.1 manual: a high-level interactive language for numerical computations*, CreateSpace Independent Publishing Platform, (2008).

[5] MATLAB, *version 7.10.0 (R2010a)*. The MathWorks Inc., Natick, Massachusetts, (2010).

[6] J. D. McCalpin, *Technical report, University of Virginia, Charlottesville, Virginia, 1991-2007*, A continually updated technical report. http://www.cs.virginia.edu/stream/.

[7] R. C. Whaley and J. J. Dongarra, In *Proceedings of the 1998 ACM/IEEE Conference on Supercomputing*, SC '98, 1, Washington, DC, USA, IEEE Computer Society(1998).

[8] K. Goto and R. A. van de Geijn, *ACM Trans. Math. Softw.*, **34**, 12:1 (2008).

[9] X. Zhang, Q. Wang, and Y. Zhang, In *IEEE 18th International Conference on Parallel and Distributed Systems (ICPADS)*,IEEE Computer Society, 17 (2012).

第7章 高速化チューニングとその関連技術

渡辺宙志

東京大学物性研究所

本章では，バージョン管理システムの使い方，デバッグの方法，プロファイラの使い方等，高速化チューニングに関連する話題について取り上げる．なお，本章ではプログラミング言語として主にC++を用いる．

7.1 高速化や並列化，その前に

本題に入る前に，そもそもなぜ高速化チューニングや並列化をするのかを考えよう．高速化とは，プログラムを修正して本質的に同じ計算をさせつつ，実行時間を短くすることである．実行時間が10日間でコードを10%高速化するのに1日以上かけては本末転倒である．実際には計算の高速化よりも，デバッグ技術の向上の方が全体の時間短縮に貢献することが多い．一般に，慣れないプログラマであればあるほど，プログラム開発においてデバッグにかける時間が長くなる．また，並列化プログラムにおけるバグは，非並列プログラムのものよりも深刻度が高い．例えば通信のタイミングに起因するような再現性の低いバグがあった場合，そのデバッグには長い時間がかかる．逆に言えば，並列化プログラムを書く際に，バグが入りにくいようにプログラムを書く人は，そうでない人に比べて生産性に大きな差が開くことになる．

本章では，高速化をより広い意味に捉え，プログラム開発時間，デバッグ時間まで含めたトータルの研究時間を短縮することを目的とし，関連する技術について紹介する．

7.2 バグを入れないコーディング

7.2.1 デバッグの基礎

　プログラム開発において, 最も時間のかかる作業はテスト, およびデバッグである. バグには, 埋め込んだ際にすぐ判明する速攻型バグと, 埋め込んでしばらくは正しく動作しているように見えるが, 後で問題を起こす地雷型バグがある. 後者の方がデバッグが難しいが, まずは前者, 速効型バグを速攻で潰すための方法を紹介する. プログラミングとはほとんどバグとの戦いであり, バグを入れない, もしくは入れたバグをなるべく早く発見するために様々な手法やツールが開発されてきた. 例えばプログラムの修正を本番環境に適用する前に人手によりチェックするコードレビューや, 機能追加によりこれまでの動作が変更されていないか確認するソフトウェアテスト等が実施されている. そういった洗練されたツールが使いこなせるならそちらの方が望ましいが, ここではデバッグの基本として単体テストと sort+diff デバッグを紹介する.

　単体テストとは, テストしようとしている部分だけを切り出して, その部分だけでコンパイル, 動作するようにした上で, テストを行うものである. 例えばプログラム中のある関数の振る舞いを最適化したい時, その関数だけを切り出したファイルを作成し, コンパイル, 実行できるだけの最低限のファイルのみを準備し, 最適化前と後で動作が変わっていないか, 期待通りの動作するかを確認するのが単体テストである.

　sort+diff デバッグとは, 修正前のプログラムと修正後のプログラムの出力をそれぞれ sort した後に diff を取る手法であり, print 文デバッグの一種である. print 文デバッグとは, プログラムの中に printf を多数挿入し, 変数の値を追いかけることでバグの箇所を特定する手法である. print 文デバッグはかなり古臭い手法であるため批判も多いのだが, 著者としてはまず print 文デバッグを抑えた上で, より洗練された手法やツールの使い方を身に付けていく方が良いと考える. sort+diff デバッグは, 原則として単体テストと組み合わせて使う. 以下, 分子動力学法の最適化を例に sort+diff デバッグの実例を挙げていく.

7.2. バグを入れないコーディング

Algorithm 1 $O(N^2)$ でペアリストを作る擬似コード. r_c はカットオフ距離

1: **for** $i \leftarrow 1, N-1$ **do**
2:    **for** $j \leftarrow i+1, N$ **do**
3:       $r^2 \leftarrow (\mathbf{q}_i - \mathbf{q}_j)^2$
4:       **if** $r^2 < r_c^2$ **then**
5:          Append (i, j) to a pair list
6:       **end if**
7:    **end for**
8: **end for**

7.2.2 sort+diff デバッグの例 1: 粒子対ペアリストの作成

短距離相互作用系を扱う分子動力学法や, SPH(Smoothed Particle Hydrodynamics) 法では, 粒子が相互作用する距離 (カットオフ距離) が有限であるため, まずどの粒子が相互作用をしているかをリストアップしなければならない. 今後, カットオフ距離以内にいる粒子対のリストをペアリストと呼ぼう. 最も簡単にリストを作るには, 全粒子対について距離を調べ, カットオフ距離以内にあるかどうかを調べれば良い. 擬似コードはAlgorithm 1 のようになろう.

さて, Algorithm 1 は簡単でわかりやすいコードであるが, ペアリストの作成の計算量が粒子数を N として $O(N^2)$ の時間がかかってしまうため, 実用には適さない. そこでグリッド探索[1] を行うことで計算量を $O(N)$ に削減する [1]. グリッド探索とは, 空間をグリッドに区切ってそれぞれに番地番号を割り当て, 粒子がどこに存在するかの住所録を作り, その住所録から逆引きして相互作用リストを探すアルゴリズムである (図 7.1 参照). 粒子の住所録を作る手間も, 住所録から相互作用相手を探す手間も $O(N)$ であるため, 全体の計算量は $O(N)$ と p なる. しかし, ナイーブな $O(N^2)$ のコードはせいぜい 20 行程度で組むことができるため, バグを含む可能性はかなり低い. 一方, 筆者が実装したグリッド探索コードは 150 行以上あった. 一般にバグの発生確率はプログラムの行数 (ステップ数) に比例

---
[1]筆者はグリッド探索と呼んでいるが, cell index 法と呼ばれることが多いようである.

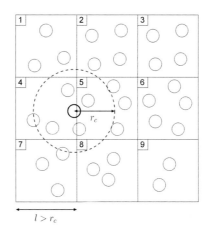

図 7.1 グリッド探索. 空間をある長さ l でグリッドに区切り, それぞれの領域に通し番号をつける. 図は二次元の例. 長さ l をカットオフ距離 r_c より長くとることで,「隣の隣」の領域と相互作用することは無い. 例えばこの図では, 領域 4 番にいる粒子が相互作用する可能性があるのは 1,2,4,5,7,8 の領域にいる粒子であり, 3,6,9 にいる粒子と相互作用することはない.

すると言われており, 複雑なことをすればするほど, バグを埋め込む可能性も高くなる. そこで $O(N^2)$ のコードを「砦」として, $O(N)$ のコードのデバッグに用いる.

具体的には以下のような手続きを取る.

1. 粒子の初期配置作成ルーチンと, ペアリスト作成ルーチンのみを切り出す. (単体テスト)

2. $O(N)$ と $O(N^2)$ のルーチンに同じ初期条件を与え, ペアリストを作らせる.

3. 作った粒子対は, 若い方の番号を左にして, 一行に一つのペアを出力する.

4. 両者は順序を除いて同じリストを作るはずであるから, sort してから diff を取り, 両者が同じであるか確認する. (sort+diff)

同じ粒子配置を与えれば, ナイーブな $O(N^2)$ の方法と, 最適化された $O(N)$ の方法は, 本質的に同じペアリストを作るはず, ということを利用

7.2. バグを入れないコーディング

List 7.1 粒子対リスト作成のデバッグ

```
$ g++ on2code.cpp -o on2code
$ g++ on1code.cpp -o on1code
$ ./on2code | sort >on2.dat
$ ./on1code | sort >on1.dat
$ diff on1.dat on2.dat
```

してデバッグするのが sort+diff デバッグの要諦である．例えば $O(N^2)$ のコードを on2code.cpp, $O(N)$ のコードを on1code.cpp という名前で切り出した場合は，List 7.1 のようにしてテストする．結果が正しければ diff は何も出力しないはずであるが，普通は最初に組んだバージョンには問題があり，両者は一致しないであろう．その時，どのペアを見落としているか，どのペアが余分に含まれているかを確認することで，バグの箇所の特定が容易になる．

7.2.3 sort+diff デバッグの例 2: 粒子情報送信

短距離相互作用をする分子動力学法は，領域分割により並列化を行うことが多い．その際，あるプロセスが担当する領域の粒子にかかる力を計算するためには，他のプロセスが担当する領域の端にいる粒子の情報が必要となる．3 次元において空間を立方格子に区切っていれば，ある領域にいる粒子が相互作用する可能性がある領域は 26 個存在する．従って，ナイーブに情報を送受信する場合は，26 回の通信が必要となる．それに対して，他の粒子から受け取った情報を転送することで斜め方向の通信を省き，合計 6 回の通信で済ませる方法がある．図 7.2 (b) にその方法を示す．Domain A は，まず右にいる Domain B に端の粒子情報を送る．次に，Domain B が上方向にいる Domain C に，自分の領域の端にいる粒子情報に加えて A からもらった粒子情報も送る．これにより，斜向いの関係にある Domain A から Domain C に必要な情報が渡されたことになる．

さて，26 回の通信で情報を送るのは 6 回の通信で送る方法に比べて時間はかかるが，「もらった粒子を転送する」という処理が入らない分，プログラムが簡単になる．従って，6 回の通信で送る方式に比べてバグが入

List 7.2 通信の最適化のデバッグ

```
$ cd test1; ./a.out; cd ..
$ cd test2; ./b.out; cd ..
$ diff <(sort test1/proc000.dat) <(sort test2/proc000.dat)
$ diff <(sort test1/proc001.dat) <(sort test2/proc001.dat)
...
```

りにくいであろう. そこで, 26 回の通信で送る方法を「砦」として, 6 回の通信で送る方法をデバッグする. 具体的には以下のような手続きを取る.

1. 初期条件作成ルーチンと, 通信ルーチンのみで実行可能な状態とする. (単体テスト)

2. 通信後, 自分の担当する粒子の座標を全て出力. 例えば proc012.dat など, 自分のプロセス番号を含めたファイル名に出力する.

3. 26 回通信するナイーブな方法 (砦) と, 6 回通信する最適化された方法の両方で実行, 出力先を test1/, test2/ などと異なるディレクトリに分ける.

4. それぞれで粒子の座標が完全に一致することを確認. (sort+diff)

ナイーブな方法の実行バイナリを a.out, 最適化した方を b.out とすると, テストの方式は List 7.2 のようになろう. まず 26 回方式の通信を組んで, その後 6 回方式の通信を組むのは煩雑だと思われるかもしれないが, 並列プログラムのデバッグは極めて難しいため, 開発段階でちょっと神経質なくらいにデバッグしておいたほうが, 結局は時間短縮につながる.

7.2.4 sort+diff デバッグの例 3: 並列版ペアリスト作成

並列化された分子動力学法 コードを動かすためには, 各領域が周囲の領域にいる粒子の情報を受け取った後, それぞれ個別にペアリストを作成する必要がある. 当然のことながら, 同じ粒子配置を渡された場合において, 非並列版と並列版は本質的に同じペアリストを作成しなければな

7.2. バグを入れないコーディング

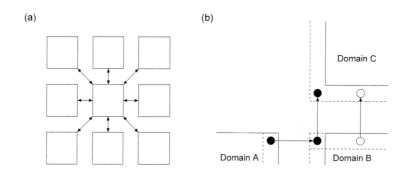

図 7.2 (a) ナイーブな送り方. (b) 通信回数を減らした送り方.

List 7.3 並列版ペアリスト作成ルーチンのデバッグ
```
$ ./serial | sort > serial.dat
$ ./parallel
$ cat proc*.dat | sort > parallel.dat
$ diff serial.dat parallel.dat
```

らない. これを sort+diff デバッグを用いて確認する. 並列版ペアリスト作成ルーチンの sort+diff デバッグの手順は以下の通り.

1. 初期条件作成ルーチンと通信ルーチン, そしてペアリスト作成ルーチンのみで実行できるようにする.(単体テスト)

2. 非並列版は, そのままペアリストをダンプする.

3. 並列版は, 若い番号の粒子が, 自分の担当の粒子である時だけ出力. 例えば proc012.dat など, 自分のプロセス番号を含めたファイル名に出力.

4. 並列版の出力を cat でまとめた後に sort し, 非並列と diff を取る. (sort+diff)

非並列版の実行バイナリを serial, 並列版を parallel とすると, 具体的な手順は List 7.3 のようになる.

ここで重要なのは,「非並列版のペアリスト作成ルーチン」および「粒子情報の通信ルーチン」はこれまでの作業でデバッグが完了しており,かなりの確信度を持って「バグが無い」と信じられる点である.安全地帯が多いほど,バグの場所を絞り込みやすくなり,結果としてデバッグ時間の短縮につながる.

7.2.5 バグを入れないコーディングのまとめ

デバッグで最も重要なのは「どこにバグがあるか」を特定することであり,そのためにも「複数の機能を一度にテストしない」ことが重要である.ペアリスト作成ならペアリスト作成のみ,通信なら通信のみとテストする機能を限定することで,バグが発生した場合にその場所を限定しやすくする.また,動作テストは必ず「ミクロな情報」を用いて行う.ミクロな情報とは,ペアリストの全情報や粒子の位置情報など,粗視化する前の情報である.慣れてないプログラマ,特に早く結果を得ようと焦る学生は,デバッグプロセスを省いていきなり本番環境に機能を実装し,短時間の計算で全エネルギーがだいたい保存していることから大丈夫と安心し,後でバグを埋め込んだことに気がついて徹夜でデバッグし,明け方バグが取れて無駄に達成感を感じる,といったことが起こりがちである[2].ここではデバッグ法の一例として sort+diff デバッグを紹介したが,より近代的なコーディング手法としてテスト駆動開発 [3],エクストリーム・プログラミング [4],アジャイル開発 [5] など様々な手法が提案されているため,参考にされたい.

7.3 地雷型バグのデバッグ法

バグには,すぐに見つかる速攻型バグと,後で判明する地雷型バグがあることはすでに述べた.地雷型バグは,最初から入っていたがこれまで顕在化しなかったり,機能追加時に想定外の場所に影響が波及していることに気づかないことで発生する.地雷型バグのデバッグは一般に困難だ

---

[2]著者の経験談である.

7.3. 地雷型バグのデバッグ法

が, バージョン管理システムは地雷型バグのデバッグの強い味方となる. ここではまず地雷型バグのデバッグの実例を紹介し, バージョン管理システムを利用したデバッグ方法を紹介する.

7.3.1 デバッグの実例

ここでは, 著者が実際に入れたバグを紹介する. とあるコードが Segmentation Fault により異常終了した. Segmentation Fault の原因としては配列の領域外などが考えられるが, まずやるべきは, 「プログラムがどこで止まっているか」を確認することである. そのためには print 文による二分探索が有用である[3]. print 文による二分探索とは, プログラムが止まっていると思われる場所を挟む形で print 文を 3 つずつ入れていく手法である.

```
printf ("1");
...
printf ("2");
...
printf ("3");
```

上記の例において「1」と出力されて止まったら, 1 と 2 の間で問題が起きている. 「12」と出力されたら, 2 と 3 の間で問題が起きている. これを繰り返せばバグの発生箇所が特定できる. さて, 探索の結果, バグの発生箇所が領域外参照であったとしよう.

```
const int N =10;
double data[N];
....
double func(int index){
  return data[index]; // <- ここでindex =10になっていた.
}
```

上記の例では, 本来ならば index は 0 から 9 の値でなければならないが, どこかでおかしな値が代入された. バグによりプログラムが異常終了したのはこの配列参照であるが, 真のバグ発生箇所は index におかしな値を代入している場所である. それを探さなければならない. さて, index に 10 が代入される場所を探す必要があるが, そのためにやはり print 文

---

[3] もちろん gdb などのデバッガを使える人はそちらを使っても良い.

デバッグをする. if 文を使っても良いが, assert を利用しよう. assert とは, その中に「常に成り立っていなければならない条件」を書いておくと, その条件が満たされなかった場合にエラーでプログラムを終了してくれる関数である.

```
#include <assert.h>
double func(int index){
    assert(index < N); // <- この条件が満たされなければエラー
    return data[index];
}
```

これを index の値を変更している場所に入れまくる[4]. assert に記述した「常に成り立っていなければならない条件」を満たさないと, 以下のようなメッセージを出してプログラムが終了する[5].

```
Assertion failed: (i<10), function func, file test.cpp, line 7.
```

これによりどのファイルの何行目でおかしな値が代入されたかがわかる.

さて, こうして判明したバグの発生箇所は, 以下のようなコードだった.

```
#include <stdlib.h>
double myrand_double (void){
return (double)(rand())/(double) (RAND_MAX);
}
int myrand_int (const int N){
return (int)(myrand_double()*N);
}
```

rand は, 0 から RAND_MAX までの整数をランダムに返す関数である. 従って, その返り値を浮動小数点数 (double) にキャストして, 同じく double にキャストした RAND_MAX で割れば, 0 から 1 までの値をとる一様乱数が得られる. その一様乱数に N を乗じ, 整数にキャストし, 0 から N-1 までの整数の一様乱数を得ることを意図したプログラムである. このプログラムのどこに問題があるかすぐにわかるだろうか？ 実際, ほとんどの確率でこのプログラムは意図した通りに動く (なので著者はこのバグを見逃した).

rand が返すのは 0 から RAND_MAX までの値である. RAND_MAX の値は 2147483647 と定義されているため, およそ 20 億分の 1 の確率で rand

---

[4] gdb などのデバッガを使える人は watch などの変数監視を利用しても良い.
[5] 俗に, 「assert にひっかかる」と言う.

はRAND_MAXを返す．すると，そのときに限り，myrand_doubleは正確に1を返す．これにNを乗じて整数にキャストすることで，myrand_intはNを返す．myrand_intは「N未満」の値を返すことが想定されており，その返り値でサイズNのテーブルを参照したために領域外参照によりSegmentation faultが起きた，というのがこの事件の真相であった．最初に組んでテストしたときには，この関数を1万回くらいしか呼ばなかったため，このバグが顕在化せずに地雷化したものである．この種のバグの原因に「最初から思い至る」のは難しい[6]が，printfとassertを多用することで確実に原因を究明できる．

7.3.2　バージョン管理システムを利用したデバッグ

プログラムがバージョン管理されており，主な修正は全てリポジトリに記録されているとしよう．ここではバージョン管理システムとしてSubversionを想定するが，他のソフトウェアでも同様なことが可能である．あるプログラムに機能を追加することを考える．例えばそれまで観測量としてエネルギーしか計算していなかった分子動力学法コードに，圧力を測定するルーチンを付け加えたとする．ついでにその研究に必要だったので，メインの時間発展カーネルを少し修正し，別の初期条件を与えて時間発展させたところ，エネルギーが発散しプログラムが異常終了したとする．この時点では「もともと修正前のコードにバグがあり，新たな初期条件がバグを顕在化させた」のか，「今回修正した時間発展カーネルにバグを入れた」のかは判別できない．そこで，リポジトリから修正前のバージョンを取ってきて，今回の初期条件を食わせて時間発展させる．もしそれも異常終了すれば，これはもともとあったバグであることがわかり，もし正常終了すれば，今回修正したコードに問題があることがわかる．このように，バージョン管理をしていると問題の切り分けが容易になる（図7.3）．

---

[6]Segmentation faultが起きた時に，ソースの怪しいところを読みながらトレース実行して，「あっ，ここで20億分の1の確率でバグるじゃないか」と気付くような人は天才なので，是非その才能を何か別のところで発揮して欲しい．

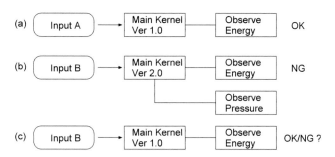

図 7.3 バグが見つかった時点で判明していることは以下の二点である．
「(a) 初期条件 A において，計算カーネル Ver. 1 + エネルギー観測ルーチンでは問題が起きない」「(b) 初期条件 B において，計算カーネル Ver. 2 + エネルギー観測ルーチン + 圧力観測ルーチンでは問題が起きる」そこで，リポジトリから古いバージョンのコードを取得し，「(c) 初期条件 A において，計算カーネル Ver. 1 + エネルギー観測ルーチンで問題がおきるか？」をチェックすることで，問題の切り分けができる．

先にバグの発生箇所を発見するために print 文による二分探索を用いる例を挙げたが，これは言ってみれば「空間方向の二分探索」である．バージョン管理をしていれば，「時間方向の二分探索」が可能となる．図 7.4 を見てみよう．横軸に開発の時間軸を，縦軸にデバッグの時間軸を取っている．開発を進め，コミットしていく仮定でリビジョン番号が上がっていくが，Rev. 5 の段階でバグを発見した．この時，いきなりそのバグの原因や，場所を検討してはいけない．まずはバグが再現するか，再現するならどのような条件で再現するかを調べ，「バグの再現のための最低限のソース」を切り出す．次に，そのバグがどの段階で入ったかを調べる．ここで，リビジョン番号に対して二分探索を行い，「ここまではそのバグは入っていない」ことを確認する．例えば Rev. 2 まではそのバグを起こさず，Rev. 3 でバグが起きることがわかったとしよう．この状態まできてはじめてバグの原因を検討する．といっても，Rev. 2 と Rev. 3 のファイルの差分を取れば修正箇所がわかり，バグはその修正のどれかで入ったことが確定しているわけであるから，ソース上でのバグの発生箇所の特定は容易であろう．一連の作業を再度まとめると，

1. バグ発生を確認．

7.3. 地雷型バグのデバッグ法

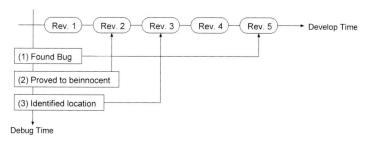

図7.4 開発の時間軸 (横軸) とデバッグの時間軸 (縦軸). (1) 開発を進めるとリビジョン番号が上がっていくが, Rev. 5 でバグが発覚した. (2) どこでバグが入ったか調査し, Rev. 2 までは問題ないことを確認. (3) Rev. 3 でエンバグしたことが確定.

2. バグの再現性を確認.

3. このバグが含まれていない, 十分古いリビジョンを探す. (砦)

4. 二分探索により, バグが入ったコミットを探す.

5. バグが入っていない直前のリビジョンと, バグが入ったリビジョンの差分を調べる.

と, 全て機械的な作業となっている. コミットの粒度 (頻度) が十分に小さければ, diff をとった瞬間にバグの場所を確定させることができる.

7.3.3 地雷型バグのデバッグ法まとめ

バグは入れない方が望ましいが, 人間である以上, どうしても入ってしまうものである. バグを見つけた場合, 焦ってデバッグに取り掛かる人が多いが, それは悪手である. バグを見つける時は何かの作業中であり, 頭が疲れていることが多い. デバッグは非生産的行為であるが, 高度な知的活動でもある. 疲れている時にそのような知的活動ができるわけがない. すぐに「バグの再現性確認」「バグを再現する最低限のコードの切り出し」を行い, 可能であればまずは休んで, 次の日にデバッグをするのがよい. デバッグも, ソースをにらみながら頭の中でトレース実行は絶対にやってはならない. デバッガや統合環境の利用も有用であるが, 重要なの

は print 文, assert 文デバッグに代表されるようになるべく頭を使わずに, 機械的にできる作業で有益な情報を得ることである. 地雷型バグのデバッグは難しく, 慣れない人はそこで極めて大きな時間をロスしている. そのデバッグにはバージョン管理システムが有用である. バージョン管理システムを利用したデバッグに慣れた頃,「バージョン管理システムを使う前の自分は, ずいぶんと時間を無駄にしてきたのだ……」と気付くであろう[7].

7.4 プロファイラの使い方

　数値計算において, 最も研究時間の短縮に寄与するのはデバッグにかける時間の短縮である. バグがあまり入らない, 入っても短時間で潰せるようになったら, いよいよプログラム本体の高速化に手をつけよう. ただし, いきなりプログラムの遅そうなところを修正しては時間計測, などとしてはいけない. まずはどこが遅いかを測定し, プログラムの特性を知ることが重要である. プログラムは多くのルーチンから構成されているが, それらが計算時間を均等に使っているということは少ない. パレートの法則, 俗に 80:20 の法則として知られている経験則があり, プログラムに当てはめるとコード全体のうち二割にあたる部分が, 計算時間の八割を使っているというものになる. このうち, 一番計算時間を使っているルーチンを「ホットスポット」と呼ぶ. どんなに非効率なコードがあっても, ほとんど呼ばれないルーチンであればチューニングしても効果は少ない. チューニングを行うならばプログラムのホットスポットのみに注力すべきである. このホットスポットはどこか, そのルーチンで時間がかかっているのはなぜかを調べるために, プログラムの実行プロファイルを調べるのがプロファイラである. 本節ではこのプロファイラの使い方を紹介する.

---

[7]あくまで著者個人の感想であり, 全員に適用可能な普遍的真理と主張するつもりはない.

7.4.1 プロファイラとは

　プロファイラとは,その名の通りプログラムの実行プロファイルを調べる,性能解析ツールである.性能解析には,ソースコードについて解析する静的解析と,プログラムの実行中に性能を解析する動的解析があるが,ここでは動的解析のみに限定する.動的解析にも様々な方法があるが,ここではサンプリングによるホットスポット探索と,イベント取得によるプログラム特性解析の二つを紹介する.

7.4.2 サンプリングによる解析

　サンプリングとは,一定時間ごとにプログラムの実行状況をチェックすることで,全体の特性を推定するものである.その方式を採用しているプロファイラとして,gprofがある.gprofを利用するためには,対応しているコンパイラで,適切なオプションをつけてソースを再コンパイルする必要がある.例えばg++であれば「-pg」をつけてコンパイルすれば良い.すると,関数の頭に「いまどこを実行しているか」を調べるためのコードが追加される.さらに,そのプログラムを実行する際に,一緒にタイマーが走り,一定間隔ごとにどの関数が実行中であるかをカウントする.例えば監視のタイミングが0.01秒間隔だったとしよう.するとたまたまそのタイミングで実行中であった関数の実際の実行時間は0秒から0.02秒までありえるが,一度監視にかかるたびに,その関数は0.01秒実行されたとして実行時間を推定する(図7.5参照).実際の実行時間と推定された実行時間には,この監視間隔による誤差が伴うが,多くの場合にこの誤差は問題にならない.しかし,極めて実行時間の短い関数を何度も呼び出している場合にはその誤差が大きくなるために注意が必要である.

　実際にgprofを使ってみるために,簡単なコードを実行し,そのプロファイルを取ってみよう.List 7.4は,適当なベクトルと行列を用意し,ベクトル同士の内積と,行列-ベクトル積を行うコードである.行列,ベクトルの次元をNとし,ベクトルの内積の計算量は$O(N)$,行列-ベクトル積は$O(N^2)$であるから,Nが大きい時には行列-ベクトル積にかかる時間が支配的であることが予想されるが,それを確認する.まず,プロファイル取

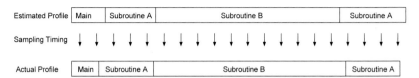

図 7.5 プロファイラによるサンプリングの仕組み. プロファイラは一定時間ごとに実行を監視し, 現在どこを実行中であるかをサンプリングし, その結果をもとに実行時間を推定する. 図では, 下段が実際の実行時間, 中段が監視のタイミング, そして上段がその監視に基づいて推定された実行プロファイルである. 監視間隔が長いほど, 推定の誤差が大きくなる.

得オプションをつけてコンパイルする. 最適化オプションによっては, 関数がインライン展開されてしまって正しく関数ごとのプロファイルが取得できないことがある. そのために -fno-inline オプションをつけてインライン展開を抑止しよう.

```
$ g++ -pg -fno-inline prof.cpp
$ time ./a.out
./a.out  0.42s user 0.10s system 98% cpu 0.528 total
$ ls
a.out*  gmon.out  prof.cpp
```

コンパイルし, 実行すると, gmon.out というプロファイルデータが出力される. このファイルと実行バイナリを gprof に与えるとプロファイル結果が出力される. ただし, プロファイルデータが gmon.out である場合, 及び実行バイナリが a.out という名前である場合にはそれぞれ省略できる. gprof の実行結果を図 7.6 に示す[8].

ここで, -b は詳細な説明の出力を抑止するオプション, -p は Flat profile のみを出力するオプションである. Flat profile とは, 関数の呼び出し関係などを考慮せず, ただベタに関数の実行時間の一覧を表示したものである. オプションの詳細については man gprof などで調べて欲しい. この出力結果で, まずは最初の「Each sample counts as 0.01 seconds.」より, サンプリングが 0.01 秒間隔で行われたことがわかる. 今回の例では 90%以上を matvec, 8%程度を vecvec が占め, matvec がホットスポットになっていることがわかる. しかし, それぞれの実行時間は 0.44 秒, 0.04 秒と, サ

---

[8] 実際には __static_initialization_and_destruction_0(int, int) といったプログラムの初期化など, 自動的に追加されたルーチンも出力されるが, ここでは除いてある.

7.4. プロファイラの使い方

List 7.4 プロファイラサンプル

```
#include <iostream>
const int N = 10000;
double x[N] = {};
double y[N] = {};
double a[N][N] = {};

void
matvec(void) {
  for (int i = 0; i < N; i++) {
    for (int j = 0; j < N; j++) {
      y[i] += a[i][j] * x[j];
    }
  }
}

double
vecvec(void) {
  double sum = 0.0;
  for (int i = 0; i < N; i++) {
    sum += x[i] * y[i];
  }
}

int
main(void) {
  for (int i = 0; i < 1000; i++) {
    vecvec();
  }
  matvec();
}
```

```
$ gprof -bp

Flat profile:

Each sample counts as 0.01 seconds.
  %   cumulative   self              self     total
 time   seconds   seconds    calls  ms/call  ms/call  name
 93.88    0.46     0.46        1   460.00   460.00   matvec()
  6.12    0.49     0.03     1000     0.03     0.03   vecvec()
  0.00    0.49     0.00        1     0.00     0.00   _GLOBAL__sub_I_x
```

図 7.6 gprof の表示. 処理の重かった関数から順番に並べてある. 数字は左から,「cumulative seconds」が累積時間,「self seconds」が, 関数単体の実行時間,「calls」がその関数が何度呼ばれたか,「sefl ms/call」がその関数呼び出し一回あたりの実行時間 (その関数から呼ばれた別の関数の実行時間は含まない),「total ms/call」は, その関数呼び出し一回あたりの実行時間 (その関数から呼びだされた別の関数も含める),「name」は関数名である.

List 7.5 perf の使い方

```
$ g++ prof.cpp
$ perf record ./a.out
[ perf record: Woken up 1 times to write data ]
[ perf record: Captured and wrote 0.266 MB perf.data (~11642
    samples) ]
$ perf report | head
# Events: 596   cycles
#
# Overhead   Command      Shared Object
    Symbol
# ........   ........     .................
    ................................
#
    60.13%     a.out  a.out                  [.] matvec()
     8.93%     a.out  [kernel.kallsyms]      [k] page_fault
     6.08%     a.out  a.out                  [.] vecvec()
     2.63%     a.out  [kernel.kallsyms]      [k]
    isolate_freepages_block
     1.47%     a.out  [kernel.kallsyms]      [k] isolate_migratepages
```

ンプリング時間に比べて十分に長いとはいえないため,その実行時間については あまり信頼できない.大まかな目安として,サンプリングが100回以上,今回の場合で言えば実行時間が1秒以上であれば,その実行時間の値はだいたい信頼できる,と覚えておけばよい.

　gprofは古くからあるツールであり,それなりに便利であるが,最近はより洗練され,高機能なツールが多数出ている.同様にサンプリングによる解析ができるツールとしてperfを紹介する.perfはLinuxで使える性能解析ツールであり,極めて高機能である.まず,gprofと同様にFlat profileを表示させてみよう.gprofとは異なり,perfの利用には再コンパイルは必要ない.List 7.4を特別なオプションをつけずにコンパイルし,`perf record`の後に実行可能ファイルを指定して計測,その後`perf report`により結果を出力できる.実行方法と出力をList 7.5に示す.

　`matvec`が60%程度,`vecvec`が6%程度の時間を占めていることがわかる.また,perfがLinuxカーネルと連携しているため,カーネル関連の情報が見える.例えば表示されている`kernel.kallsyms`の`page_fault`などは,メモリ割り当てに関するものである.参考までに著者の手持ちに分子動力学法 コードを食わせて見た結果をList 7.6示す.このコードでは力の計

7.4. プロファイラの使い方

List 7.6 MD コードのプロファイル. ただし関数の引数は省略してある.

```
# Events: 30K cycles
#
# Overhead  Command   Shared Object
#                                            Symbol
# ........  ........  .................
#
  46.75%    a.out     a.out            [.] MD::calculate_force_list()
  38.99%    a.out     a.out            [.] MeshList::search_other()
   4.39%    a.out     a.out            [.] Observer::potential_energy()
   3.36%    a.out     a.out            [.] Variables::make_neighbor_list()
   2.00%    a.out     a.out            [.] MD::run()
```

算 (`MD::calculate_force_list()`) が 46%, ペアリストの作成ルーチン (`MeshList::search_other` と `Variables::make_neighbor_list()`) が 42%, ポテンシャルエネルギーの測定 (`Observer::potential_energy()`) が 4.4% 程度かかっていることがわかる[9].

ここで挙げた例のように, 多くの場合においてはプログラムの実行時間の大部分をごく一部の関数が占めることが多い. その場合にはその関数のチューニングに専念すれば良い. しかし, プログラムによっては, 様々な関数が似たような実行時間である場合もある. また, ホットスポットの改善に成功した場合も, 後は同じような計算時間を持つ関数ばかりで際立って重い関数がない, という状態になるかもしれない. このような状態となったプログラムの高速化は労力がかかる割に見返りが少ない. 例えば計算時間の 95% を占める関数があれば, そこを 2 倍高速化すれば全体も 1.9 倍となるが, 10 倍高速化しても 6.9 倍にしかならない. また, 10% の計算時間を占める関数が 10 個で構成されているプログラムは, 一つの関数を 2 倍高速化することに成功しても 5% の速度向上効果しか得られない. 闇雲にチューニングしても, 手間の割に見返りが少なく, チューニングしている時間だけ計算してしまった方が結果が早く出る, ということになりかねない. 最初に, どの程度までチューニングすべきかの目処をつけておくのが大事である.

---

[9]このコードはテスト用に小さめのサイズで実行したために力の計算の割合が小さいが, 実際のプロダクトランに使われるパラメータでは力の計算が 8 割以上を占める.

7.4.3 イベント取得による解析

最近の CPU は，様々なイベントをハードウェアでカウントする，ハードウェアカウンタを備えているものが多い．例えば，サイクル毎の実行命令数 (IPC)，浮動小数点演算数 (FLOPS)，条件分岐の回数や分岐予測成功率，キャッシュミスの回数などを取得できる．これらのカウンタを参照することで，より細かい性能解析が可能となる．ただし，ハードウェアカウンタを利用する以上，ツールの使い方や取得可能なイベントなどがアーキテクチャに強く依存する．Linux では perf を用いてイベントを取得することができる．List 7.4 を perf に食わせてみよう．

```
$ perf stat ./a.out
      5587.039655 task-clock              #    0.997 CPUs utilized
              550 context-switches        #    0.000 M/sec
                2 CPU-migrations          #    0.000 M/sec
          195,647 page-faults             #    0.035 M/sec
   16,170,296,845 cycles                  #    2.894 GHz
      <not counted> stalled-cycles-frontend
      <not counted> stalled-cycles-backend
   19,770,941,849 instructions            #    1.22  insns per cycle
    3,103,214,731 branches                #  555.431 M/sec
       15,888,704 branch-misses           #    0.51% of all branches
      5.603996583 seconds time elapsed
```

まず，「`0.997 CPUs utilized`」とは，「平均でおよそ 1 CPU コアを使った」という意味である．マルチスレッドで複数の CPU を用いればこの値が大きくなる．「`1.22 insns per cycle`」とは，「サイクルあたりの命令実行数 (Instruction per cycle, IPC)」である．この値が極端に小さい場合には，スムーズに命令が実行されておらず，CPU が「遊んでいる」ことが多いことがわかる．「`branches`」と「`branch-misses`」は，条件分岐の総数と分岐予測の失敗数である．条件分岐とは，例えば「この変数の値がこの値以下であればここへジャンプせよ，そうでなければあそこへジャンプせよ」といったものである．DO ループ，for ループなどは条件分岐を伴う．現在のアーキテクチャは深い命令パイプラインを持つことが多く，条件分岐命令に必要な条件の真偽値の確定を待つと大きなペナルティとなる．これを防ぐため，深いパイプラインを持つアーキテクチャは分岐予測機能を備えていることが多い．分岐予測とは，条件分岐命令が来たら，その結果を予め予測して次の命令を実行してしまい，条件の評価が終わった後に，もし予測があたっていればそのまま実行を継続し，外れていれば計算したものを破棄してやりなおす，という機能である．今回のケースで

7.4. プロファイラの使い方

はかなり多くの条件分岐があったものの, ほとんどの場合において分岐予測に成功し, 分岐予測に失敗したのはわずか 0.5% に過ぎなかった. 一般に単純なループに伴う条件分岐の分岐予測はほとんど成功すると思って良い. perf では他にキャッシュミス率なども取得できる. 取得できるイベントは `perf list` で確認されたい.

さて, イベント取得の結果, プログラムがどういう原因で遅くなっているかがわかる. プログラムの実行速度を妨げる最大の要因をボトルネックと言う. その原因及び対策に一般論はないが, 以下にボトルネックの代表的なものと, その対策をまとめる.

メモリ待ち　CPU が必要とするデータがキャッシュになかった場合, メモリからデータを取得するまで CPU は待たなければならない. チューニングが不十分なプログラムのボトルネックは, ほとんどこのメモリ待ちであると思われる. キャッシュを有効活用するように最適化を行うことで対処する. ただし, 扱うデータ量に比べて本質的に演算が軽い場合には対処が難しい.

バリア同期待ち　バリア同期待ちとは, OpenMP などのスレッドの待ち合わせの時に, 全てのスレッドがそろうまでの待ち時間である. スレッドに割り当てられたタスクのバランスが悪いと, 待ち時間が長くなり, その分他の CPU コアが遊ぶことになる. 自分で OpenMP などを使ってロードバランスを考えてタスクを割り当てる等して対処する[10].

演算待ち　演算待ちとは, 演算の依存関係による待ち時間である. 例えば「A=B+C; C=A*E;」という二つの演算があった場合, 前者の計算が終わるまで次の計算が実行できない. 対処としてはアルゴリズムを見直し, 多少総演算数が増えても, 依存関係を減らすことでトータルの計算時間を短くすることなどが挙げられる[11].

---

[10] それができれば苦労しないが.
[11] それができれば苦労しないが.

SIMD 化率が低い　現在の計算機の性能向上の大部分はコア数の増大と，SIMD 幅の増大に依存している．一般論として SIMD 化率を手で向上させることは難しいため，「SIMD 化率が低いことが性能が出ない主原因である」とわかった時点でそれ以上の性能向上を諦めるのが良いと思われる．どうしても SIMD 化率を上げたい場合は，依存関係を減らしてソフトウェアパイプライニングを促進する，ループをアンロールし，組み込み関数を用いて自分で SIMD 化する，などの方法がある．

7.5　実装による高速化の個別事例

プログラムの高速化において最も大事なのはアルゴリズムである．他に $O(N)$ のアルゴリズムが存在するにもかかわらず $O(N^2)$ のアルゴリズムをどんなに高速化しても意味がない．アルゴリズムとしてはもはやこれ以上計算量を落とせず，将来もアルゴリズムを変更する可能性が低いという段階になってはじめて実装上での高速化を試みるべきである．実装による高速化とは，アルゴリズムは変えずに，実装方法によって実行速度を短縮する方法である．ここでは筆者が経験したいくつかの高速化事例を取り上げる．

7.5.1　キャッシュを意識した最適化

現代の計算機は，CPU における計算能力の増大に比して，メモリの転送能力の増加が遅く，相対的に CPU-メモリ間が「細く」なっている．そのギャップを埋めるために，CPU とメモリの間に何段階か「小容量だが高速」のキャッシュを挟んでいる．現在は計算能力に比してデータ転送能力の方が圧倒的に遅いため，キャッシュの利用効率が実行性能に直結する．キャッシュをにらんだ最適化としては，本書の前の章で紹介されているように，行列演算におけるブロック化や，キャッシュラインを睨んだパディングなど様々な手法がある．ここでは，分子動力学法向けの，ソートを利用した最適化を紹介しよう．

7.5. 実装による高速化の個別事例

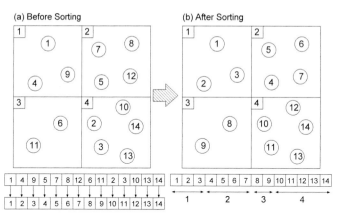

図 7.7 空間ソート. (a) ソートする前は，空間的に近い原子がメモリ的には遠い状態になっている (例えば 1 番と 9 番). (b) ソート後．空間をグリッドに切って番地番号をつけ，その番地番号によりソートをする．グリッドの大きさを相互作用程度に設定することで，空間的に近い原子がメモリ上でも近くに配置される．

　分子動力学法で時間発展を続けていると，空間的には近い粒子が，メモリ上では遠くに保存されるような状態になる．これでは，一緒に使われることが多い情報が同じキャッシュラインにのる確率が低くなるため不利である．そこで，シミュレーションの空間において近い粒子がメモリ上でも近くなるようにソートをかける．具体的にはグリッド探索と同様に，空間をグリッドに切ってそれぞれの領域に通し番号を振り，その番号により原子をソートし，番号を振り直すというものである (図 7.7).

　この空間ソートの効果を調べるため，最初に原子の番号をランダムに入れ替えたものと，入れ替えた後に空間ソートをかけたものの実行速度を調べてみよう [2]. 3 次元分子動力学法コードでは，扱うデータは粒子ごとに 3 次元の座標と運動量で，倍精度実数が 6 つ必要になる．倍精度実数は一つ 8 バイトであるから，粒子あたり 48 バイト必要になる．性能の原子数依存性を図 7.8 に示す．横軸が原子数，縦軸が一秒間あたり百万原子を更新できたら 1 となる値 (Million Updates per Second, MUPs) で，値が大きいほど分子動力学計算の性能が良いことを示す．計算に用いた CPU は Intel Xeon (2.93 GHz) で，キャッシュ容量は，L2 が 256KB, L3 が 8MB

であった.これを48で割るとそれぞれ5.3×10^3個と1.7×10^5個に対応する.

また,図7.8内の黒丸が原子番号がランダムに入れ替わっている場合,すなわちキャッシュを上手く使えていない場合である.粒子数を増やしていくと,L2から溢れたところで性能が下がり始め,L3から溢れると急激に性能が落ちる.白丸は,空間ソートを行った結果である.全体のデータはもちろんキャッシュに収まりきらないが,必要なデータがだいたいキャッシュに載っているため,サイズを大きくしても性能がほとんど劣化しないことがわかる.両者では,原子の番号のみ入れ替わっているが,本質的には全く同じ計算をしていることに注意されたい.この例では最大で3倍程度の差がついているが,よりレイテンシが効いてくるコードでは,工夫した場合としない場合で100倍以上の差が出ることも珍しくない.キャッシュをうまく使えているかを調べるのにはプロファイラを利用するのも良いが,簡単なのはシステムサイズを変えて計算時間を測定してみて,サイズが大きいところで性能劣化するかを調べることである.あるサイズを超えたら急激に性能が劣化したという場合はキャッシュがうまく使えていない可能性が高い.

7.5.2　レジスタを意識した最適化

現在のアーキテクチャではメモリバンド幅がボトルネックであり,主にキャッシュを活用することで性能が上がることは述べた.メモリから転送されたデータは,最終的にCPUのレジスタに格納され,全ての計算はレジスタを通して行われる.この,レジスタを意識することで高速化される場合がある.

簡単な例を挙げよう.Lennard-Jonesポテンシャルにて相互作用する原子間に働く力を$O(N^2)$にて計算することを考える.例えばList 7.7のようなソースコードになるだろう.力を計算しているのはcalcというルーチンである.二重ループになっており,外側のループ変数がi,内側のループ変数がjとなっている.慣例により,iのインデックスを持つ原子をi原子,jのインデックスを持つ原子をj原子と呼ぶ.ここで,ループをよく

7.5. 実装による高速化の個別事例

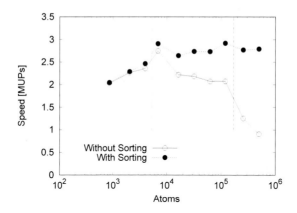

図 7.8 空間ソートの効果. L2 キャッシュ, L3 キャッシュのサイズに対応する原子数に縦の点線を引いてある. キャッシュがうまく利用できていない場合 (白丸) ではちょうど粒子が L2, L3 キャッシュから溢れるところで性能が落ちているが, 空間ソートによりキャッシュが有効活用できている場合 (黒丸) ではサイズが大きくなっても性能がほとんど劣化していないことがわかる.

見ると, 内側のループは最大で $N-1$ 回実行されるが, その間 i 原子の座標は不変であることがわかる. このコードをそのまま素直に実行しようとすると, 内側のループでは不変であるはずの i 原子の座標を毎回取得してしまう. また, i 原子の運動量の書き戻しについても, 毎回同じ場所に書き戻すのは無駄である. 内側のループではテンポラリな変数に和をためておいて, 内側のループ終了後にまとめて一度だけ書き戻せば良い. その方針で calc を修正したものが List 7.8 である. これは i 原子の情報を, 座標, 運動量ともにレジスタに乗せることを期待したコードである.

これを例えば物性研のシステム B (Xeon E5-2680 v3, 2.50GHz) 上で, g++(Ver. 4.8.5) を用いて

```
$ g++ -O3 -mavx force1.cpp -o a.out
$ g++ -O3 -mavx force2.cpp -o b.out
```

としてコンパイルし, 実行時間を測定すると, 修正前が 1.86 秒, 修正後は 1.60 秒となった. 一般に高速化は可読性を損なう傾向にあり, 速度向上によるメリットとのトレードオフがある. 今回のケースでは, これだけ簡単な修正で 15% 程度の速度向上が得られるのであればやる価値があると思

List 7.7 単純な力の計算 (force1.cpp)

```cpp
#include <stdio.h>
enum {X, Y, Z};
const int N = 20000;
const double dt = 0.01;
double q[N][3] = {};
double p[N][3] = {};

void
init(void) {
  for (int i = 0; i < N; i++) {
    q[i][X] = 1.0 + 0.4 * i;
    q[i][Y] = 2.0 + 0.5 * i;
    q[i][Z] = 3.0 + 0.6 * i;
    p[i][X] = 0.0;
    p[i][Y] = 0.0;
    p[i][Z] = 0.0;
  }
}

void
calc(void) {
  for (int i = 0; i < N; i++) {
    for (int j = i + 1; j < N; j++) {
      const double dx = q[j][X] - q[i][X];
      const double dy = q[j][Y] - q[i][Y];
      const double dz = q[j][Z] - q[i][Z];
      const double r2 = (dx * dx + dy * dy + dz * dz);
      double r6 = r2 * r2 * r2;
      double df = (24.0 * r6 - 48.0) / (r6 * r6 * r2) * dt;
      p[i][X] += df * dx;
      p[i][Y] += df * dy;
      p[i][Z] += df * dz;
      p[j][X] -= df * dx;
      p[j][Y] -= df * dy;
      p[j][Z] -= df * dz;
    }
  }
}

int
main(void) {
  init();
  calc();
  for (int i = 0; i < 10; i++) {
    printf("%f %f %f\n", p[i][X], p[i][Y], p[i][Z]);
  }
}
```

List 7.8 レジスタを意識した場合 (force2.cpp). calc のみ抜粋.

```
void
calc(void) {
  for (int i = 0; i < N; i++) {
    const double qix = q[i][X];
    const double qiy = q[i][Y];
    const double qiz = q[i][Z];
    double pix = p[i][X];
    double piy = p[i][Y];
    double piz = p[i][Z];
    for (int j = i + 1; j < N; j++) {
      const double dx = q[j][X] - qix;
      const double dy = q[j][Y] - qiy;
      const double dz = q[j][Z] - qiz;
      const double r2 = (dx * dx + dy * dy + dz * dz);
      double r6 = r2 * r2 * r2;
      double df = (24.0 * r6 - 48.0) / (r6 * r6 * r2) * dt;
      pix += df * dx;
      piy += df * dy;
      piz += df * dz;
      p[j][X] -= df * dx;
      p[j][Y] -= df * dy;
      p[j][Z] -= df * dz;
    }
    p[i][X] = pix;
    p[i][Y] = piy;
    p[i][Z] = piz;
  }
}
```

われる. ただし, コンパイラによってはこれくらいの最適化は自動ででき る場合がある. 例えば同じコードをインテルコンパイラ (Ver. 16.0.3) にて

```
$ icpc -O3 -xHOST force1.cpp -o c.out
$ icpc -O3 -xHOST force2.cpp -o d.out
```

としてコンパイルし, それぞれ時間を計測すると, 修正前が 0.875 秒, 修正後が 0.881 秒とほぼ変わらない. このように, 実装レベルの最適化はコンパイラの最適化機能にも強く依存する.

7.6 終わりに

　本章では, 個別のプログラムの最適化というよりは「研究時間全体の短縮」という観点から, 様々なデバッグ手法や最適化手法を紹介した. 多くの場合, 研究の生産性に一番寄与するのは開発時間の短縮であり, その

ためには「正しい」デバッグ手法を身につけることや，バージョン管理システムを導入することなどが効果的である．デバッグも済み，アルゴリズムも枯れた段階で，実装レベルの高速化を検討することになる．チューニングをどこまでやるべきかは問題に依存するが，性能向上の恩恵が大きいメモリまわりの最適化が済んだら，あとは速度向上は目指しつつも，科学的成果をあげることに注力したほうが生産的だろう．本章が読者の開発，実行時間の短縮に少しでも寄与すれば幸いである．

練習問題

1. List 7.7, 及び List 7.8 をコンパイルして保存した後，perf を用いて解析してみよ．例えば perf stat ./a.out を実行し，実行時間がどうであるか，分岐予測の成功率はどれくらいかを確認せよ．何度か実行し，それぞれどれ程度揺らぐかも確認すること．g++ -O3 でコンパイルした場合と，g++ -O3 -mavx でコンパイルした場合でどの程度速度が変わるか確認せよ．

2. List 7.7 を force1.cpp という名前で保存し，g++ -O3 -S force1.cpp を実行して作成される force1.s というファイルに，vmulsd という命令が含まれるか確認せよ．-mavx オプションを追加した場合はどうか？ もしインテルコンパイラを利用可能であれば，icpc -O3 -xHOST -S force1.cpp を実行し，同様に作成される force1.s に vmulpd や，vfmadd213pd などの命令が含まれるか確認せよ．これらの命令がどのような処理をするものであるかも調べること．

参考文献

[1] M. P. Allen and D. J. Tildesley, *Computer Simulation of Liquids*, Clarendon Press, Oxford (1987).

[2] H. Watanabe, M. Suzuki and N. Ito, *Prog. Theor. Phys.*, **126**, 203 (2011).

[3] ケント・ベック (著) テクノロジックアート (訳) ／長瀬 嘉秀 (監訳)『テスト駆動開発入門』ピアソン・エデュケーション (2003).

[4] ケント・ベック (著) 長瀬 嘉秀, 永田 渉, 飯塚 麻理香 (訳)『XP エクストリーム・プログラミング入門—ソフトウェア開発の究極の手法』ピアソンエデュケーション (2000).

[5] Jonathan Rasmusson (著) 西村直人, 角谷信太郎 (監訳) ／近藤修平, 角掛拓未 (訳)『アジャイルサムライ—達人開発者への道』オーム社 (2011).

第 8 章　行列計算における高速アルゴリズム

山本有作

電気通信大学大学院情報理工学研究科

　スーパーコンピュータの性能は 10 年で 1,000 倍のペースで向上しており，この傾向が続くと，2020 年頃にはエクサフロップスマシン，すなわち 1 秒間に 10^{18} 回の浮動小数点演算を実行可能なコンピュータが登場すると予想されている．エクサフロップスマシンでは，現在のスーパーコンピュータと比べてコア数がさらに増え，10^9 個レベルになると見込まれる．また，メモリ階層がより深くなるとともに，演算性能とデータ転送性能との乖離がますます大きくなると予想される．さらに，部品点数の増加に伴い，故障確率が増大する可能性がある．このようなマシンを使いこなし，その性能を引き出すには，数値計算アルゴリズムの側でも大きな変革が必要となる．そこで，本章では，数値計算の中でも特に線形計算に焦点を当てて，エクサフロップス時代における課題を明らかにし，その解決に向けて現在行われている研究のいくつかを取り上げて紹介する．

　本章の構成は以下の通りである．まず 8.1 節では，現時点で予想されているエクサフロップスマシンのハードウェア特性を，「HPCI 技術ロードマップ白書」[1] に基づき概観する．8.2 節では，大規模並列アプリケーション側の視点から，エクサフロップス時代における線形計算への要求を考える．8.3 節では，前の 2 つの節での考察を踏まえ，エクサフロップス時代における線形計算アルゴリズムの課題を整理する．8.4 節では，これらの課題の解決に向けて，現在行われている研究のいくつかを紹介する．最後に 8.5 節でまとめを述べる．

8.1 エクサフロップスマシンのハードウェア特性

8.1.1 2020年のスーパーコンピュータ

2012年3月に発表された「HPCI技術ロードマップ白書」では,2018年に実現が予想されるスーパーコンピュータを,汎用型(従来型),容量・帯域重視型,演算重視型,メモリ容量削減型の4つのタイプに分類している.ここで,汎用型とは,現在のスーパーコンピュータのメモリ容量・帯域・演算性能をバランス良く向上させたタイプであり,「京」のように汎用的に様々な問題に適用可能である.容量・帯域重視型は,汎用型から演算性能を落として,メモリ性能により多くの資源を割くタイプである.演算重視型は,逆に,メモリ性能を落とし,演算性能により多くの資源を割くタイプである.メモリ容量削減型は,メモリ容量を極限まで削減し,オンチップメモリですべての計算を完結させるタイプである.条件として,「京」と同程度の消費電力(20MW),同程度の設置面積(2,000〜3,000m^2)を仮定した場合,各タイプで実現可能な総演算性能は,汎用型が200〜400PFLOPS,容量・帯域重視型が50〜100PFLOPS,演算重視型が1,000〜2,000PFLOPS,メモリ容量削減型が500〜1,000PFLOPSとされている([1],表2-5).従って,エクサフロップスに最も近いのは,演算重視型とメモリ容量削減型ということになる.しかし,総メモリ容量は,演算重視型が5〜10PByteに対し,メモリ容量削減型は0.1〜0.2PByteと極端に少なく,実行可能なアプリケーションが大きく制約される.以上より,現時点において,エクサフロップスマシンの最有力候補は演算重視型であると考えられる.

8.1.2 演算重視型スーパーコンピュータのハードウェア特性

そこで,以下では,演算重視型のアーキテクチャを前提として,エクサフロップスマシンのハードウェアの特徴と留意すべき点を概観する.想定するエクサフロップスマシンの例を図8.1に示す.

第 8 章 行列計算における高速アルゴリズム

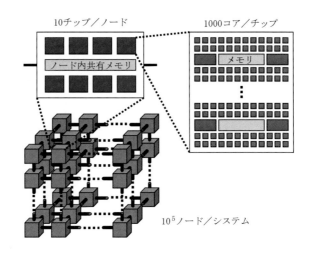

図 8.1 想定するエクサフロップスマシンの構成

10^9 レベルの並列性　現在，CPU コアの動作周波数は GHz オーダーであるが，消費電力の問題から，この値は今後数年は大きく変わらない見込みである．そのため，エクサフロップスを実現するには，10^9 レベルの並列性が必要になる．この並列性はフラットではなく，演算器レベル，コアレベル，チップレベル，ノードレベルなど，多くの階層での並列性からなる．

複雑なメモリ階層　メモリについては，現在でもキャッシュメモリ，ノード内メモリ，他ノードのメモリなどの階層があるが，上で述べた多階層の並列性に対応して，メモリもより多層化，複雑化すると考えられる．

データ移動コストの増大　これまでのスーパーコンピューターの性能トレンドでは，演算性能の向上に，メモリアクセス性能や通信性能などのデータ転送性能の向上が追いついておらず，両者の乖離は今後も増大し続けると予想される．データ移動コストを，スループットとレイテンシに分けて考える．まずスループットであるが，前項で引用した予測によれば，総演算性能 1,000〜2,000PFLOPS の演算重視型マシンの総メモリ帯域は 5〜10PByte/s とされている．従って，データ転送性能と演算性能の比は

8.1. エクサフロップスマシンのハードウェア特性

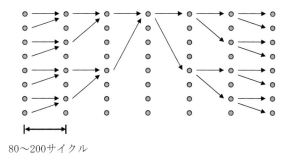

80〜200サイクル

図 8.2 2進木による AllReduce 演算

0.005Byte/Flop となる. これは, 倍精度実数データ (8Byte) を1個メモリから取ってきたら, 1600 回の演算を行わないと, 演算性能をフルに発揮できないことを意味する. 一方,「京」では, 総演算性能 10PFLOPS に対して総メモリ帯域は 5PByte/s なので, 0.5Byte/Flop である. すなわち, ここで想定する演算重視型マシンでは,「京」に比べて実に 100 倍も主メモリアクセスの相対的コストが高いことになる. 一方, レイテンシについては, コア間同期・通信レイテンシが 100ns (≃100 サイクル), ノード間通信レイテンシが 80〜200ns と, 現在に比べてほとんど性能向上がないことが予想されている ([1], 表 2-3). 従って, 演算性能の向上と, ノード数増加によりレイテンシが生じる段数が増加することを考えると, 実行時間に対するレイテンシの影響は, 現在より遥かに大きくなる. これは, ベクトルの内積のような AllReduce 型の通信で特に顕著であり, 例えば 10^5 個のノード間で 2進木により AllReduce を行う場合 (図 8.2), 数千サイクルの時間を要することになる.

電力消費の問題 エクサフロップスマシンでは, 節電と発熱抑制の両面から, 電力消費の抑制が重要である. その際, オフチップのデータ転送が大きな電力を消費することに留意すべきである. 実際, 前記白書の予測によれば, 倍精度演算の消費電力は 1.1pJ/FLOPS ([1], 表 2-1) であるのに対し, オンチップのデータ転送は 2pJ, オフチップのデータ転送は 200pJ を消費する ([1], 2.1.4 項). 従って, できる限りオフチップのデータ転送を

抑えることは,性能面だけでなく,消費電力の面からも重要である.

部品数増加に伴う故障確率上昇　エクサフロップスマシンでは,LSIの微細化がさらに進むとともに,システムを構成する部品数が現在に比べて飛躍的に多くなる.そのため,α線などによるソフトエラーの確率が上昇するとともに,部品の故障による障害も起きやすくなると考えられる.

8.2　大規模並列アプリケーションにおける要求の変化

以上では,今後の線形計算アルゴリズムの設計に大きな影響を及ぼす可能性があるエクサフロップスマシンの特性について論じた.一方,エクサフロップスの時代になると,アプリケーションプログラムからの線形計算に対する要求も,これまでとは変わってくる可能性がある.

弱スケーリングから強スケーリングへ　これまでの科学技術計算は,演算能力やメモリが増大するにつれ,ますます大きな問題を解くという方向で発展してきた.そのため,大規模並列計算においては,コア数に比例して問題規模も大きくする弱スケーリングの条件下で性能が出ればよいとされてきた傾向がある.しかし,現在のスーパーコンピュータ,例えば「京」では,解ける問題のサイズはかなり大きくなっており,必ずしも全ての応用で問題サイズをより大きくしたいという状況ではなくなっている.分子動力学のある応用では,問題サイズは固定して,代わりに,超長時間,例えば100万ステップにわたる時間発展を追いたいという需要がある.この場合,時間方向の並列化は困難であるから[1],実用的な時間で計算を終えるには,1ステップの計算時間をできるだけ短縮する必要がある.すなわち,問題サイズを一定にしてコア数を増やすという強スケーリングの下での並列性能が重要となる.

計算量のオーダーの低減への要求　多くの線形計算では,計算量は問題サイズに対して線形より速く増加する.特に密行列計算では,LU分解,QR

---

[1] ただし,pararealアルゴリズムを用いた時間方向並列化の試みも行われている [2].

分解, 特異値分解など, 行列サイズの3乗, すなわちデータ量の1.5乗で計算量が増える場合が多い. この場合, データ量に比例してコア数を増やしても, 計算時間は行列サイズとともに増大し, 超大規模問題では現実的な時間で計算が終わらなくなる可能性がある. そのため, 何らかの意味で近似を導入するなどして, 計算量のオーダーを減らしたアルゴリズムが求められる.

高精度演算利用の必要性　これは, アプリケーション側からの要求というよりも, 線形計算自体の問題であるが, 超大規模行列, 例えば密行列で100万元を超えるような行列を扱う場合, 倍精度では演算精度が不足し, 十分な有効桁数の解が得られなくなる可能性がある. このような場合は, 四倍精度などの高精度演算を利用するか, あるいは精度面からアルゴリズムを見直すことが必要となる.

8.3　線形計算アルゴリズムの課題

以上の考察を踏まえると, エクサフロップス時代に向けた線形計算アルゴリズムの研究では, 次のような課題に取り組む必要がある.

10^9 レベルの並列性と階層性への対処　エクサフロップスマシンの持つ演算能力を活用するために, 10^9 レベルの並列性が必要である. また, ハードウェアの持つ階層的な並列性に対応して, アルゴリズムも階層的な並列性を持つことが望ましい.

データ移動量の削減　エクサフロップスマシンでは, 主メモリアクセスやノード間通信など, データ移動のコストが非常に大きい. そこで, データ移動量をできるだけ小さくする必要がある. メモリ階層においては, 上位のメモリほど容量は小さいがデータ転送速度は大きく, 下位のメモリほど容量は大きいがデータ転送速度は小さい. そこで, アルゴリズムのデータ再利用性を向上させ, データがキャッシュなど上位のメモリにある間にできるだけ集中して演算を行うことができれば, 下位のメモリからのデー

164　第 8 章　行列計算における高速アルゴリズム

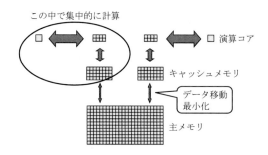

図 8.3　演算の集中化によるデータ移動量の削減

タ移動量を最小化し，性能を向上できる（図 8.3）．これは消費電力の削減にも役立つ．

データ移動回数の削減　データの移動量によらずに移動 1 回ごとにかかる固定コストを削減することも重要である．例えば，ノード間通信 1 回ごとにかかるコスト，コア間同期 1 回ごとにかかるコスト，主メモリアクセスにおいて，アクセス対象のアドレスに不連続が生じた場合にかかるコストなどが，この例である．これらのコストを削減するには，アルゴリズムの計算粒度を大きくし，同期やデータ移動をできるだけまとめて行うとともに，メモリアクセスをできるだけ連続化することが重要である．

データの読み出しエラーや通信エラーがあっても計算を続けられる耐故障性　ハードウェアのエラーに対しては，基本的には，ハードウェアや OS のレベルで対処してもらうか，あるいはチェックポインティングのような汎用的な手法で対処することになると考えられる．しかし，もしアルゴリズム自体に冗長性を導入し，演算における結果不正や，通信においてデータが到着しないなどの障害があっても計算が破綻せずに進行するようにできれば，大きなメリットがある．

ある程度の誤差を許容することで計算量のオーダーを引き下げられるアルゴリズム　超大規模問題を実用的な時間で解くには，ある程度の（確率的）誤差を許容することで，計算量のオーダーを引き下げるという方

向の研究も重要である. 例えば, テンソルの低ランク近似に基づくアルゴリズムや, 確率的アルゴリズムなどである. 特に, 最近話題となっているビッグデータの解析では, 元々の行列がある母集団からのサンプリングにより得られた標本誤差を含むデータであるから, 特異値分解などの処理を行う場合, 従来のように丸め誤差レベルまでの精度を求める必要はないように思われる. このような応用は, 確率的アルゴリズムと親和性が高いと考えられる.

強スケーリングの意味で効率的なアルゴリズム　弱スケーリングに重点を置いたこれまでの並列アルゴリズムに対して, 今後は, 強スケーリングの意味で効率的なアルゴリズムも重要になる. 強スケーリングの条件下では, 通信・同期時間やメモリアクセスのレイテンシが支配的になることから, これらのコストを削減できるアルゴリズムの開発が必要になる. 大粒度のアルゴリズムは, この観点からも有効である.

高精度演算を有効に活用できるアルゴリズム　エクサフロップス時代の大規模計算では, 倍精度演算では精度が不足する場面が今まで以上に多くなると考えられる. しかし, 演算のすべてを四倍長などの高精度演算にすると, 計算時間とメモリの両面でコストが大きい. そこで, 誤差解析あるいは経験に基づき, 必要な部分のみを高精度演算で行う混合精度型の演算が重要となる. また, 入力データの内容に基づいて演算順序を変更するなどの工夫により, 必ずしも高精度演算を使わずに丸め誤差の影響をできるだけ抑制する技法も重要になると思われる.

8.4　線形計算アルゴリズムの研究動向

　本節では, 前節で述べた課題の解決に向けて, 線形計算アルゴリズムの分野で近年行われている研究のいくつかを紹介する.

8.4.1 10^9 個のコアを活用できる並列性

まず,エクサフロップスマシンにおいて必須となる 10^9 レベルの並列性について,密行列と疎行列に分けて述べる.

密行列の場合

正方行列に対するアルゴリズム　密行列に対して広く使われている線形計算アルゴリズムとして,LU 分解, QR 分解, 対称固有値問題のための三重対角化, 非対称固有値問題のためのヘッセンベルグ化などがある [3]. これらは行列の行または列を 1 列(行)ずつ消去してゆくという構造を持ち,$n \times n$ の正方行列に適用する場合, 全体の計算量は $O(n^3)$, 各ステップでの計算量は $O(n^2)$ である. 従って,例えば $n = 10^6$ 程度であれば, 10^9 コアでも 1 ステップ・1 コアあたり 10^3 回程度の演算を担当でき,並列性としては十分である. ただし,これらのアルゴリズムでは, 消去のためのピボット行・列の生成・通信というステップが存在し,そこが性能ネックとなりうる. そのため, これらを消去演算とオーバーラップさせ,実行時間を隠蔽するためのスケジューリング技術が重要となる. 最近では, ピボット生成や消去などの演算をブロック単位でタスクとして定義し,それらの依存関係を無閉路有向グラフ(Directed Acyclic Graph)で表現して,汎用的な手法を用いてスケジューリングを行う DAG スケジューリングという技法が開発されている [4]. これを実現する DAGuE というソフトウェアも公開されており, 密行列の LU 分解, QR 分解などで高い並列性能が確認されている [5].

帯行列・縦長行列に対するアルゴリズム　一方, 帯行列や縦長行列に対するアルゴリズムも重要である. 具体的には, 帯行列の LU 分解, 帯行列の三重対角化, 縦長行列の, ベクトルを 1 本ずつ加えては正規直交化を行っていくベクトル逐次添加型の直交化などがある. これらは, 行列の縦方向のサイズを n, 帯幅または横方向のサイズを b とするとき, $n \times b$ のデータに対する演算であり(図 8.4), 全体の計算量は $O(n^2 b)$ または $O(nb^2)$ となる. また, 従来から使われているアルゴリズムの並列性は $O(b^2)$(帯行

8.4. 線形計算アルゴリズムの研究動向

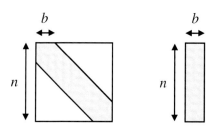

図 8.4 帯行列（左）と縦長行列（右）

列の，三重対角化），$O(nb)$（縦長行列の），あるいは $O(b)$（ベクトル逐次添加型の直交化）と小さい．

そのため，超並列環境向けに，並列性を向上できる新たなアルゴリズムが活発に研究されている．例えば，帯行列の LU 分解向けには，行列を分割して，まず部分行列ごと独立に分解を行い，後でその結果を合成する分割統治型の手法が数多く提案されている [6][7][8]．最近では，SPIKE アルゴリズムと呼ばれる手法が広く使われており，NVIDIA 社の GPU（Graphics Processing Unit）向けライブラリ cuSPARSE にも実装されている [9]．なお，帯行列の並列 LU 分については教科書 [10] が詳しい．

縦長行列の QR 分解については，やはり分割統治型の TSQR（Tall-Skinny QR）アルゴリズム [11] が提案されている．このアルゴリズムでは，縦長行列 A を水平方向に分割して部分行列 A_1, A_2 を作り（図 8.5），それらを独立に QR 分解する．次に，2 つの QR 分解結果の上三角因子 $R_1^{(1)}, R_2^{(1)}$ をつなげて行列 $R^{(1)}$ を作り，それを再び QR 分解する．こうして得られる上三角行列 R は，A の QR 分解の R 因子となる．また，Q 因子は第 1 段階と第 2 段階の Q 因子の積として計算できる．このアルゴリズムでは第 1 段階の QR 分解の演算量が支配的であり，この部分は完全に 2 並列で行えるので，大粒度の並列アルゴリズムとなる．A_1, A_2 の QR 分解には再び TSQR アルゴリズムを使うことができ，このような再帰的適用により，並列度を向上できる．TSQR アルゴリズムは，従来のハウスホルダー法による QR 分とほぼ同等の安定性を持つことが示されている [12]．また，様々な条件下で，ハウスホルダー法との性能比較も行われている [13]．なお，縦長行列の QR 分解手法としては，$A^\mathsf{T} A$ のコレスキー分解に基づく

168　第 8 章　行列計算における高速アルゴリズム

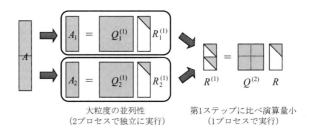

図 8.5　TSQR アルゴリズムによる縦長行列の分解（2 並列の場合）

CholeskyQR2 アルゴリズム [14][15] も存在し，TSQR よりもさらに高性能計算に適した手法として注目されている．ただし，CholeskyQR2 アルゴリズムには，倍精度の場合，A の条件数が 10^8 以下でないと使えないという制約がある．この制限を緩和するため，シフト付きコレスキー分解を用いたアルゴリズムも提案されている [16]．

ベクトル逐次添加型の直交化アルゴリズムとしては，従来，古典的グラム・シュミット（MGS）法あるいは修正グラム・シュミット法が使われてきたが，ハウスホルダー変換のコンパクト WY 表現に基づく手法も提案されており [17][18]，安定性の面で有利である．また，TSQR アルゴリズムもベクトル逐次添加型の直交化手法として用いることができる．

疎行列の場合

疎行列に対しては，連立一次方程式の求解，固有値計算，行列関数の計算などにおいて，部分空間への射影に基づくアルゴリズムが広く使われている．例えば，連立一次方程式の求解のためのクリロフ部分空間法全般，固有値計算のためのランチョス法，アーノルディ法，ヤコビ–デビッドソン法などがその例である．これらの解法では，ステップごとに部分空間を拡大してゆくという操作を行う．しかし，この操作は本質的に逐次的であるため，並列化は 1 ステップの内部に限られる．1 ステップの演算は，通常，行列とベクトルの積が大部分を占めるため，並列性は $O(nz)$（nz は行列の非ゼロ要素数）となる．

8.4. 線形計算アルゴリズムの研究動向

そこで，並列性向上のため，いくつかの手法が提案されている．その一つは，クリロフ部分空間法において複数の右辺ベクトルあるいは初期ベクトルを用いるブロッククリロフ部分空間法である．これについては次項で述べる．もう一つは，求める部分空間のみを抽出するフィルタを数値的に構成し，初期値として与えたベクトル（群）から，必要な部分空間を一気に抽出する手法である．例として，固有値問題のための櫻井・杉浦法 [19] や，フィルタ対角化法 [20] が挙げられる．一般固有値問題 $A\mathbf{x} = \lambda B\mathbf{x}$ を例に取り，櫻井・杉浦法の原理を説明する[2]．いま，複素平面上の閉曲線 Γ_1 の内部にある固有値 $\lambda_1, \lambda_2, \ldots, \lambda_m$ を求めたいとする（図8.6）．このとき，L, M を $LM \geq m$ なる自然数，γ_1 を Γ_1 内部の点として，行列 $F_1^{(k)}$ ($k = 0, 1, \ldots, M-1$) を複素周回積分

$$F_1^{(k)} = \frac{1}{2\pi i} \int_{\Gamma_1} (z - \gamma_1)^k (zB - A)^{-1} B \, dz \tag{8.1}$$

により定義すると，各 $F_1^{(k)}$ は固有値 $\lambda_1, \lambda_2, \ldots, \lambda_m$ の固有空間への射影演算子，すなわちフィルタとなる．そこで，適当な L 本のベクトルの組 V に $F_1^{(0)}, F_1^{(1)}, \ldots, F_1^{(k)}$ をそれぞれ作用させると，$\lambda_1, \lambda_2, \ldots, \lambda_m$ の固有空間に属するベクトルが LM 本得られる．これらにレイリー・リッツ法 [3] を適用すれば，$\lambda_1, \lambda_2, \ldots, \lambda_m$ とその固有ベクトルが得られる．実際には，式(8.1)の積分は，Γ_1 上に標本点を取って数値積分により行う．このとき，$(zB - A)^{-1}BV$ は各標本点で独立に計算できるため，櫻井・杉浦法は大粒度の並列性を持つ．さらに，複数の閉曲線 $\Gamma_1, \Gamma_2, \ldots, \Gamma_p$ 内の固有値を求めたい場合は，複数のフィルタを適用することになり，さらに並列性が生まれる．櫻井・杉浦法やフィルタ対角化法は，大粒度の超並列性を持つ新しい解法として，今後が期待されている．なお，櫻井・杉浦法による並列固有値ソルバとして z-Pares [22] がある．また，櫻井・杉浦法の様々な変種の関係を理論的に整理した論文として [23] がある．

---

[2]櫻井・杉浦法には多数の変種があるが，以下で述べるのは CIRR 法（Contour Integral Rayleigh-Ritz 法）である．なお，Γ_1 内の固有値数 m の推定法も開発されている [21]．

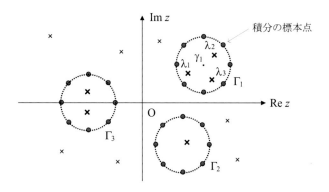

図 8.6 櫻井・杉浦法による複素平面上の固有値の計算

8.4.2 データ移動の削減

次に，データ移動量と移動回数を削減するための工夫について，密行列と疎行列の場合に分けて述べる．

密行列の場合

いま，設定として，コアが 1 個，キャッシュが 1 階層の計算機で，キャッシュと主メモリとの間のデータ移動を最小化したい場合を考える．実際のマシンでは，キャッシュは多階層で，他のノードとの通信も考慮する必要があるが，その場合にも，以下に述べる手法は拡張できる．なお，キャッシュの容量を M ワード，行列サイズを n とする．密行列に対する線形計算では，古くからブロック化（タイル）アルゴリズムが使われてきた．このアルゴリズムでは，$L \equiv \sqrt{M/3}$ とし，行列をサイズ $L \times L$ のブロックに分割する（図 8.7）．これは，ブロック 3 個がちょうどキャッシュに入るサイズである．その上で，各ブロックを行列要素のように見て計算を行う．これにより，行列–行列積，LU 分，コレスキー分解，QR 分解，直交変換による帯行列化・帯ヘッセンベルグ化など，様々なアルゴリズムがブロック化できる．例として，ブロック化コレスキー分解を Algorithm 1 に示す．行列要素同士の演算がブロック同士の演算に置き換わっている以外は，通常

8.4. 線形計算アルゴリズムの研究動向 **171**

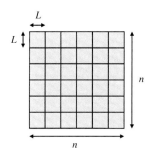

図 8.7 ブロック化アルゴリズムにおけるブロック分割

のコレスキー分解と同じである．ブロック化アルゴリズムでは，演算の主要部分がブロック同士の乗算となるが，L の決め方より，これはキャッシュ上で実行可能のため，キャッシュ利用効率がよい．ブロック化アルゴリズムは，LAPACK や ScaLAPACK などの線形計算ライブラリで広く使われている．

最近の研究として，様々なブロック化アルゴリズムについて，上記の設定の下でデータ移動量の意味での最適性が証明されている．例えば，ブロック化コレスキー分解については次の定理が示されている [24]．

定理（Ballard et al., 2009） ブロックサイズを $\sqrt{M/3}$ としたブロック化コレスキー分解は，上記の設定の下で，キャッシュと主メモリの間のデータ移動量をオーダーの意味で最小化する．

この定理の証明では，行列–行列積についてはデータ移動量の下界がわかっていることに着目する．そして，コレスキー分解を用いて行列–行列積を計算するアルゴリズムを構築する．これにより，定数倍の差を除いて，コレスキー分解におけるデータ移動量の下界が行列–行列積におけるデータ移動量の下界以上であることが言える．さらに，ブロック化コレスキー分解におけるデータ移動量が，行列–行列積におけるデータ移動量の下界を達成することを示すことで，定理が証明される．

以上では，データ移動量について論じたが，データ移動回数についても検討する必要がある．いま，1 回のデータ移動では，主メモリの連続した領

Algorithm 1 ブロック化コレスキー分解

1: **for** $K = 1, \ldots, n/L$ **do**
2:     $A_{KK} := \text{Cholesky}(A_{KK})$ ▷ 対角ブロックののコレスキー分解
3:     **for** $I = K + 1, \ldots, n/L$ **do**
4:         $A_{IK} := A_{IK} A_{KK}^{-\top}$ ▷ ブロックピボット列の作成
5:     **end for**
6:     **for** $J = K + 1, \ldots, n/L$ **do**
7:         **for** $I = J, \ldots, n/L$ **do**
8:             $A_{IJ} := A_{IJ} - A_{IK} A_{JK}^{\top}$ ▷ ブロック同士の行列-行列積
9:         **end for**
10:     **end for**
11: **end for**

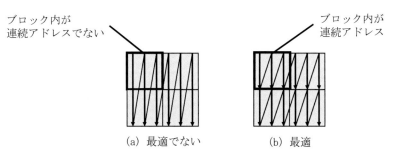

図 8.8 ブロック化アルゴリズムのための最適な行列格納形式

域しかキャッシュに持ってこられないと仮定する.このとき,通常の行列格納形式では,ブロック化コレスキー分解は移動回数最小にならない.なぜなら,ブロックを 1 個取り出した場合,その内部のアドレスは一般には連続でないからである(図 8.8(a)).そこで,ブロックの中が連続アドレスになるように,格納形式の変更を行う(図 8.8(b)).これにより,データ移動回数も最小となることが示される.データ移動量とデータ移動回数の両方が最小になるアルゴリズムを, communication-optimal なアルゴリズムと呼ぶ.

これまでにデータ移動量・回数の下界が知られている線形計算として

8.4. 線形計算アルゴリズムの研究動向

は,行列–行列積 ($O(n^3)$) のアルゴリズムと Strassen のアルゴリズムの両方), LU 分解, コレスキー分解, QR 分解, 最小二乗法, 固有値分解, 特異値分解などがある. ただし, 下界がわかっているとは言っても, これらすべての計算について, 下界を達成するアルゴリズムが知られているわけではない. 両方の下界を達成する communication-optimal なアルゴリズムの開発は, 現在, 活発な研究テーマとなっている.

疎行列の場合

疎行列に対するアルゴリズムの例として, クリロフ部分空間法を取り上げる. クリロフ部分空間法は, 適当なベクトル **b** から出発して行列 A を繰り返しかけて得られる空間 $K_m(A; \mathbf{b}) = \text{span}\{\mathbf{b}, A\mathbf{b}, A^2\mathbf{b}, \ldots, A^{m-1}\mathbf{b}\}$ (クリロフ部分空間) の中で近似解を求めていく解法であり, 連立一次方程式の求解, 固有値計算, 行列関数の計算など, 幅広い応用を持つ. 演算の主要部は疎行列–ベクトル積 $\mathbf{y} = A\mathbf{x}$ であり, また, 1 ステップ中に複数回の内積とノルム計算が存在する. データ移動の観点からの問題点としては, (i) 行列–ベクトル積 $\mathbf{y} = A\mathbf{x}$ において, 行列 A の各要素は 1 回しか計算に利用されず, データ再利用性が低いこと, (ii) 内積やノルム計算は全ノードでの AllReduce を必要とし, レイテンシの影響が大きいことが挙げられる. そこで, 行列–ベクトル積におけるデータ再利用性の向上と, 複数の内積をまとめて AllReduce の回数を削減することが課題となる. 以下では, GMRES 法 (Generalized Minimum RESidual 法:最小残差法) [3] を例として, そのための手法を紹介する.

GMRES 法は, クリロフ部分空間に基づく最も素直な連立一次方程式の解法であり, 係数行列が非対称の場合に使用される. GMRES 法では, 右辺ベクトル **b** から出発して, A をかける操作と直交化を繰り返し, 部分空間を拡大しながら正規直交基底 $\mathbf{q}_1, \mathbf{q}_2, \mathbf{q}_3, \ldots$ を生成し, 各ステップにおいて, 残差 $\|\mathbf{r}_m\|_2 = \|\mathbf{b} - A\mathbf{x}_m\|_2$ が最小になるよう近似解 $\mathbf{x}_m$ を更新してゆく. 計算量は, 正規直交基底を生成する部分, すなわち行列–ベクトル積と, ベクトルの逐次添加型の直交化が支配的である. この部分を抜き出したアルゴリズムを Algorithm 2 に示す. 以下では, この部分を対象とした手法

Algorithm 2 クリロフ部分空間の正規直交基底の生成

1: $\mathbf{q}_1 = \mathbf{b}/\|\mathbf{b}\|_2$
2: **for** $n = 1, 2, 3, \ldots$ **do**
3: $\mathbf{v} = A\mathbf{q}_n$ ▷ 新たなベクトルの生成（空間の拡張）
4: **for** $j = 1, \ldots, n$ **do**
5:   $h_{jn} = \mathbf{q}_j^\top \mathbf{v}$ ▷ 直交化
6:   $\mathbf{v} := \mathbf{v} - h_{jn}\mathbf{q}_j$
7: **end for**
8: $h_{n+1,n} = \|\mathbf{v}\|_2$ ▷ 正規化
9: $\mathbf{q}_{n+1} = \mathbf{v}/h_{n+1,n}$
10: **end for**

を2つ紹介する.

ブロックGMRES法[25]　複数（ℓ本）の初期ベクトル $R^{(0)} = [\mathbf{r}_1^{(0)}, \ldots, \mathbf{r}_\ell^{(0)}]$ から出発し, ブロッククリロフ部分空間 $K_m(A; R^{(0)})$ 内で解を求める手法である. 各ステップでの行列–ベクトル積 $\mathbf{y} = A\mathbf{x}$ が行列–行列積（$Y = AX$）に置き換わるため, 行列 A のアクセス回数は同じで演算量が ℓ 倍となり, A の再利用性が ℓ 倍向上する. また, 1ステップあたりの AllReduce の回数は（データ量は増えるが）不変である. この方法を使って右辺ベクトルのみが異なる ℓ 組の方程式を解く場合, 1ステップあたりの行列アクセス回数, AllReduce の回数は普通の GMRES 法と同じため（表8.1参照）, 実行時間の増加は ℓ 倍以下となる. さらに, 各方程式の近似解を $m \times \ell$ 次元の広い空間 $K_m(A; R^{(0)})$ 内で求めているため, 収束性向上による加速の効果も得られる. 従って, ブロック GMRES 法は, このような場合には極めて有効な解法となる.

他のクリロフ部分空間法についても, CG法（Conjugate Gradient 法:共役勾配法）[26], QMR法（Quasi-Minimum Residual 法:疑似最小残差法）[27], Bi-CGSTAB法（BiConjugate Gradient STABilised 法:安定化双共役勾配法）[28], IDR(s) 法（Induced Dimension reduction (s) 法）[29] などについて, ブロック版のアルゴリズムが提案されている. ただし, ブロック

8.4. 線形計算アルゴリズムの研究動向

表 8.1 GMRES 法とブロック GMRES 法との比較（1 ステップあたり）

	GMRES 法	ブロック GMRES 法
演算量（行列-ベクトル積）	1 ($\mathbf{y} = A\mathbf{x}$)	ℓ ($Y = AX$)
行列 A のアクセス回数	1 ($\mathbf{y} = A\mathbf{x}$)	1 ($Y = AX$)
AllReduce の回数	1	1

表 8.2 GMRES 法と k-step GMRES 法との比較（1 ステップあたり）

	GMRES 法	k-step GMRES 法
演算量（行列-ベクトル積）	1	$1 + \alpha$
行列 A のアクセス回数	1	$1/k$
AllReduce の回数	1	$1/k$

版のアルゴリズムは，右辺ベクトルの本数 ℓ が増加するにつれて，漸化式で計算する残差が真の残差と乖離し，精度の高い解を得にくくなることが報告されている [30]．そこで，漸化式の変更によりこの乖離を抑え，精度を向上させる手法も提案されている [30]．

k-step GMRES 法[31]　GMRES 法において，行列-ベクトル積 $A\mathbf{r}^{(m)}$, $A^2\mathbf{r}^{(m)}, \ldots, A^k\mathbf{r}^{(m)}$ を一度に行ってクリロフ部分空間を一度に k 次元拡大し，その後に正規直交基底を生成する手法である．A が有限要素法や差分法などから生じる行列の場合，A の作用はメッシュ上で局所的であるため，メッシュ上の部分領域に相当する $\mathbf{r}^{(m)}$ の要素をキャッシュ上に取ってくれば，それらのみを使って $A\mathbf{r}^{(m)}, A^2\mathbf{r}^{(m)}, \ldots, A^k\mathbf{r}^{(m)}$ の一部を計算できる．これにより，A, $\mathbf{r}^{(m)}$ の再利用性が向上する．また，直交化も k 本分をまとめて行うことができ，AllReduce の回数を $1/k$ に削減できる（表 8.2 参照）．

この方法の欠点は，直交化前の基底 $A\mathbf{r}^{(m)}, A^2\mathbf{r}^{(m)}, \ldots, A^k\mathbf{r}^{(m)}$ が線形従属に近い場合に，収束性が悪化することである．そこで，線形独立性を高めるため，A の単項式の代わりに適当な直交多項式 $\{p_i(x)\}_{i=0}^{k}$ を使い，3 項間漸化式を用いて，基底 $p_1(A)\mathbf{r}^{(m)}, p_2(A)\mathbf{r}^{(m)}, \ldots, p_k(A)\mathbf{r}^{(m)}$ を計算するなどの工夫が検討されている [31][32]．

なお，対称正定値行列用のクリロフ部分空間法である CG 法について，

通信削減のための種々の技法の適用と評価を行った論文として, [33] がある.

8.4.3 アルゴリズムレベルでの耐故障性

本項では, アルゴリズムレベルでの耐故障性を持つ線形計算アルゴリズムについて述べる. 想定する状況として, 複数のノードが通信を行いつつ協調して計算し, そのうち 1 個のノードが不正な結果を返すか, あるいは結果を返さない (通信のタイムアウト) 場合を考える. このような状況においても計算が破綻せずに進行するアルゴリズムを作りたい. その場合, 精度の劣化あるいは収束性劣化は許容するとする. また, 計算の任意の箇所でエラーが起きうるとすると, アルゴリズムの設計が非常に難しくなるため, 計算の一部は高信頼モードあるいは高信頼ハードウェア (エラーは起こらないが計算コスト大) で行ってもよいとする.

まず, 予備的な考察として, 複数のノードの結果を集めて部分空間を改良するタイプのアルゴリズムは, 耐故障性と親和性が高いことがわかる. また, 大粒度並列性は, あるノードで起こったエラーの結果が全体を汚染する頻度を減らすため, 耐故障性にとっても有利であることがわかる. 以下では, このようなタイプのアルゴリズムを 3 つ紹介する.

MERAM(Multiple Explicitly Restarted Arnoldi Method) [34] アーノルディ法に基づく耐故障性の固有値計算アルゴリズムである. アイディアは単純であり, 以下の処理を繰り返して計算を行う (図 8.9).

(1) P 個のノードで, 異なる初期ベクトルを用いて独立にアーノルディ法を実行する.

(2) 各ノードで作ったクリロフ部分空間を合わせて, 大きな部分空間を生成する.

(3) その中で, P 本の初期ベクトルを新たに生成し, リスタート用のベクトルとして各ノードに分配する.

8.4. 線形計算アルゴリズムの研究動向

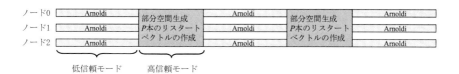

図 8.9 Multiple Explicitly Restarted Arnoldi Method(MERAM).

このうち, (1) を低信頼モード, (2), (3) を高信頼モードで実行する. 計算の大部分は (1) のステップで行われるため, 高信頼モードでの計算量は小さい. また, (1) において, 結果を返さないノードがあっても, 和空間の次元が小さくなって収束性が落ちるだけで, 計算は破綻しない. 結果不正によって, あるノードが全く変な部分空間を返したとしても, その部分空間が加わることで収束性が悪化することはない. このようにして, MERAM はある条件の下での耐故障性を実現していることがわかる.

Fault-Tolerant GMRES 法[35]　Flexible GMRES 法の枠組みを利用した, 連立一次方程式求解のための耐故障性アルゴリズムである. Flexible GMRES 法では, ステップごとに異なる前処理を用いることが許される. そこで, このアルゴリズムでは, 結果不正を, 不適切な前処理と解釈して計算を続行する. その結果, そのステップでは無駄に部分空間が大きくなるが, 精度に悪影響が生じることはない.

櫻井・杉浦法　固有値計算のための櫻井・杉浦法（8.4.1 項参照）では, フィルタを用いて, 入力のベクトル群から求めたい部分空間を抽出する. フィルタとしては, 式 (8.1) のように, 複素平面上で求めたい固有値を囲む閉曲線 Γ_1 上でのレゾルベントの周回積分を用い, これを数値積分で近似して計算する. いま, 故障によって 1 個の積分点での結果が求まらなかった場合, 結果が求まった積分点のみを用いる積分公式を新たに構築して用いれば, 精度は落ちるものの, 計算は続行できる [36]. これが, 櫻井・杉浦法で耐故障性を実現するためにまず考えられる方法である.

一方, 実は積分公式の再構築を行わなくても, パラメータ L と M の積が Γ_1 内の固有値数 m に比べて十分大きければ, 1 個の積分点での結果

不正の影響は小さいことが, 最近の研究により示された [37]. いま, 数値積分の標本点数を K とすると, $V = [\mathbf{v}_1, \mathbf{v}_2, \ldots, \mathbf{v}_L]$ に M 個のフィルタを適用して得られる LM 本のベクトルは, KL 本のベクトル $(z_j B - A)^{-1} B \mathbf{v}_i$ ($i = 1, \ldots, L, j = 0, \ldots, K - 1$) の線形結合である. ここで, z_j での計算に誤差が混入したとすると, このうち L 本が変化するから, LM 本のベクトルを並べた行列において, 誤差のランクは最大 L である. 従って, この行列がフルランクならば, 列ベクトルの張る空間は, 誤差の入らない $LM - L$ 次元 (以上) の空間と, 誤差からなる L 次元 (以下) の空間の直和に (仮想的に) 分割できる. そこで, $LM - L \geq m$ ならば, 前者の空間で (仮想的に) レイリー・リッツ法を行うことで, Γ_1 内の固有値と固有ベクトルを正しく計算できる. 実際には, 前者と後者を合わせた空間でレイリー・リッツ法を行うが, これは空間を拡大することに相当するので, 前者の空間のみで固有値・固有ベクトルを求めた場合に比べて精度が悪化することはない. なお, 実際には数値積分の離散化誤差により Γ_1 の外部の固有値の影響が入るため, $LM - L$ は m よりもある程度大きい必要がある. 以上の結果は, 櫻井・杉浦法に自然に耐故障性が組み込まれていることを示しており, 興味深い.

以上では, 疎行列向けの耐故障性アルゴリズムについて述べた. 一方, 密行列向けの解法では, 連立一次方程式の求解でも固有値計算でも直接解法が基本であり, 部分空間法のような冗長性がないため, 1 箇所の計算間違いで結果に壊滅的な影響が生じる. そのため, アルゴリズムレベルでの耐故障性の実現は原理的に難しく, チェックポインティングなどの汎用的な技法に頼るのが現実的ではないかと考えられる. ただし, 計算過程が可逆で, かつ, 逆向きの計算が安定に行える場合には, エラーに気付いた時点で元に戻って計算をやり直すことも可能である. QR 分解など, 直交行列による変換を行うアルゴリズムはその例であり, 実際, CPU-GPU ハイブリッド環境における耐故障性 QR 分解アルゴリズムが提案されている [38]. この方法では, エラーにより精度が低下することはないが, 代わりに実行時間が増加する.

8.4.4 近似アルゴリズムによる計算量のオーダー低減

ある程度の (確率的) 誤差を許容することで線形計算の計算量のオーダーを引き下げるという研究の例として, 本項では確率的アルゴリズムによる CX 分解を紹介する. また, 高次元問題向けの計算量削減手法として, テンソルの低ランク近似に基づく方法についても簡単に触れる.

確率的アルゴリズムによる CX 分解

行列の特異値分解は, 行列の最良の低ランク近似を与える分解として知られている. この性質に基づき, 特異値分解は, 画像処理, 信号処理, 情報検索などの分野で幅広く利用されている. しかし, $m \times n$ 行列 A ($m \geq n$) に対し, 特異値分解の計算量は $O(mn^2)$ と大きい. そのため, いわゆるビッグデータを扱う分野では, 特異値分解をそのまま用いることが困難になってきている.

そこで, 特異値分解の代替手法として CX 分解が注目されている. CX 分解とは, C を A の列ベクトルを k 本 ($1 \leq k \leq n$) 選んでできる $m \times k$ 行列, X を $k \times n$ 行列とするとき, $\|A - CX\|_F$ ($\|\cdot\|_F$ はフロベニウスノルム) をできるだけ小さくするような C と X を求める分解である. これは, A の特徴を最もよく表す k 本の列ベクトルを選ぶことに相当する. C を決めれば, X は $X = C^+ A$ (C^+ は C の Moore-Penrose 逆行列) と選ぶのが最適であることが示されるため, 問題は C を選ぶことに帰着する. CX 分解では, C の列が元の A の列そのものであるため, 代表データとして解釈しやすいという利点がある. これに対して特異値分解では, 例えば A の要素が整数でも, 特異ベクトルの要素は一般に整数にならないため, 解釈が難しい場合がある. このような利点と, 以下で述べるような高速な確率的アルゴリズムが存在するという利点から, CX 分解の利用は急速に広まっている.

C の列の選択には, statistical leverage と呼ばれる量を用いる [39]. ここで, A のランク k の打ち切り型特異値分解を $A_k = U_k \Sigma_k V_k^\top$ とするとき, $V_k^\top$

の第 j 列の statistical leverage p_j は次のように定義される.

$$p_j = \frac{\|(V_k^\top)^{(j)}\|_2}{k} \tag{8.2}$$

ただし, $(V_k^\top)^{(j)}$ は $V_k^\top$ の第 j 列ベクトルである. このとき, 確率 p_j に従って A の列をサンプリングすると, 確率 0.9 以上で次の誤差評価が成り立つことが示せる.

$$\|A - CC^+A\|_F \leq (1+\epsilon)\|A - A_k\|_F. \tag{8.3}$$

ただし, ϵ はサンプリング回数に依存する微小量である. 上式は, こうして得られた CX 分解により, 高い確率で, A_k を高い相対精度で近似できることを意味する. ただし, 以上の方法は, CX 分解の計算法としては実用的でない. CX 分解を計算するために, 打ち切り型特異値分解の V_k を使っているからである.

そこで, statistical leverage に対する高速な近似計算アルゴリズムが開発されている [40]. この方法のアイディアは, A に左から適当な直交行列をかけることで, 一様な statistical leverage を持つ行列 A' に変換することである. そのために, Johnson & Lindenstrauss の補題と高速 Walsh-Hadamard 変換を使う. A' に対しては, 列の一様なサンプリングを行えば, 上記の確率的誤差評価を持つ CX 分解が求められる. その上で, A' の CX 分解から A の CX 分解を求めればよい. この方法により, 相対誤差の意味での確率的誤差評価を持つ CX 分解の計算が $O(mn \log m)$ の計算量で可能になり, 大きなブレークスルーとなった.

テンソルの低ランク近似に基づく手法

量子力学の多体問題やボルツマン方程式による輸送問題の計算では, 多次元空間中での偏微分方程式を解く必要がある. このとき, 多次元空間中に格子を切り, 各格子点での値を並べて未知ベクトルとすると, 変数の数は次元とともに指数的に増大し, 計算困難になる. そこで, 格子点での値の集合を多次元のテンソルと見なし, テンソルの低ランク近似を用いて表

8.4. 線形計算アルゴリズムの研究動向

現することで,所要メモリ量と計算量を削減する手法が注目されている [41][42]. 低ランク近似の手法としては, Tensor Train 形式や階層的 Tucker 分解などが用いられる.方程式を解くには,微分作用素を離散化して得られる行列も同様にテンソルの低ランク近似を用いて表現し,行列–ベクトル積を中心演算とする反復法を用いる.これにより,低ランク近似した行列と低ランク近似したベクトルとの積が低ランク近似としてうまく計算できれば,計算は低ランク近似の世界で閉じることになり,所要メモリ量と計算量のオーダーを大幅に削減できる.この手法は今後,様々な数値計算において重要になると思われる.

8.4.5 強スケーリングの意味で効率的なアルゴリズム

本章の最後では,強スケーリングの意味で効率的なアルゴリズムを目指す研究について,固有値計算を例として紹介する.

実対称行列の全固有値・固有ベクトルを求める問題は,分子軌道法をはじめ,科学技術計算の様々な分野で重要である.このタイプの計算では,「京」をはじめとするペタスケールの計算機を使って百万元規模の問題も解かれているが,一方で,1万元程度の中規模問題に対する需要も多い.そこで,行列サイズを $n = 10,000$ に固定し,ノードを何個使ってもよいから,できるだけ高速に解きたいという問題設定を考える.このような状況は,例えば分子軌道法で生じうる.分子軌道法において,行列を生成する多電子積分は,計算量が $O(n^4)$ 以上と多く,かつ並列性も高い.そのため,1万ノード以上を用いて多電子積分を並列化する例もある.その場合,演算量が $O(n^3)$ である固有値計算の部分が目立ってくるため,今度はその並列化が課題となる.ところが,分子軌道法における典型的な行列サイズである $n = 10,000$ の場合,標準的な線形計算ライブラリである ScaLAPACK では,高々数百ノード程度で性能が飽和する.そのため,プログラムの実行用に確保した1万ノードの大部分は,固有値計算部分では遊んでしまうことになる.このような状況下では,例え並列化効率が低くても,確保したノードを最大限に使うことで実行時間を短縮できれば望ましい.

ScaLAPACK で性能が飽和する理由は,固有値計算の前処理である三重

対角化において,小粒度の通信が多発するからである.実際,「京」上での $n = 10{,}000$ の実行結果を解析すると,実行時間の 70%以上を通信が占めており,さらに,その大部分を通信のスタートアップ時間,すなわち,通信量ではなく通信回数に比例してかかる時間が占めている.そこで我々は,中規模問題を 1 万ノード規模で実行するのに適したアルゴリズムとして,ヤコビ法の一種であるブロックヤコビ法に着目した.ブロックヤコビ法は,三重対角化に基づくアルゴリズムと比べ,計算量は 10 倍程度と多いが,通信回数は,三重対角化化の $O(n \log_2 P)$ に対して $O(\sqrt{P} \log_2 P * Iter)$ (P:ノード数,$Iter$:反復回数,P ノードでのブロードキャストは通信回数 $\log_2 P$ 回と換算)となる.$n = P = 10{,}000$ のとき,後者の回数は,前者と比べてずっと少ない.そのため,通信オーバーヘッドが支配的となる状況では,ブロックヤコビ法が三重対角化に基づくアルゴリズムより高速となる可能性がある.

そこで,ブロックヤコビ法のアルゴリズムを「京」上で実装し,行列サイズを $n = 10{,}000$ に固定して ScaLAPACK と性能を比較した [43].横軸にノード数,縦軸に実行時間を取ったグラフを図 8.10 に示す.図より,スケーラビリティの面ではブロックヤコビ法が優位であり,その実行時間は P を増やすにつれて単調に減少し,$P = 10{,}000$ のときは ScaLAPACK の最速値を上回ることがわかる.ブロックヤコビ法に関しては,ブロックの消去順序の最適化,前処理などにより,さらに高速化できる可能性があり,強スケーリングの条件下では優位な解法になりうると考えられる.なお,特異値分解に関しても,ブロックヤコビ法に基づく解法は強スケーリング環境下で優位性を持つことが示されている [44].

以上からわかるように,強スケーリングの条件下でのアルゴリズム設計においては,通信・同期オーバーヘッドの削減が最も重要であり,そのためならば,演算量をある程度増やしてもよい.このような考え方に基づき,最近,中務らは,極分解を用いた通信削減型の新しい固有値・特異値計算アルゴリズムを提唱しており [45],今後の展開が期待される.

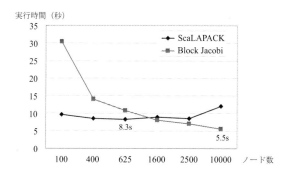

図 8.10 「京」上での 10,000 元の固有値問題の実行時間

8.5 まとめ

今後登場が予想されるエクサフロップスマシンでは，多階層の超並列性，データ移動コストの増大，故障確率の上昇などが課題となる．また，応用分野からの要請としては，強スケーリングでの並列化効率がより重視されるとともに，超大規模問題を現実的な時間で解くために計算量のオーダーの削減への要求が高まる．そのため，今後の線形計算アルゴリズムの研究では次の点が重要になると考えられる．

- 10^9 レベルの並列性と階層性への対処
- データ移動量・移動回数の削減
- アルゴリズムレベルでの耐故障性
- （確率的）近似による計算量のオーダーの削減
- 強スケーリングの意味での効率性

本章では，これらの方向に沿った最近の研究をいくつか紹介した．主にアルゴリズムに焦点を当てて紹介したが，複雑・高度化するアーキテクチャに対応する実装技術も大きなテーマであり，自動チューニング技術など，今後発展が期待される技術も多い．これらについては，機会があれば改めて紹介したい．

練習問題

1. $A \in \mathbf{R}^{m \times n}$ を $m \geq n$ なる縦長行列とする. このとき, 図8.5に示した 2並列の TSQR アルゴリズムにより, A の QR 分解 $A = QR$（Q は $m \times m$ 直交行列, R は一番上の $n \times n$ 部分行列のみが上三角行列で残りの要素が 0 の $m \times n$ 行列）が計算できることを示せ. 特に, Q が $Q_1^{(1)}, Q_2^{(1)}, Q^{(2)}$ からどのように求められるかを考えよ.

2. 実対称固有値問題 $A\mathbf{x} = \lambda \mathbf{x}$ を考える. このとき, 式 (8.1) で $B = I$ （単位行列）として得られる行列 $F_1^{(0)}$ は, Γ_1 内にある A の固有値 $\lambda_1, \lambda_2, \ldots, \lambda_m$ の固有空間への直交射影演算子となることを示せ.

3. Algorithm 1 を実装し, ブロックサイズ L の値を変化させて, ブロック化していないコレスキー分解と性能を比較せよ. また, Algorithm 1 の実行時間を最小にする L の値とキャッシュメモリ容量との関係について実験的に考察せよ.

参考文献

[1] HPCI ロードマップ白書, http://open-supercomputer.org/wp-content/uploads/2012/03/hpci-roadmap.pdf, 2012 年 3 月.

[2] C. Audouze, M. Massot, S. Volz, hal.archives-ouvertes.fr/hal-00358459 (2009), 18 pages.

[3] G. H. Golub and C. F. Van Loan: *Matrix Computations*, 4th Ed., John Hopkins University Press, Baltimore, 2012.

[4] G. Bosilca, A. Bouteiller, A. Danalis, T. Herault, P. Lemarinier and J. Dongarra, *Parallel Comput.*, **38**, 27 (2012).

[5] J. Dongarra, M. Faverge, T. Herault, M. Jacquelin, J. Langou and Y. Robert, *Parallel Comput.*, **39**, 212 (2013).

[6] M. Hegland, in *Proceedings of the Fourth Euromicro Workshop on Parallel and Distributed Processing*, IEEE Computer Society Press, 394 (1996).

[7] 山本有作, 猪貝光祥, 直野健, 情報処理学会論文誌, **42**, No. SIG9 (HPS), 19 (2001).

[8] E. Polizzi and A. H. Sameh, *Parallel Comput.*, **32**, 177 (2006).

[9] cuSPARSE: http://docs.nvidia.com/cuda/cusparse/.

[10] E. Gallopoulos, B. Philippe, A. H. Sameh: *Parallelism in Matrix Computations*, Springer (2016).

[11] J. Demmel, L. Grigori, M. Hoemmen and J. Langou, *SIAM J. Sci. Comput.*, **34**, A206 (2012).

[12] D. Mori, Y. Yamamoto and S. -L. Zhang, *Japan J. Ind. Appl. Math.*, **29**, 111 (2011).

[13] T. Fukaya, T. Imamura and Y. Yamamoto, *Lecture Notes in Computer Science*, **8969**, 269 (2015).

[14] T. Fukaya, Y. Nakatsukasa, Y. Yanagisawa and Y. Yamamoto, in *Proceedings of the 5th Workshop on Latest Advances in Scalable Algorithms for Large-Scale Systems (ScalA'14)*, 31, IEEE Press, 2014.

[15] Y. Yamamoto, Y. Nakatsukasa, Y. Yanagisawa and T. Fukaya, *Electron. Trans. Numer. Anal.*, **44**, 306 (2015).

[16] 柳澤優香, 深谷猛, 中務佑治, Kannan Ramaseshan, 山本有作, 大石進一, 日本応用数理学会 2014 年度年会予稿集, 2014 年 9 月.

[17] H. Walker, *SIAM J. Sci. Stat. Comput.*, **9**, 152 (1988).

[18] Y. Yamamoto and Y. Hirota, *JSIAM Letters*, **3**, 89 (2011).

[19] T. Sakurai and H. Tadano, *Hokkaido Mathematical Journal*, **36**, 669 (2007).

[20] S. Toledo and E. Rabani, *J. Comput. Phys.*, **180**, 256 (2002).

[21] Y. Futamura, H. Tadano and T. Sakurai, *JSIAM Letters*, **2**, 127 (2010).

[22] z-Pares: http://zpares.cs.tsukuba.ac.jp/.

[23] A. Imakura, L. Du and T. Sakurai, *Japan J. Ind. Appl. Math.*, **33**, 721 (2016).

[24] G. Ballard, J. Demmel, O. Holtz and O. Schwartz, *SIAM J. Sci. Comput.*, **32**, 3495 (2010).

[25] V. Simoncini and E. Gallopoulos, *Linear Algebra and Its Applications*, **247**, 97 (1996).

[26] D. P. OLeary, *Linear Algebra and Its Applications*, **29**, 293 (1980).

[27] R. Freund and M. Malhotra, *Linear Algebra and its Applications*, **254**, 119 (1997).

[28] A. El Guennouni, K. Jbilou and H. Sadok, *Electronic Transactions on Numerical Analysis*, **16**, 129 (2003).

[29] L. Du, T. Sogabe, B. Yu, Y. Yamamoto and S. -L. Zhang, *J. Comput. and App. Math.*, **235**, 4095 (2011).

[30] H. Tadano, T. Sakurai and Y. Kuramashi, *JSIAM Letters*, **1**, 44 (2009).

[31] M. Hoemmen: Communication-Avoiding Krylov Subspace Methods, Ph. D Thesis, Computer Science Division, University of California, Berkeley (2010).

[32] Z. Bai, *IMA J. of Numer. Anal.*, **14**, 563 (1994).

[33] 熊谷洋佑, 藤井昭宏, 田中輝雄, 深谷猛, 須田礼仁, 情報処理学会論文誌コンピューティング システム (ACS), **9**, 1 (2016).

[34] N. Emad, S. Petiton and G. Edjlali, *SIAM J. Sci. Comput.*, **27**, 253 (2005).

[35] J. Elliott, M. Hoemmen and F. Mueller, http://arxiv.org/abs/1311.6505.

[36] 白砂渓, 櫻井鉄也, 日本応用数理学会平成 23 年研究部会連合発表会, 2011 年 3 月.

[37] A. Imakura, Y. Futamura and T. Sakura, in *Proceedings of International Workshop on Eigenvalue Problems: Algorithms, Software and Applications, in Petascale Computing (EPASA)* (2016), to appear.

[38] P. Du, P. Luszczek, S. Tomov and J. Dongarra, *J. Comput. Sci.*, **4**, 457 (2013).

[39] C. Boutsidis, M. W. Mahoney and P. Drineas, in *SODA'09 Proceedings of the twentieth Annual ACM-SIAM Symposium on Discrete Algorithms*, 968 (2009).

[40] P. Drineas, M. Magdon-Ismail, M. W. Mahoney and D. P. Woodruff, *J. Mach. Learn. Res.*, **13**, 3475 (2012).

[41] L. Grasedyck, D. Kressner and C. Tobler, *GAMM-Mitteilungen*, **36**, 53 (2013).

[42] W. Hackbusch: *Tensor Spaces and Numerical Tensor Calculus*, Springer (2012).

[43] 工藤 周平, 高橋 佑輔, 深谷 猛, 山本 有作, 日本応用数理学会 2013 年度年会予稿集, 2013 年 9 月.

[44] S. Kudo, Y. Yamamoto, M. Bečka and M. Vajteršic, *Concurrency and Computation: Practice and Experience*, to appear.

[45] Y. Nakatsukasa and N. J. Higham, *SIAM J. Sci. Comput.*, **35**, A1325 (2013).

第9章 古典分子動力学法の高速化

吉井範行 (9.1–9.4)
名古屋大学大学院工学研究科附属計算科学連携教育研究センター

Jaewoon Jung, 杉田有治 (9.5–9.6)
理化学研究所　計算科学研究機構

　本章では, 古典分子動力学の高速化・並列化について解説する. 特に計算負荷の大きな静電相互作用については, 今後ますます重要性が増すであろう particle mesh Ewald 法や高速多重極展開法について詳述する. また, 分子動力学計算プログラム GENESIS を取り上げ, 並列環境における最適化やベンチマーク結果について示す.

9.1 古典分子動力学シミュレーション

　分子動力学（MD）計算は多数の原子や分子の集まった液体, 固体, 気体, ガラス, 高分子や生体分子などからなる分子集団系の熱力学的性質, 構造やダイナミクスを, コンピュータを用いて研究する手法である. 系を構成するすべての原子, 分子の運動方程式を数値的に解くことにより, 直接それらの軌道を追跡する. 粒子の運動が古典力学（Newton 力学）の運動方程式に従う場合, 古典 MD 計算という.

　原子, 分子の運動方程式を解くためには, 原子, 分子間に働く力が必要となる. これが十分な精度であり, かつ運動方程式の数値解が十分な精度で得られるときに, 分子の軌道が実在系と同等であるとみなせる. このときに得られた原子, 分子の軌跡から, 様々な熱力学量や統計力学関数を求めることができ, 分子集団の物理や化学を議論することができる.

　近年の高並列コンピュータの普及により, MD 計算の対象となるシステムはますます巨大化の一途をたどっている. 物質科学やバイオサイエンスをはじめとする様々な分野で MD 計算が用いられている. AMBER[1]

やCHARMM[2], OPLS[3]といった精度の高い汎用のポテンシャル関数の開発,GROMACS[4]やNAMD[5], LAMMPS[6]といった高速実行可能で多機能なフリーのソフトの普及により,質の高いMD計算が手軽に行えるようになってきた.

しかしながら,数万ノードに及ぶ超並列マシンを用いるような場合には,ノード間通信による並列化効率の低下のために,これらのソフトウェアにおいても効率的な実行は難しい.高並列環境においても高い並列化効率を維持するようなアルゴリズムの選択,プログラムにおけるデータ構造の最適化をはじめ,様々な工夫を行ってはじめて超並列コンピュータが備える本来の高い性能を引き出すことが可能となる.

本章では,このような超並列コンピュータに適したMD計算用のソフトウェアとして,著者らによって開発されているMODYLAS[7]およびGENESIS[8]を取り上げ,これらのソフトで用いられている様々なアルゴリズムや工夫について解説する.

9.1.1 分子動力学計算の流れ

はじめにMD計算の流れを概観し,特に高速化においてターゲットとなる計算負荷の大きな部分を見てみよう.図9.1にMD計算のフローを示す.

まず初期条件の設定を行う.初期条件として原子,分子の座標と速度を入力する.固体結晶やタンパク質のように実験的に構造が明らかにされている場合には,その構造自体,あるいはそれに溶媒の付加やエネルギー最適化といった前処理を施したものを初期座標とする.液体のシミュレーションを行う場合には,初期配置として原子を格子状に並べておき,高温の平衡化シミュレーションを行うことによって乱れた液体状態を用意する.初期速度については,計算したい温度のMaxwell分布となるように,各原子の初期速度を割り当てる.また,MD計算の実行条件も入力せねばならない.各原子の質量や分子間相互作用のパラメータ,温度や圧力の制御に関する統計アンサンブルの設定,MD計算のステップ数や運動方程式の時間刻みなどを入力する.

9.1. 古典分子動力学シミュレーション

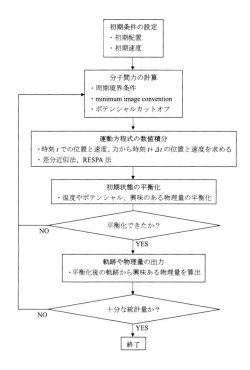

図 9.1 MD 計算のフロー.

次に,個々の原子や分子に働く分子間力の計算を行う.この力は,分子内における化学結合を通して働く分子内相互作用と,異なる分子間や分子内の遠方の原子間に働く分子間相互作用に大別される.分子内相互作用は,隣接する原子間に働く 2 体相互作用の伸縮ポテンシャル, 3 体の変角ポテンシャル, 4 体のねじれポテンシャルなどがある.これらの計算量は,系に含まれる原子数を N とすると $O(N)$ である.一方,静電相互作用や van der Waals 相互作用のような分子間相互作用は計算量が $O(N^2)$ となり,システムサイズの増大とともに計算量が急激に増加する.このように分子間相互作用は対象系の大規模化において大きな障害となるため,高速化に向けては古くから多くの工夫がなされてきた.本章ではこの分子間相互作用計算の高速化について焦点を当てる.

得られた時刻 t における分子間力をもとに, 運動方程式の数値積分を
し, 次の時刻 $t + \Delta t$ における分子の速度や位置を求める. 運動方程式の数
値積分のアルゴリズムとして, 差分近似法や予測子修正子法など様々な
方法 [9, 10] が用いられているが[1], ここでは効率的な数値積分を可能にす
る multiple time step を与える RESPA 法を, 9.3 節にて取り上げる [11].

　運動方程式の数値積分においては, 速く変動する分子内自由度を取り
除くことが良く行われる. 例えば溶媒としての水分子を考えると, 分子内
の伸縮や変角運動は重要ではないため, これらの自由度を消して剛体分
子として取り扱うことも多い. このとき水分子は重心の並進運動と重心
周りの回転運動で表され, それぞれ Newton 運動方程式, Euler 方程式に
よって時間発展させる [9, 10]. あるいは, 原子間の距離などに幾何学的な
拘束条件を課しつつ運動方程式を数値積分する拘束動力学を用いても良
い. これらの方法を用いることにより, 分子内自由度を残したときよりも
数倍大きな時間刻み Δt を用いることができ, 大幅に効率化することが可
能となる. 本章では 9.4 節にて拘束動力学について言及する.

　運動方程式を数値積分することにより得られた位置や速度を用いて種々
の物理量が計算可能になる. これを繰り返し, 注目する物理量が一定値の
周りで揺らぐ平衡状態に達したならば初期状態の平衡化が完了したとみ
なせる. この MD ステップをさらに繰り返し, 時々刻々の分子の軌跡, 物
理量の出力をする. 十分な統計が得られたならば MD 計算を終了する.

9.2　静電相互作用の高速化

　生体分子系をはじめとする多くの MD 計算 において, 計算負荷が最も
大きいのは静電相互作用である. 静電相互作用は, 原子間距離 r の逆数を
用いて直接計算する場合, 原子数 N に対して計算量は $O(N^2)$ となる. ただ
し, カットオフを用いると, その距離において力やポテンシャルに大きな
ステップを生じてしまうため用いることができない. カットオフを回避
しつつ, 周期境界条件下で効率的に評価する方法として, 古くから Ewald

---

[1] 古典 MD 計算では, シンプレクティックな数値解法である Velret 法が最もよく用いら
れているが, これは RESPA 法のある特別な場合に相当する. 後述の式 (9.9) 参照.

9.2. 静電相互作用の高速化

法が用いられてきた [9, 10]. この方法では, 減衰の遅い静電ポテンシャル $1/r$ に, 足し合わせると和が 1 になる誤差関数および補誤差関数を乗じて, 減衰の遅い部分と速い部分の 2 つに分割する. 減衰の速い後者についてはカットオフを用いる. 減衰の遅い前者については, 対象系が周期境界条件のため基本セルと同じ構造が周期的に並んでいることを利用して, Fourier 級数を用いて波数ベクトルの級数和として表現する. この級数和は収束が速く, それほど多くの項を必要としない. しかしながら, この波数空間の寄与の計算負荷は $O(N^{2/3} \sim N^2)$ と N の増加に対して発散的に増えるため, 大規模系への適用は難しく最近はあまり利用されない.

現在では, Fourier 級数部分を高速 Fourier 変換 (FFT) によって効率的に行う particle mesh Ewald(PME) 法が主流である [12]. MD セル内に分布する電荷を, 系の静電ポテンシャルを再現できるようにしつつ, 補間法を用いて格子点上に割り当てる. Ewald 法の波数空間の寄与は, この格子上の電荷に対して FFT を用いて計算量 $O(N \log N)$ で計算できる.

ただし, FFT を高並列環境において実行する際には注意を要する. 一般に FFT は全ノード間通信が必要となる. 数万ノードに及ぶ超並列コンピュータでは, この全ノード間通信が大きなハードルとなる場合が多い. 9.5 節以降で紹介するソフトウェア GENESIS ではこの問題をうまく克服しており, 高いパフォーマンスを実現している [8]. 一方, FFT を用いないアルゴリズムとして高速多重極展開法 (Fast Multipole Method:FMM) [13] や Multilevel summation 法 [14] が知られている. ここではソフトウェア MODYLAS に実装されている FMM を取り上げる.

9.2.1　高速多重極展開法 (FMM)

はじめに FMM における相互作用計算の原理 [13] を説明する. 図 9.2 にあるように, いまある領域の中にある電荷 q_i の原子 i が, 遠方の点 Q に作るポテンシャルを求めるとする. 2 点間の距離の逆数 $1/r_i$ は, 領域内にある原点 O から原子 i までの長さ Δr_i, 原点 O から点 Q までの長さ r, およ

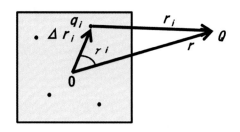

図 9.2 静電相互作用の多重極展開.

び Δr_i と r が点 O でなす角 γ_i を用いて, 余弦定理より

$$\frac{1}{r_i} = \frac{1}{\sqrt{r^2 - 2r\Delta r_i \cos \gamma_i + \Delta r_i^2}} = \frac{1}{r\sqrt{1 - 2\frac{\Delta r_i}{r}\cos\gamma_i + \left(\frac{\Delta r_i}{r}\right)^2}} \quad (9.1)$$

と表せる. これを Taylor 展開することによって

$$\begin{aligned}\frac{1}{r_i} &= \frac{1}{r} + \frac{\Delta r_i}{r^2}\cos\gamma_i + \frac{\Delta r_i^2}{2r^3}\left(3\cos^2\gamma_i - 1\right) + \frac{\Delta t_i^3}{2r^4}\left(5\cos^3\gamma_i - 3\cos\gamma_i\right) + \cdots \\ &= \frac{1}{r}\sum_n P_n(\cos\gamma_i)\left(\frac{\Delta r_i}{r}\right).\end{aligned} \quad (9.2)$$

ここで, $P_n(\cos\gamma_i)$ は Legendre 多項式である. この式 (9.2) を多重極展開 (multipole expansion) という. $P_n(\cos\gamma_i)$ は, 2 つのベクトル Δr_i と r それぞれの極座標 $(\Delta r_i, \theta_i, \phi_i), (r, \theta, \phi)$ についての球面調和関数 $Y_n^m(\theta, \phi)$ を用いて,

$$P_n(\cos\gamma_i) = \sum_{m=-n}^{n} Y_n^{-m}(\theta_i, \phi_i) Y_n^m(\theta, \phi) \quad (9.3)$$

と書くことができる. この表式では, 原子 i と点 Q それぞれの位置座標が完全に分離されている. そのため領域に含まれるすべての電荷 i について和を取れば, その領域の電場への寄与を, 点 Q の位置に依存せずに表現す

9.2. 静電相互作用の高速化

ることができる. この電荷 i についての和

$$M_n^m = \sum_i q_i Y_n^{-m}(\theta_i, \phi_i) \Delta r_i^n \qquad (9.4)$$

が領域内の電荷の作る多極子モーメントである. これにより, 領域内の全ての電荷が作る電場は

$$\sum_i \frac{q_i}{r_i} = \frac{1}{r^{n+1}} \sum_{n=0}^{n} \sum_{m=-n}^{n} M_n^m Y_n^m(\theta, \phi) \qquad (9.5)$$

のように表すことができる.

9.2.2 FMM における基本セルの分割

FMM では, 基本セルを小さな空間（サブセル）に分割する. 相互作用計算は, 次項で示すように, このサブセル単位で行う. 分割法にはいくつかの流儀があるが, よく用いられるのは, 基本セルの各辺を 2 等分し, 全体を 8 個のサブセルに分割する 8 分木構造である（図 9.3）. この分割操作をサブセルが希望のサイズになるまで繰り返す. 基本セルをレベル 0, 分割を 1 回行った後をレベル 1 というように呼ぶ. n 回繰り返したレベル n のサブセルの数は 8^n 個となる. 通常は, 最小のサブセルに数十原子割り当てられるように分割する. この最小のサブセルを領域分割の単位とし, 計算ノードやコアを割り当てて並列計算を行う.

9.2.3 原子とサブセルとの相互作用

分割したサブセルを用いて相互作用を計算する. いま基本セルがレベル 4 まで分割されているとしよう. このとき, 図 9.4 の A の領域にある原子の感じるポテンシャルを計算するために, 図のように分割する. レベル 4 の領域 A の第二隣接（B）までは直接計算を行う. それ以遠のサブセルについては, 多極子モーメントを用いて相互作用計算を行う.

領域 A を含むレベル 3 のサブセルの第二隣接以内にあり, 領域 B を除いた領域 C は, レベル 4 のサブセルの多極子モーメントを通して相互作

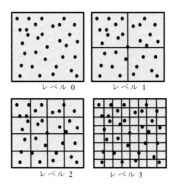

図 9.3 基本セルのサブセルへの分割.

用する. 領域 A を含むレベル 2 のサブセルの第二隣接以内にあり, 領域 C を除いた領域 D は, レベル 3 のサブセルの多極子モーメントを通して相互作用する. 以下, 同様にして領域 E, F が定まる. それ以遠のものについては, レベル 0 のイメージセルとして扱う. 以上により, 各領域について過不足なく相互作用を計算することができる. このように, 近傍の相互作用では小さなサブセルを, 遠方との相互作用では大きなサブセルを用いることにより, 精度を落とさずに効率的に相互作用計算を行うことが可能となる.

9.2.4 多重極展開と局所展開

では実際に領域 A の原子 i に働くポテンシャルを求める手順を示す (図 9.5). まず領域 A と隣接する領域 B からの寄与は直接計算によって求める (FMM の分野では P2P=particle to particle と呼ばれる). 領域 C については, まずレベル 4 のサブセルの中のすべての電荷について, 式 (9.4) に従い多極子モーメントを計算する. この操作は P2M (=particle to multipole) と呼ばれる. 次に, この多極子モーメントの展開中心をサブセル A の中心に移動させる. これはサブセル A の中心を展開中心とする Taylor 展開の形をしており, 局所展開 (local expansion) と呼ばれる. この展開中心の移動操作を M2L (=multipole to local) と呼ぶ. そして局所展開係数と, 原

9.2. 静電相互作用の高速化

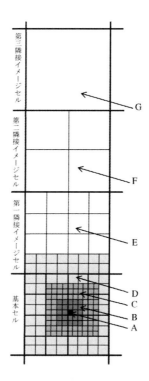

図 9.4 原子とサブセルとの相互作用.

子 i の展開中心からの相対位置ベクトルを用いて, ポテンシャルや力, ビリアルを求めることができる. これを L2P(=local to particle) と呼ぶ.

さらに遠方のサブセル D については, まず C と同様に P2M によりレベル 4 のサブセルの多極子モーメントを求める. そして得られた多極子モーメントの展開中心を, レベル 3 のサブセルの中心位置に移動させる (M2M=multipole to multipole). 隣接する他の 7 個のサブセルについても同様に展開中心を M2M により移動させ, これらを足し合わせてレベル 3 の多極子モーメントを得る. この多極子モーメントを, A の属するレベル 3 のサブセルに M2L によって移動させ, 局所展開係数に変換する. さ

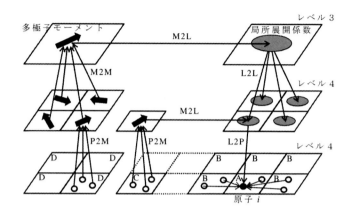

図 9.5 相互作用の計算方法.

らにこの局所展開の展開中心をレベル 4 の A のサブセルの中心に移動させる（L2L=local to local）．先に得られた C のサブセルからの寄与と, これとを足し合わせてから L2P によって相互作用を評価する.

なお, 図 9.4 の領域 F よりも遠方のイメージセルからの寄与については, M2L 変換に対して Ewald の方法を適用することにより取り込むことができる [15].

ここでは紙面の都合上 FMM の概要を述べるにとどめるが, 大まかな流れは理解していただけたかと思う. M2M, M2L, L2L といった多極子モーメントや局所展開係数の座標変換の数学的操作については文献 [12] を参照してほしい.

9.2.5 FMM の計算精度

FMM は誤差の評価も含めて厳密に定式化された解析的な手法である. 誤差は多極子モーメントの展開次数に依存しており, 次数を上げるに従って計算精度が単調に上がっていく. 表 9.1 に, 10,125,000 原子からなる系におけるポテンシャルおよび力の MD 計算ソフト MODYLAS を用いての計算結果を示す. 十分高精度となるようにパラメータを選んで行っ

表9.1 FMMを用いたときのポテンシャルと力.

	V / 10^{-13} J	Fx / 10^{-10} N	Fy / 10^{-10} N	Fz / 10^{-10} N
厳密値	-218735559	-4.357177	0.380146	-1.477348
4次	-218735742	-4.356659	6.380802	-1.475152
8次	-218735559	-4.357201	6.380145	-1.477340

た PME 法による計算結果を厳密値として，FMM の計算精度を評価した．FMM によって得られた値は，展開次数が 4～8 次において厳密値と 4～9 ケタ一致している．力についても 4～7 ケタの精度があり，4 次までの展開でも MD 計算 を行うのに十分な精度が得られることがわかる．

9.3 Multiple Time Step を用いた高速化

MD 計算 において運動方程式を数値積分するとき，系の中で最も速い運動に合わせて時間刻みを決定する．そのため，ゆっくりと運動する自由度についても，これに合わせて小さな時間刻みで数値積分することになる．従って，後者の相互作用計算を必要以上に多数回行わなければならない．異なる速さで運動する自由度を分離し，それぞれの速さに合わせた時間刻みで数値積分できれば効率的である．これを可能にするのが multiple time step である．まず multiple time step を可能にする数値積分法である RESPA 法 [11] について説明する．

m_i, r_i および p_i は，粒子 i の質量，位置座標および運動量であり，$V(r^N)$ は系のポテンシャルエネルギーである．この系のハミルトニアンが

$$H\left(r^N, p^N\right) = \sum_{i=1}^{N} \frac{p_i^2}{2m_i} + V(r^N) \tag{9.6}$$

で与えられたとき，このに対応する Liouville 演算子は

$$iL = \sum_{i=1}^{N} \left(\frac{p_i}{m_i} \frac{\partial}{\partial r_i} + F_i \frac{\partial}{\partial p_i} \right) \tag{9.7}$$

であり, 時間刻み Δt に対する時間発展演算子は $e^{iL\Delta t}$ で与えられる [11]. 上記の Liouville 演算子は互いに非可換な $iL_1 = \sum_{i=1}^{N} \frac{p_i}{m_i} \frac{\partial}{\partial r_i}$ と $iL_2 = \sum_{i=1}^{N} F_i \frac{\partial}{\partial p_i}$ からなる. このような場合, 時間発展演算子 $e^{iL_1\Delta t + iL_2\Delta t}$ は Suzuki-Trotter 展開によって対称に分割すると,

$$e^{iL_1\Delta t + iL_2\Delta t} = e^{iL_2\frac{\Delta t}{2}} e^{iL_1\Delta t} e^{iL_2\frac{\Delta t}{2}} + O\left((\Delta t)^3\right) \tag{9.8}$$

のように近似することができる. これを時刻 $t = 0$ の位置 $r_i(0)$ や運動量 $p_i(0)$ に作用することにより, 古くから用いられてきた速度 Verlet 法と一致する表式

$$r_i(\Delta t) = r_i(0) + \frac{p_i(0)}{m_i}\Delta t + \frac{F_i(0)}{2m_i}(\Delta t)^2 \tag{9.9a}$$

$$p_i(\Delta t) = p_i(0) + \frac{F_i(0) + F_i(\Delta t)}{2m_i}\Delta t \tag{9.9b}$$

が得られる. なお, Hamilton 力学系に対する上記のような時間発展演算子による数値解法はシンプレクティック数値解法と呼ばれる. ここでの位置座標や運動量は正準変数であり, それらの時間発展についての離散化された表式 (9.9) には影のハミルトニアンと呼ばれる保存量が存在し, 数値積分が長時間にわたって安定することが知られている [9, 10].

さて, 次にを速く運動する自由度 iL_{fast} と遅く運動する自由度 iL_{slow} に分割し, 時間発展演算子を,

$$e^{iL_1\Delta t + iL_2\Delta t} \approx e^{iL_{\text{fast}}\frac{\Delta t}{2}} e^{iL_{\text{slow}}\Delta t} e^{iL_{\text{fast}}\frac{\Delta t}{2}} = \left(e^{iL_{\text{fast}}\frac{\delta t}{2}}\right)^n e^{iL_{\text{slow}}\Delta t} \left(e^{iL_{\text{fast}}\frac{\delta t}{2}}\right)^n \tag{9.10}$$

のように分割するとしよう. ここで $\Delta t = n\delta t$ であり, δt は速く運動する自由度の時間刻み, Δt は遅く運動する自由度の時間刻みである. 式 (9.10) では, 速く運動する部分については n 分割し, 小さな時間刻みで運動を追跡できるようにしている. 一方, 遅く運動する部分は, その間, 相互作用計算を行わない. 通常は遅い部分の相互作用の計算コストの方が高いので, multiple time step は非常に効率的である. これにより, 1 MD ステップの間に, 速く運動する自由度が n 回, 遅く運動する自由度が 1 回, 再び速く運動する自由度が n 回進むようになる. なお, 式 (9.10) 中の $e^{iL_{\text{fast}}\frac{\delta t}{2}}$ および

$e^{iL_{\text{slow}}\Delta t}$ については,それぞれ式 (9.9) で表される速度 Verlet 法の式によって,位置座標 r_i や運動量 p_i を時間発展させればよい.

なお,ここでは原子の運動の速さをもとに自由度ごとに分割を行った.しかしながら,分割の方法に特段の制限はない.例えば,伸縮や変角といった速く変動する力と Lennard-Jones 相互作用や静電相互作用のようなゆっくりと変化する力とを分けて取り扱ってもよい.

このように,RESPA 法による multiple time step は,変動の時定数が大きく異なる自由度や力が混在する場合に,それらを分離することができる便利な方法である.またハミルトニアンが存在する場合にはシンプレクティック性も兼ね備え,安定に長時間シミュレーションを行うことが可能であり,利便性が高い.一方で,その利用にあたっては若干の注意を要する.

multiple time step では,δt ごとに毎ステップ力が働くとともに,Δt ごとに別の力が働くことになる.すると,場合によっては系のある運動が Δt ごとに働くこの力に共鳴してしまい,運動が不安定化したり,本来のトラジェクトリとは大きく異なった運動をしてしまったりすることがある [16].近年,この影響を避けるための様々な工夫が提案されているが [17],multiple time step の利用にあたってはこのようなことが起こっていないか,常に注意を払う必要がある.

9.4 拘束動力学

MD 計算の対象分子をモデル化するとき,分子内の自由度を取り除き剛体として扱うことがよく行われる.例えば,水分子では分子内に 3 個の自由度を有するが,そのうちの酸素原子と水素原子の間の距離を固定して,OH 伸縮運動を取り除いたり,さらには 2 つの水素原子間の距離も固定することにより,∠HOH の変角運動を取り除いたりする.これらの運動は短い周期の速い運動であり,短い Δt を必要とする.これらの自由度を拘束すれば Δt を大きくとることができ,効率的な計算が行える.

分子内自由度を拘束しながら MD 計算を行う方法として,分子を剛体回転子として取り扱う方法と,拘束動力学を用いる方法の二つがある.こ

こでは, 様々な拘束への適用が可能であり, 汎用の MD 計算ソフトでも広く取り上げられている拘束動力学について述べる.

拘束動力学においては, すべての原子の自由度をあらわに扱うが, 原子間に課された拘束条件を満たすように原子には拘束力が働いているものとみなす. いま, 原子 i と j の間の距離が一定であるという拘束条件

$$g = (r_i - r_j)^2 - d_{ij}^2 = 0 \qquad (9.11)$$

があるとしよう. このような等式によって表される拘束条件をホロノーム型の拘束条件という. このときの原子の運動方程式は, 拘束条件 g による拘束力 $\lambda \frac{\partial g}{\partial r_i}$ を含めて,

$$m_i \ddot{r}_i = F_i + \lambda \frac{\partial g}{\partial r_i} \qquad (9.12)$$

となる. ここで λ は Lagrange の未定乗数である. この運動方程式を速度 Verlet 法に従って数値積分すると, 時刻 $t = \Delta t$ における位置座標は

$$\begin{aligned} r_i(\Delta t) &= r_i(0) + \Delta t \frac{p_i(0)}{m_i} + \frac{\Delta t^2}{2m_i} \left\{ F_i(0) + \lambda \frac{\partial g}{\partial r_i} \right\} \\ &= r'_i(\Delta t) + \frac{\Delta t^2}{2m_i} \lambda \frac{\partial g}{\partial r_i} \end{aligned} \qquad (9.13)$$

となる. ここで $r'(\Delta t) = r_i(0) + \frac{p_i(0)}{m_i} \Delta t + \frac{F_i(0)}{2m_i} (\Delta t)^2$ とした. この $r_i(\Delta t)$ が拘束条件 g を満たさねばならないので, 式 (9.11) に代入すると

$$g = \left[\left\{ r'_i(\Delta t) + \frac{\Delta t^2}{2m_i} \lambda \frac{\partial g}{\partial r_i} \right\} - \left\{ r'_j(\Delta t) + \frac{\Delta^2}{2m_j} \lambda \frac{\partial g}{\partial r_j} \right\} \right]^2 - d_{ij}^2 = 0. \qquad (9.14)$$

これは λ についての 2 次方程式であるので, λ について解けば拘束力 $\lambda \frac{\partial g}{\partial r_i}$ を評価できる. なお, 上記のものは一つの原子にかかる拘束が一つのシンプルな場合であった. 2つ以上の場合には, 式 (9.14) は拘束の数だけ未定乗数 λ を含んだ多元連立 2 次方程式となる. 高分子やタンパク質のように大きな分子になると拘束される原子同士がつながるため連立させる方程式が増加し, λ を求める計算コストが非常に高くなる. そこで, 通常は式 (9.14) の λ^2 の項を無視して線形化し, Newton-Raphson 法によって λ を

変化させつつ拘束条件 g を満たすまで反復計算を行う SHAKE 法 [18] が広く用いられる．また SHAKE 法の反復計算の収束を早めるための工夫も種々なされている [19]．一方，式（9.11）を時間微分することにより速度に関する拘束条件が得られる．この拘束条件 $\dot{g} = (r_i - r_j) \cdot (\dot{r}_i - \dot{r}_j) = 0$ を満たすように SHAKE 法と類似の速度についての拘束のアルゴリズム RATTLE 法 [20] が開発されている．また，特に水分子をターゲットとした LINCS[21] や SETTLE[22] といった高速に拘束動力学を実現するアルゴリズムも提案され，広く利用されている．これらの手法は拘束をかける部位に個別に導入すれだけでよく汎用性が高い．また対象を剛体回転子として取り扱う場合に必要となる新たな座標（Euler 角，四元数）を導入する必要がないため，プログラムの構造をシンプルに保つことが可能であり，多くの汎用 MD 計算ソフトウェアに広く用いられている．一方で，剛体回転子による取り扱いは，時間刻み Δt を大きくとることが可能であるという指摘もなされている [23]．このように拘束動力学一つとっても多様な手法が提案されている．我々はそれぞれの利点を見極め，取り扱う対象系にあった有効な手法を選択しつつ，ソフトウェアの高速化を進める必要がある．

9.5 生体分子系の古典 MD 計算の高速化

生体分子の古典 MD は，M. Karplus らによる BPTI という小タンパク質のシミュレーション [24] から始まり大きく発展してきた．この最初の例は，溶媒分子を含まない真空中という条件での数ピコ秒という極めて短い時間のシミュレーションに過ぎなかった．しかし，今日では同じタンパク質と溶媒分子をあらわに含んだ分子系についてのミリ秒のシミュレーション [25] や，一億原子をも含む巨大な生体分子系をターゲットとした計算 [26] が報告されている．この節では，生体分子系の MD 計算の規模（対象とする系の大きさとシミュレーション時間）を拡大するために用いられた手法についてまとめる．

9.5.1 相互作用の並列化

MDにおけるボトルネックは,非共有結合力,すなわち,静電相互作用とvan der Waals 相互作用の演算である.幸いなことに van der Waals 相互作用は粒子間距離が離れるにつれて急速に減少する.従って,十分長いカットオフ距離を定義すれば,粒子間距離がそれ以上離れた時には van der Waals 相互作用（エネルギーと力）をゼロとみなすことができる.しかし,静電相互作用は長距離力であるためカットオフすることはできず,適切な取り扱いが必要となる.周期系について最もよく用いられる Ewald 法,特に PME 法では,van der Waals 相互作用と同じようにカットオフ距離を定義し,粒子間距離がそれより短い場合には実空間上で相互作用を計算する.それより長い場合には,フーリエ変換（FFT）を行い,逆空間上で相互作用エネルギーと力の演算を実施する [12, 27].従って,MD 計算の並列化を行う場合には,実空間と逆空間のそれぞれにおける非共有結合相互作用を考慮する必要がある.

Ewald 法を用いた MD 計算の並列化については,原子分割,相互作用分割,空間分割の3つの手法が考案されている.原子分割と相互作用分割に基づく並列化は比較的単純なアルゴリズムであり,歴史的には最も初期に MD プログラムに導入された.一方で,空間分割に基づく並列化のアルゴリズムは複雑であるが並列化効率が高いため,現在ではほとんどの MD プログラムで導入されている.

それぞれのプログラムで若干違った形での空間分割に基づく並列化がなされている.NAMDは空間分割と相互作用分割を組み合わせた並列化手法を実空間上の非共有結合相互作用に適用しており,さらに CHARMM++ [28] によって subdomain 間にまたがる計算をスケジュール化している.また,逆空間上の非共有結合相互作用計算に必要な FFT の並列化を行うためには Pencil（二次元）分割を用いている.DESMOND では,中点法（Midpoint method に基づく空間分割 [29, 30] を実空間上での非共有結合相互作用計算に適用しており,逆空間上の計算の並列化においては,All-to-all の通信を行うことなく,butterfly 通信を行うスキームを用いている.BLUE MATTER の実空間上での非共有結合相互作用の並列化手法は DESMOND とほぼ同じであるが,FFT の並列化は体積（三次元）分割法 [31] を用いて

9.5. 生体分子系の古典 MD 計算の高速化

いる. GENESIS では, DESMOND や BLUE MATTER の Midpoint 法を改良して Midpoint Cell 法 [8, 32] を導入しており, FFT については体積分割を用いて並列化し, All-to-all 通信を実施している [33]. また, GENESIS の並列化は, OpenMP と MPI を組み合わせたハイブリッド並列法を使っていることも特徴であり, 以下の章で詳しく紹介する. CHARMM と GROMACS では, Eight shell スキームに基づく空間分割法を採用するとともに, 実空間上と逆空間上の非共有結合相互作用を別々の CPU ノードで行っている (MPMD: Multiple program multiple data) [34, 35]. CHARMM は MPI 通信のみを行うが, GROMACS では MPI 通信と OpenMP 並列を組み合わせたハイブリッド並列化を使うことができる.

PME 法で必要な FFT はノード間全通信 (All-to-all 通信) が必要となるためノード数が多い場合には通常, 通信コストが高く, 並列化効率を上げることが難しい. そのため, PME 法の代わりに別の長距離力計算手法が導入されている例も存在する. MODYLAS では, FMM [7] を導入することによって,「京」上で優れた並列化効率を示した. 最近の NAMD では並列化効率を上げるため Multilevel Summation 法と呼ばれる新しい手法が導入されている [14].

9.5.2 MD 専用計算機システムの開発

近年, MD 計算の高速化には専用計算機が大きな影響力を持つようになってきた. MDGRAPE-3[36] は, 実空間上での非共有結合相互作用計算に特化したハードウェアを利用し, その他の演算については通常のハードウェアを利用することで, MD 全体を加速することに成功した. 実空間上での計算を加速するために, 長いカットオフ距離を定義している. 一方, D. E. Shaw Research によって開発された ANTON[37] では, MD シミュレーションの全体について加速するハードウェアが用いられている. ここでは, 実空間上の演算だけでなく, 逆空間上の演算も Gaussian-Split Ewald 法を利用することによって加速されている. このような工夫によって, ANTON では通常の PC クラスタや汎用スーパーコンピュータと比較して 100 倍以上長い時間の MD 計算を実現した. ただし, ANTON を利用した MD 計

算には分子系のサイズに制限があり，100万原子を超えるような大規模な分子系の計算は困難であった．最新のANTON2ではこの制限が緩和され，200万原子程度の大規模系についても高速な計算が可能となった[38]．

9.5.3　MDプログラムのGPU利用

ハードウェアの利用という観点でMD計算における重要な発展は，グラフィックス・プロセッサ（Graphics Processing Unit:GPU）の利用である．GPUはもともとグラフィックス専用の演算チップとして開発されてきたが，今日では様々な科学技術計算に利用されるようになった．GPUを利用したMDプログラムは大きく分けると2つの方法で最適化されている．第一の方法は必要な全ての情報をGPUに送って，GPUで全ての演算を行うという方法である．AMBER[39], ACEMD[40], OpenMM[41], MOIL[42], DESMONDなどでこの方法が採用されている．この手法は，1つの計算機のみを利用する場合には非常に効率的であるが，GPUのメモリの制限があるため計算可能な分子系のサイズに制限があるし，複数の計算機にまたがる並列化も困難である．もう一つの手法は，演算律速の部分，すなわち，実空間上での非共有結合相互作用の演算，と通信律速の部分，すなわち，逆空間上での非共有結合相互作用の演算とFFT，に分割し，前者を主にGPUで，後者をCPUで計算するというものである．この場合，毎ステップでCPUとGPUの間での通信が必要となる．NAMD[43], GROMACS[44], GENESISなどではこの手法を採用している．この手法の利点は空間分割を行った場合，複数の計算機にまたがる並列化を行うことができるので，GPUのメモリの制限によらず大きな分子系を扱うことが可能なことである．一方で，単一ノードを利用した場合には，後者の計算スピードは，GPUのみを用いて計算した場合よりも遅くなる．このような制限はあるものの，数万原子系では，GPUを搭載したPC1台を使うだけで100ns以上の計算を1日に行うことが可能であるし，2億原子系をGPUを搭載したスーパーコンピュータで計算した例も存在する[43]．

9.6 GENESIS の最適化と並列化

ここでは，理化学研究所を中心に開発中の MD プログラム GENESIS に導入された高速化技法について述べる．GENESIS（Generalized-Ensemble Simulation System）[8] は，「京」など多数の CPU を備えたスーパーコンピュータを用いてこれまで不可能であった巨大な生体分子系のシミュレーションを行ったり，拡張アンサンブル法などの効率の良い構造探索手法を導入することで生体分子の長時間ダイナミクスを調べたりすることを目的に開発された．この章では，PME 法を用いた場合に限定して，実空間上での非共有結合相互作用と逆空間上での相互作用計算に必要な FFT についての最適化と並列化技法について紹介する．

9.6.1 非共有相互作用の最適化（Inverse Lookup Table 法）

非共有結合相互作用計算では，非常に多くの粒子間距離の演算が必要となり，MD 計算 全体のボトルネックとなっている．特に PME 法では，演算コストの多くが Square Root 関数とその逆数演算と，Error（誤差）関数に費やされている．多くの MD ソフトウェアでは，これらの数学関数を毎回呼び出すことを避け，数値補間をあらかじめ行って得られた数値参照テーブル（Lookup Table）を用いた計算手法が採用されている．GENESIS の Lookup table の特徴は，数値補間が距離の逆数に比例して均等に行われていることである [45]．この場合，近接距離の相互作用について多くの補間点が使われているため正確に相互作用エネルギーと力を求めることができること，遠距離の相互作用については少ない補間点の利用によって高速な演算ができること，の2つの利点がある．r とをそれぞれ相互作用距離とカットオフ距離である場合に，を距離の無次元化された単位として補間点密度 D を用いて，補間点座標 L を式 (9.16) のように定義することができる．その場合，Lookup table を用いたエネルギー関数 $E(r)$ は式 (9.15)

と (9.17) のように記述できる.

$$E(r) = E_{\text{tab}}(L) + t\,(E_{\text{tab}}(L+1) - E_{\text{tab}}(L)) \tag{9.15}$$

$$L = \text{INT}\left(D \times \frac{r_v^2}{r^2}\right) \tag{9.16}$$

$$t = D \times \frac{r_v^2}{r^2} - L. \tag{9.17}$$

GENESIS で採用された Lookup table（Inverse Lookup Table 法）を用いることで, CPU キャッシュメモリを効率的に利用することができるため, 高速な非共有結合の演算ができる. また少ない補間点を用いることでも, 通常の距離に比例した補間点を用いる Lookup table 法を用いた手法と比較して, 高い精度でのエネルギー保存, より高精度の相互作用エネルギーと力の記述ができる.

9.6.2 GENESIS の並列化手法

GENESIS には, ATDYN（Atomic decomposition DYNamics）と SPDYN（SPatial decomposition DYNamics）の 2 つの MD プログラムが存在する. ATDYN は, 原子分割に基づく並列化がなされており, 各 MPI プロセッサは全ての粒子の座標, 速度, 電荷などの情報を保持している. SPDYN では空間分割に基づく並列化が導入されており, 近年のマルチコア型 CPU に向けた工夫が多くなされている. そのため, 本章では SPDYN に限定して GENESIS の並列化手法を紹介する. SPDYN ではシミュレーション空間は MPI プロセッサの数と同じ subdomain に分割される. Subdomain はさらに Cell というより小さい単位の空間に分割されるが, Cell の 1 辺の長さはカットオフ距離の半分よりも若干大きいサイズに制限される. 各 Cell では, そこに含まれる粒子の座標, 速度, 電荷などの情報を保持している.

1) Midpoint Cell Method

Midpoint Cell 法 [32] は, 既存の中点法（Midpoint 法）を MPI と OpenMP のハイブリッド並列化用に拡張したものである. 中点法では, 相互作用す

9.6. GENESIS の最適化と並列化

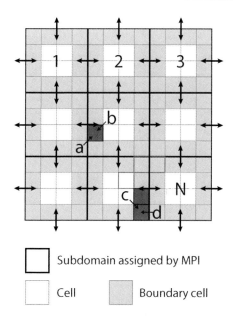

図 9.6 GENESIS SPDYN における空間のスキーム.

る 2 つの粒子の中点が存在する Subdomain において, 実際の非共有結合相互作用の演算が行われる. 従って, その演算はしばしば, いずれの粒子も存在していない Subdomain で行われることになる. カットオフ距離, あるいは, 相互作用ペアリストを用いる場合には, ペアリストカットオフ距離を用いて, 各 Subdomain から以内の距離に含まれる全ての粒子の情報を維持する必要がある. 既存の中点法では, 粒子間の中点が含まれる Subdomain を毎ステップ, 全ての粒子間ペアについて決定する必要がある. 一方で, Midpoint Cell 法では, MD 計算を実行する前処理の段階で 1 度だけ, シミュレーション空間を Subdomain と Cell に分割し, 各々の Cell ペア間の中点 Cell を決定する. 例えば, 図 9.6 において, Cell ペア a, b の中点 Cell は濃いグレーで示された Cell に一意的に決まる. 一方, Cell ペア c, d の中点 Cell は 2 通りの可能性が存在する. そのような場合は, 実際の演算においてロードバランスを考慮して中点 Cell が決定される. Midpoint

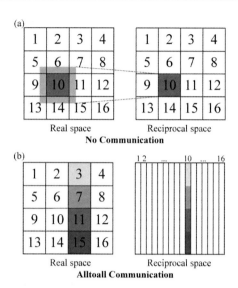

図 9.7 (a)Processor 10 が保持すべき逆空間上の電荷の情報は実空間上で同じ Processor が保持する情報から通信なしに得ることが出来る. (b) 実空間と逆空間で別の分割法がなされていたならば, Processor 10 が保持すべき逆空間の電荷情報を得るためには, Processor 3, 7, 11, 15 からの通信が必要である.

Cell 法を用いた場合には, 各 Subdomain 内で隣接する Cell 間で座標データなどを通信すればよく, MD 全体の通信コストを大きく減少させることができ, 並列化効率の向上につながっている.

2) 体積（3 次元）分割に基づく FFT 計算

PME 法を用いることで周期系の非共有結合相互作用に必要な演算量は, 全粒子数を n とした時に, $O(n^2)$ から $O(n \log n)$ に減少する. しかし, この計算で必要な FFT は All-to-all 通信を必要とするため, 利用できる CPU 数が増加するにつれて MD における通信コストが増大し, FFT が全体の計算のボトルネックになりうる. NAMD や GROMACS などでは, Slab（一次元）分割や Pencil（二次元）分割が用いられているのに対して, GENESIS では体積（三次元）分割に基づく並列化手法 [34] が用いられている. FFT

9.6. GENESIS の最適化と並列化

の体積分割を行う場合には, Slab 分割や Pencil 分割を用いた場合と比較して頻繁な All-to-all 通信が必要となる一方で, それぞれの通信を少ないプロセッサ間で行えば良いことになる. このため, 体積分割を用いた FFT 計算は, 一般に, 多くのプロセッサを用いて巨大な分子系の MD 計算を行う場合に適している. さらに, 「京」のようなトーラス型ネットワークを備えたスーパーコンピュータ上で, 実空間で用いられた Cell 分割と同じ体積分割を FFT 計算にも適用することで一層の高速化を図ることができる. Midpoint Cell 法と体積分割を用いた FFT 計算を組み合わせた場合には, 電荷の情報の All-to-all 通信を省略することができる. 例えば, 図 9.7(a) において, Processor 10 が保持すべき逆空間上での電荷の情報は実空間上で同じ Processor が保持する情報から通信なしに得ることができる. もし, 実空間と逆空間で別の分割法がなされていたならば, Processor 10 が保持すべき逆空間の電荷情報を得るためには, Processor 3, 7, 11, 15 からの通信が必要である.

9.6.3 GENESIS のベンチマーク結果

ここでは GENESIS を用いた MD 計算の PC クラスタと「京」でのベンチマーク結果を紹介する. 用いた PC クラスタは Intel Xeon E5-2670 CPU をノード内に 2 つ搭載した計算機 32 ノードを Infiniband で接続したものである. この CPU に含まれるコア数は 8 であるため, ノード内のコア数は 16, PC クラスタ全体では 512CPU コアが含まれる. 計算に用いられた分子系は, 以下の 3 つである.

1) main porin from Mycobacterium smegmatis (MSPA, 216,726 atoms in 126.933 $\times$ 126.933 $\times$ 131.063 $Å^3$ box),

2) Satellite tobacco mosaic virus (STMV, 1,066,628 atoms in 216.83 $\times$ 216.83 $\times$ 216.83 $Å^3$ box),

3) 27 STMV (28,798,956 atoms in 650.49 $\times$ 650.49 $\times$ 650.49 $Å^3$ box).

3 番目の分子系は 2) を各次元で 3 倍に拡大したものである. PME 法で必要な FFT のグリッド数は, それぞれ, (144, 144, 144), (256, 256, 256), (512,

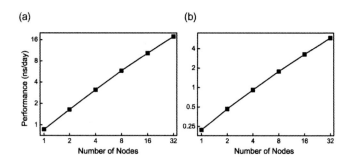

図 9.8 (a)MSPA 系と (b)STMV 系の PC クラスタを用いたパフォーマンス.

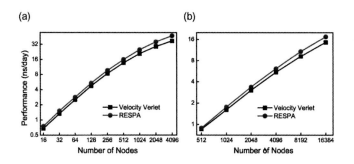

図 9.9 (a)STMV 系と (b)27STMV 系の「京」を用いたパフォーマンス.

512, 512) である.

カットオフ距離とペアリストカットオフ距離は, 1) については (12 Å, 13.5 Å) であり, 2) と 3) については (10 Å, 11.5 Å) とした. 水分子は SETTLE 法を用いて剛体として取り扱い, それ以外の分子の水素原子を含む分子内結合については SHAKE/RATTLE 法を用いた拘束条件を課した. これにより MD 計算における時間刻みを 2fs とした. 図 9.8 に PC クラスタ上での MSPA と STMV のベンチマーク結果を示す. RESPA 多重時間刻み積分を用いない場合でも 512 コアまで並列化効率は全く落ちていない. MSPA と STMV の PC クラスタ上での最高速度は, それぞれ 17.79 ns/day と 5.87 ns/day である.

9.6. GENESIS の最適化と並列化

次に, STMV と 27 STMV について「京」を用いたパフォーマンスを図9.9 に示した. STMV については 4096 ノードまで並列化効率は落ちず, 最高速度は 37.61 ns/day である. RESPA 多重時間刻み積分を用いた場合には, 最高速度は 47.77 ns/day に達している. 27 STMV については 16,384 ノードまで並列化効率は落ちず, 速度 Verlet 法, RESPA 法を用いた場合の最高速度はそれぞれ, 14.60 ns/day と 17.51ns/day である.

我々のベンチマーク結果は, GENESIS の優れた並列化効率を示している. All-to-all 通信を含む FFT 計算を毎ステップ実行しているにもかかわらず, 高い並列化効率を PC クラスタと「京」のいずれにおいても維持している. また, RESPA 多重時間刻み積分を用いた場合には GENESIS のパフォーマンスはさらに良い値を示していることに注意されたい.

練習問題

1. 式 (9.8) で与えられる時間発展演算子に時刻 $t = 0$ での位置座標 $r_i(0)$ や運動量 $p_i(0)$ を作用させることにより, 式 (9.9) が得られることを示せ.

2. 式 (9.7) の iL を, 速く運動する自由度 iL_{fast} と遅く運動する iL_{slow} に分割することによって, 式 (9.10) を導け.

3. 拘束動力学による MD 計算を行うために必要となる時刻 $t = 0$ における原子 i に働く拘束力を求めよ. (ヒント:式 (9.14) から λ を求めればよい.)

参考文献

[1] W. D. Cornell, P. Cieplak, C. I. Bayly, I. R. Gould, K. M. Merz Jr., D. M. Ferguson, D. C. Spellmeyer, T. Fox, J. W. Caldwell and P. A. Kollman, *J. Am. Chem. Soc.*, **117**, 5179 (1995).

[2] A. D. MacKerell Jr., M. Feig and C.L. Brooks III, *J. Comput. Chem.*, **25**, 1400 (2004).

[3] W. L. Jorgensen, D. S. Maxwell and J. Tirado-Rives, *J. Am. Chem. Soc.*, **118**, 11225 (1996).

[4] H. J. C. Berendsen, D. van der Spoel and R. van Drunen, *Comput. Phys. Commun.*, **91**, 43 (1995).

[5] J. C. Phillips, R. Braun, W. Wang, J. Gumbart, E. Tajkhorshid, E. Villa, C. Chipot, R. D. Skeel, L. Kale and K. Schulten, *J. Comput. Chem.*, **26**, 1781 (2005).

[6] S. Plimpton, *J. Comp. Phys.*, **117**, 1 (1995).

[7] Y. Andoh, N. Yoshii, K. Fujimoto, K. Mizutani, H. Kojima, A. Yamada, S. Okazaki, K. Kawaguchi, H. Nagao, K. Iwahashi, F. Mizutani, K. Minami, S. Ichikawa, H. Komatsu, S. Ishizuki, Y. Takeda and M. Fukushima, *J. Chem. Theory Comput.*, **9**, 3201 (2013).

[8] J. Jung, T. Mori, C. Kobayashi, Y. Matsunaga, T. Yoda, M. Feig and Y. Sugita, *Wires Comput Mol Sci.*, **5**, 310 (2015).

[9] D. Frenkel and B. Smit, *Understanding Molecular Simulation* (Academic Press)(1996)

[10] 岡崎 進, 吉井 範行『コンピュータ・シミュレーションの基礎第2版』化学同人 (2011).

[11] M. E. Tuckerman, *Statistical Mechanics: Theory and Molecular Simulation* (Oxford Univ. Press) (2010).

[12] U. Essmann, L. Perera, M. L. Berkowitz, T. Darden, H. Lee and L. G. Pedersen, *J. Chem. Phys.*, **103**, 8577 (1995).

[13] L. Greengard and V. Rokhlin, *J. Comput. Phys.*, **73**, 325 (1987).

[14] D. J. Hardy, Z. Wu, J. C. Phillips, J. E. Stone, R. D. Skeel and K. Schulten, *J. Chem. Theory Comput.*, **11**, 766 (2015).

[15] T. Amisaki, *J. Comput. Chem.*, **21**, 1075 (2000).

[16] J. J. Biesiadecki and R. D. Skeel, *J. Comput. Phys.*, **109**, 318 (1993).

[17] P. Minary, M. E. Tuckerman and G. J. Martyna, *Phys. Rev. Lett.*, **93**, 150201 (2004).

[18] J. P. Ryckaert, G. Ciccotti and H. J. C. Berendsen, *J. Comput. Phys.*, **23**, 327 (1977).

[19] P. Gonnet, *J. Comput. Phys.*, **220**, 740 (2007).

[20] H. C. Andersen, *J. Comput. Phys.*, **52**, 24 (1983).

[21] B. Hess, H. Bekker, H. J. C. Berendsen and J. G. E. M. Fraaije, *J. Comput. Chem.*, **18**, 1463 (1997).

[22] S. Miyamoto and P. A. Kollman, *J. Comput. Chem.*, **13**, 952 (1992).

[23] H. Okumura, S. G. Itoh and Y. Okamoto, *J. Chem. Phys.*, **126**, 084103 (2007).

[24] J. A. McCammon, B. R. Gelin and M. Karplus, *Nature*, **267**, 585 (1977).

[25] D. E. Shaw, P. Maragakis, K. Lindorff-Larsen, S. Piana, R. O. Dror , M. P. Eastwood, J. A. Bank, J. M. Jumper, J. K. Salmon, Y. Shan and W. Wriggers, *Science*, **330**, 341 (2010).

[26] G. Zhao, J. R. Perilla, E. L. Yufenyuy, X. Meng, B. Chen, J. Ning, J. Ahn, A. M. Gronenborn, K. Schulten, C. Aiken and P. Zhang, *Nature*, **497**, 643 (2013).

[27] T. Darden, D. York and L. Pedersen, *J. Chem. Phys.*, **98**, 10089 (1993).

[28] J. C. Phillips, R. Braun, W. Wang, J. Gumbart, E. Tajkhorshid, E, Villa, C, Chipot, R, D. Skeel, L, Kale, and K, Schulten, *J. Comput. Chem.*, **26**, 1781 (2005).

[29] K. J. Bowers, E. Chow, H. Xu, R. O. Dror, M. P. Eastwood, B. A. Gregersen, J. L. Klepeis, I. Kolossvary, M. A. Moraes, F. D. Sacerdoti, J. K. Salmon, Y. Shan and D. E. Shaw, in ACM/IEEE Conference on Supercomputing (SC06) (2006).

[30] K. J. Bowers, R. O. Dror and D. E. Shaw, *J. Chem. Phys.*, **124**, 184109 (2006).

[31] B. G. Fitch, A. Rayshubskiy, M. Eleftheriou, T. J. C. Ward, M. Giampapa, M. C. Pitman, J. Pitera, W. C. Swope and R. S. Germain, *Computational Modeling of Membrane Bilayers*, **60**, 159 (2008).

[32] J. Jung, T. Mori and Y. Sugita, *J. Comput. Chem.*, **35**, 1064 (2014).

[33] J. Jung, C. Kobayashi, T. Imamura and Y. Sugita, *Comput. Phys. Commun.*, **200**, 57 (2016).

[34] A. P. Hynninen and M. F. Crowley, *J. Comput. Chem.*, **35**, 406 (2014).

[35] B. Hess, C. Kutzner, D. van der Spoel and E. Lindahl, *J. Chem. Theory Comput.*, **4**, 435 (2008).

[36] T. Narumi, Y. Ohno, N. Okimoto, T. Koishi, A. Suenaga, N. Futatsugi, R. Yanai, R. Himeno, S. Fujikawa, M. Taiji and M. Ikei, in Proceedings of the 2006 ACM/IEEE conference on Supercomputing (ACM), p.49 (2006).

[37] D. E. Shaw, M. M. Deneroff, R. O. Dror, J. S. Kuskin, R. H. Larson, J. K. Salmon, C. Young, B. Batson, K. J. Bowers, J. C.Chao, M. P. Eastwood, J. Gagliardo, J. P. Grossman, C. R. Ho, D. J. Ierardi, I. Kolossvry, J.L. Klepeis, T. Layman, C. McLeavey, M. A. Moraes, R. Mueller, E. C. Priest, Y. Shan, J. Spengler, M. Theobald, B. Towles and S. C. Wang, in 34th Annual International Symposium on Computer Architecture (ISCA '07), p.91 (ACM, 2007).

[38] D. E. Shaw, J. P. Grossman, J. A. Bank, B. Batson, J. A. Butts, J. C. Chao, M. M. Deneroff, R. O. Dror, A. Even, C. H. Fenton, A. Forte, J. Gagliardo, G. Gill, B. Greskamp, C. R. Ho, D. J. Ierardi, L. Iserovich, J. S. Kuskin, R. H. Larson, T. Layman, L-S Lee, A. K. Lerer, C. Li, D. Killebrew, K. M. Mackenzie, S. Y-H Mok., M. A. Moraes, R. Mueller, L. J. Nociolo, J. L. Peticolas, T. Quan, D. Ramot, J. K. Salmon, D. P. Scarpazza, U. B. Schafer, N. Siddique, C. W. Snyder, J. Spengler, P. T. P. Tang, M Theobald, H. Toma, B. Towles, B. Vitale, S. C. Wang and C. Young, in Proceedings of the International Conference for High Performance Computing, Networking, Storage and Analysis (IEEE Press), p.41 (2014).

[39] R. Salomon-Ferrer, A. W. Gotz, D. Poole, S. Le Grand and R. C. Walker, *J. Chem. Theory Comput.*, **9**, 3878 (2013).

[40] M. J. Harvey, G. Giupponi and G. De Fabritiis, *J. Chem. Theory Comput.*, **5**, 1632 (2009).

[41] P. Eastman, M. S. Friedrichs, J. D. Chodera, R. J. Radmer, C. M. Bruns, J. P. Ku, K. A. Beauchamp, T. J. Lane, L-P Wang, D. Shukla, T. Tye, M. Houston, T. Stich, C. Klein, M. R. Shirts and V. S. Pande, *J. Chem. Theory Comput.*, **9**, 461 (2013).

[42] A. P. Ruymgaart, A. E. Cardenas and R. Elber, *J. Chem. Theory Comput.*, **7**, 3072 (2011).

[43] J. C. Phillips, Y. Sun, N. Jain, E. J. Bohm and L. V. Kalé, in Proceedings of the International Conference for High Performance Computing, Networking, Storage and Analysis (IEEE Press), p. 81 (2014).

[44] M. J. Abraham, T. Murtola, R. Schulz, S. Pali, J. C. Smith, B. Hess and E. Lindahl, *Software X*, **1-2**, 19 (2015).

[45] J. Jung, T. Mori and Y. Sugita, *J. Comput. Chem.*, **34**, 2412 (2013).

第10章　量子化学計算の大規模化

石村和也

自然科学研究機構 分子科学研究所

　量子化学計算では,分子の電子分布とエネルギー,さらに構造や特性を求めて,分子の反応性や機能などを解析,予測する.適用範囲は幅広く,化学反応の解析や制御,化学物質や触媒材料の機能の解明と新規材料設計,近年では生体系の反応や創薬にも適用されている.理論および計算手法の発展,計算機の性能向上により,実験と同程度の精度で計算が行えるようになりつつあり,また可視化を含めたソフトウェアの充実により,理論・計算分野の研究者だけではなく,実験研究者も容易に量子化学計算を行えるようになった.この章では,様々な計算方法の計算機利用の視点からの特徴,近似方法,高速化と並列化について紹介する.

10.1　分子科学分野の計算機環境

　量子化学計算のコストは計算方法によって異なるが,おおよそ原子数の3乗以上に比例して増加するため,この分野ではスーパーコンピュータが30年以上前から使われてきた.自然科学研究機構岡崎共通研究施設計算科学研究センター(旧分子科学研究所電子計算機センター)[1]のCPU能力の変遷を表10.1に示す.1979年に計算機が導入されて以来,定期的に更新され,演算性能は10年で数百倍のペースで向上し続けている.2000年の理論総演算性能は515GFLOPSで,2016年時点のパソコン(Core i7, 3.3GHz, 4CPUコア)では2.5台分に相当する.15年前のスーパーコンピュータの演算能力を,現在の大学の研究室で容易に確保することが可能になっている.2015年は492TFLOPSで「京」(10.6PFLOPS)の約20分の1に相当する.総CPUコア数は1万5千を超えており,性能を生かすためには並列計算が不可欠となっている.計算機の性能向上がこのまま続けば,2020年代後半には研究室で「京」の数十分の1の計算機を用意

表 10.1 自然科学研究機構岡崎共通研究施設計算科学研究センターの CPU 能力の変遷 [1]

年	機種	理論総演算性能 (GFLOPS)
1979	HITACHI M-180 (2 台)	0.036
1988	HITACHI M-680H	0.016
	HITACHI S-820/80	2
	合計	2
2000	IBM SP2 (Wide24 台)	7
	IBM SP2 (Thin24 台)	3
	NEC SX-5 (8CPU)	64
	Fujitsu VPP5000 (30PE)	288
	SGI SGI2800 (256CPU)	153
	合計	515
2015	Fujitsu PRIMERGY RX300S7 (5472core)	126,950
	(+ NVIDIA Tesla M2090 32 台)	21,280
	Fujitsu PRIMEHPC FX10 (1536core)	20,152
	SGI UV2000 (1024core)	21,299
	Fujitsu PRIMERGY CX2550M1 (7280core)	302,848
	合計	492,530
(参考)	地球シミュレータ (2002 年)	35,860
	「京」(2011 年)	10,510,000

でき,そのコア数は膨大になると予測される.よって,現在のスーパーコンピュータを使いこなすための取り組みは,将来の日常の研究のための基礎作りにもなっている.

10.2 量子化学計算の概要

量子化学計算の基礎である Hartree-Fock 法の概要について,ベンゼン (C_6H_6) を例に説明する (図 10.1).入力としては,ベンゼンを構成する原子の座標,炭素と水素原子の電子分布 (原子軌道),計算で得られる出力としては,ベンゼン分子の電子分布 (分子軌道) とエネルギーとなる.分子軌道を原子軌道の線形結合で表し,Hartree-Fock 計算ではその係数を求める.現在最も用いられている密度汎関数 (DFT) 法も,同様の手順で計算する.分子軌道やエネルギー微分値から,構造や化学反応エネルギーなど

10.2. 量子化学計算の概要

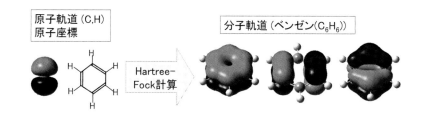

図 10.1 ベンゼンを例にした Hartree-Fock 計算の概要

表 10.2 量子化学計算方法とコスト (N:基底数)

計算方法	演算量	データ量	通信量
Hartree-Fock, DFT 法 2 電子積分計算 (キャッシュ内演算) 密対称行列の対角化	$O(N^4)$ (カットオフで $O(N^3)$ 程度)	$O(N^2)$	$O(N^2)$
摂動 (MP2, MP3,...) 法, 結合クラスター (CCSD, CCSD(T),...) 法 密行列–行列積	$O(N^5\sim)$	$O(N^4\sim)$	$O(N^4\sim)$
配置間相互作用 (CIS, CISD,....) 法 疎行列の対角化	$O(N^5\sim)$	$O(N^4\sim)$	$O(N^4\sim)$

様々な分子特性が得られ, 例えば, 図 10.2 のようにより反応が進みやすい活性化エネルギーの小さい触媒設計などに用いられている.

計算コストは, 通常行われる計算では原子数, 正確には原子軌道 (基底) 数の 3 乗から 7 乗に比例して増加し, 非常に精度の高い計算ではさらにコストが大きくなる場合がある. 演算内容と計算コストは計算方法によって大きく異なり, 表 10.2 の通りである. 使用メモリ量は, ハードディスクを使うかどうかで変わってくる.

Hartree-Fock 法および DFT 法では, 演算量は多いがデータ量は少ない原子軌道 2 電子積分計算が大半を占め, 密行列の対角化も行われる (図 10.3). 対角化する Fock 行列に求めたい分子軌道係数が含まれているため, 分子軌道係数が収束するまでこのサイクルを繰り返す. この方法を自己無撞着場 (Self-Consistent Field (SCF)) 法という. 演算量は式の上では原

第 10 章 量子化学計算の大規模化

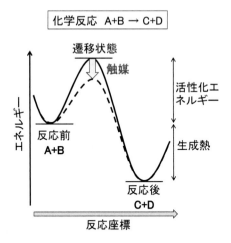

図 10.2 化学反応経路とエネルギー

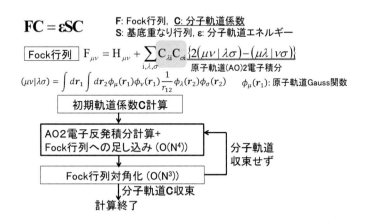

図 10.3 Hartree-Fock 計算手順

10.2. 量子化学計算の概要

$$E_{MP2} = \sum_{ij}^{occ} \sum_{ab}^{vir} \frac{(ai|bj)\{2(ai|bj) - (aj|bi)\}}{\varepsilon_i + \varepsilon_j - \varepsilon_a - \varepsilon_b}$$

$$\underbrace{(ai|bj)}_{\substack{\text{分子軌道(MO)} \\ \text{2電子積分}}} = \sum_{\mu\nu\lambda\sigma} C_{\mu a} C_{\nu i} C_{\lambda b} C_{\sigma j} \underbrace{(\mu\nu|\lambda\sigma)}_{\substack{\text{原子軌道(AO)} \\ \text{2電子積分}}}$$

ε_i: 軌道エネルギー, $C_{\mu a}$: 分子軌道係数

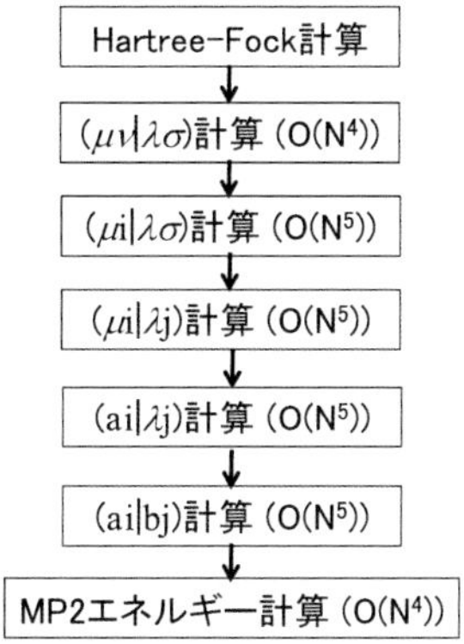

Hartree-Fock計算
↓
$(\mu\nu|\lambda\sigma)$計算 $(O(N^4))$
↓
$(\mu i|\lambda\sigma)$計算 $(O(N^5))$
↓
$(\mu i|\lambda j)$計算 $(O(N^5))$
↓
$(ai|\lambda j)$計算 $(O(N^5))$
↓
$(ai|bj)$計算 $(O(N^5))$
↓
MP2エネルギー計算 $(O(N^4))$

図 10.4 2次の摂動 (MP2) 計算手順

子軌道の 4 乗に比例するが, 原子軌道の局所性を利用したカットオフにより経験的に 3 乗程度になる. 分子が大きくなると, 次数はさらに小さくなる.

Hartree-Fock 計算で分子のエネルギーの約 99%を求めることができるが, 定量的な議論を行うためには残り 1%の電子相関エネルギーが重要となる. その電子相関計算でよく用いられる摂動 (MP2, MP3 など) 法や結合クラスター (Coupled Cluster (CCSD, CCSD(T) など)) 法では, 密行列–行列積計算が中心となり, 演算量は原子軌道の 5 乗以上となる. 図 10.4 の式のように, 分子軌道 2 電子積分など 4 つのインデックス, 高次の方法ではさらに多くのインデックスを持つ項を使った計算を行うため, データ量および通信量は 4 乗以上に比例して増加し, 巨大分子の計算ではスーパーコンピュータが不可欠となる.

その他に, 励起状態計算などに用いられる配置間相互作用 (Configuration Interaction (CIS, CISD など)) 法 (図 10.5) の主な演算は, 疎行列の行列要素とその対角化計算で, 計算コストは摂動法などと同様に膨大となる.

このように, 大きな分子を高精度で計算するためには, 演算量, データ量ともに膨大になる. この問題を解決するために, これまでに数多くの人

CIS法：1電子励起配置の線形結合

$$\Psi_{CIS} = \sum_{i}^{occ}\sum_{a}^{vir} c_{ia}\Phi_i^a$$

CISD法：HF, 1,2電子励起配置の線形結合

$$\Psi_{CISD} = c_{HF}\Phi_{HF} + \sum_{i}^{occ}\sum_{a}^{vir} c_{ia}\Phi_i^a + \sum_{ij}^{occ}\sum_{ab}^{vir} c_{ijab}\Phi_{ij}^{ab}$$

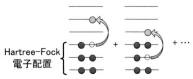

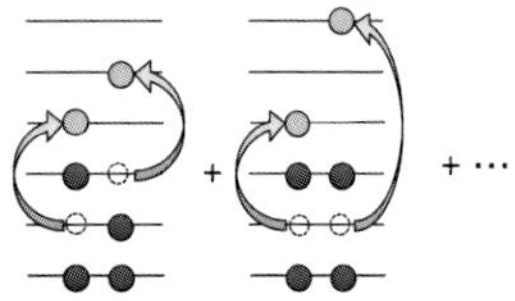

図 10.5 配置間相互作用 (CI) 計算概要

- **近似の導入**
  - FMO, DC, ONIOM, QM/MMなど分割法
  - ECP, Frozen core, 局在化軌道など化学的知見の利用
- **高速化**
  - 演算量の削減
  - 収束回数の削減
  - 実行性能の向上
- **並列化**
  - 計算機間の並列化
  - 計算機内の並列化
  - データの分散

図 10.6 大規模計算のための取り組み

たちが様々な提案を行ってきた.大きく分類すると,近似の導入,高速化,並列化 (図 10.6) の 3 つである.これらについて,一つずつ解説する.

10.3 近似の導入

大幅に計算コストを減らす方法の一つが,分子を分割してその部分ごとに計算する方法である. Fragment Molecular Orbital (FMO) 法 (図 10.7)[2] では,巨大な分子 (例えばタンパク質) をフラグメント (アミノ酸 1 残基もしくは複数残基) ごとに分割して,1 量体と 2 量体のエネルギーから全体のエネルギーを計算する.エネルギー計算自体がアミノ酸残基ごとの相互作用エネルギー解析にもなっている.より正確なエネルギーを求める場合には,3, 4 量体の計算を行う.分割方法には Divide and Conquer (DC) 法 [3] や Elongation 法 [4] などもある.

ONIOM 法 [5] は,分子系を 2 層もしくは 3 層に分割し,重要な層を高精度計算手法で,それ以外の層をコストの小さい方法で計算し,それらのエネルギーの足し引きから分子系全体の高精度計算手法でのエネルギーを算出する.

QM/MM 法 [6] では,重要な部分については量子化学計算を,それ以外の周りの部分については分子力場計算を行い,例えば,溶媒やタンパク質など周囲の環境を考慮した化学反応を取り扱うことができる.

計算を行う範囲を限定する手法としては,原子間の結合では価電子が重要であるため,内殻電子をポテンシャルに置き換えてあらわに扱う電子数を減らす Effective Core Potential (ECP) 法 [7] がある.よく使われるのは LANL2(Hay-Wadt)[8], Stuttgart[9], SBKJC[10] などである.

限定するもう一つの手法は,Frozen Core 近似 (図 10.8)[11] である.電子相関計算において,内殻電子からの励起を考慮しない方法で,一般によく用いられている.

SCF 計算で得られる分子軌道は,通常分子全体に広がっている. Localized Molecular Orbital (LMO) 法 (図 10.9)[12] では,適切な変換により,原子や原子間結合に分子軌道を局在化させて,電子相関計算において近くの軌道間の相関のみを考慮することで演算量を削減する.

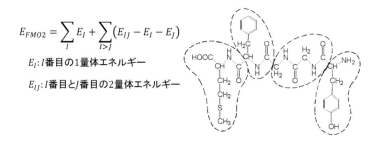

図 10.7 Fragment Molecular Orbital 法の概要

$E_{FMO2} = \sum_I E_I + \sum_{I>J}(E_{IJ} - E_I - E_J)$

E_I: I番目の1量体エネルギー

E_{IJ}: I番目とJ番目の2量体エネルギー

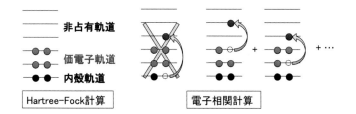

図 10.8 Frozen Core 近似

10.4. 高速化

図 10.9 Localized Molecular Orbital 法

補助基底を導入して, 4 中心 2 電子積分を 3 中心積分などの積で近似して演算量とデータ量を削減する密度フィッティング法もしくは Resolution of Identity(RI) 法 [13], 長距離のクーロン相互作用を個別に計算せずに, 多重極展開という. を用いてある程度まとめて取り扱う Fast Multipole Moment (FMM) 法 [14] などもある.

10.4 高速化

10.4.1 演算量の削減

高速化において, 計算機の性能を生かす取り組みの前に, 演算量そのものを削減することが最も重要となる. 基本となるのは, 原子軌道 1, 2 電子積分や電子相関計算の演算量の少ないアルゴリズムの開発である. 原子軌道関数の足し合わせのタイミングや, 原子軌道から分子軌道への積分変換の手順などで演算量は大きく異なり, 現在も様々なアルゴリズムが提案され続けている.

よく用いられるテクニックとしてはシュワルツの不等式を用いた 2 電子積分のカットオフがある. Fock 行列計算では, 図 10.10 に示すように個々の 2 電子積分を計算するかどうかを判断する. 原子軌道は局所的であるため, 原子軌道間の距離が大きくなると重なりが急速に小さくなり, 非常に小さな積分値になる. SCF 計算の繰り返しでは, 通常密度行列の差分を使って Fock 行列の値を更新するので, 密度行列の差分を掛けることでさらに省略が可能になる. ある程度大きな分子になると 2 電子積分計

```
do M=1, Nbasis
  do N=1, M
    do Λ=1, M
      do Σ=1, Λ
        if({|ΔD((MN|MN)(ΛΣ|ΛΣ))|^{1/2}}≧threshold) (μν|λσ)ブロック計算
      enddo
    enddo
  enddo
enddo
```

図 10.10 Fock 行列計算における 2 電子積分計算のカットオフ法

算の 9 割以上がスキップされ, 収束に近づくほど計算される積分量は少なくなる.

2 電子積分の対称性の利用も演算量削減に大きく寄与する. 2 電子積分の式は

$$(\mu\nu|\lambda\sigma) = \int d\mathbf{r}_1 \int d\mathbf{r}_2 \phi_\mu^*(\mathbf{r}_1)\phi_\nu(\mathbf{r}_1)\frac{1}{r_{12}}\phi_\lambda^*(\mathbf{r}_2)\phi_\sigma(\mathbf{r}_2) \quad (10.1)$$

であり, $\phi_\mu(\mathbf{r}_1)$ は原子軌道関数である. 通常の計算では実数であるため, μ と ν, λ と σ, $\mu\nu$ と $\lambda\sigma$ の入れ替えが可能となり,

$$(\mu\nu|\lambda\sigma) = (\mu\nu|\sigma\lambda) = (\lambda\sigma|\mu\nu) = (\lambda\sigma|\nu\mu) = \ldots \quad (10.2)$$

が成り立つ. SCF 計算では 2 電子積分の計算量が 1/8 になる. さらに分子構造が空間対称性を持つ場合, 電子相関計算において空間の対称性が異なる配置は混ざらないため, 同じ対称性を持つ積分および配置のみを考慮することで, 計算コストを大幅に削減することができる.

10.4.2 収束回数の削減

量子化学計算では, 繰り返し計算がよく行われ, 収束までの回数削減が計算時間削減に直結する. SCF 計算では, Direct Inversion of the Iterative subspace(DIIS) 法 [15] が最もよく用いられており, Fock 行列を履歴から外挿することで収束回数を減らす. 2 次収束法の Quadratically convergent

10.4. 高速化

SCF 法 [16] は, 1 サイクル当たりの計算コストは大きいが, 収束回数は DIIS 法よりも少ない. その他には, 電子が入っている軌道と入っていない軌道エネルギーの差 (HOMO-LUMO ギャップ) が小さく分子のエネルギーが振動する場合, 人為的にギャップを広げて電子の入る軌道が入れ替わらないようにする Level Shift 法 [17] などがある.

構造最適化計算では, 1 次微分は解析的に, 2 次微分は 1 次微分値から近似的にアップデートする Broyden-Fletcher-Goldfarb-Shanno(BFGS) 法 [18] で求めて, 擬 Newton-Raphson 法を用いて, よりエネルギーの低い構造を探す [19]. 初期 2 次微分値に, 単純な Cartesian 座標では単位行列を用いるが, 分子の結合, 角度, 2 面角を座標系とする Redundant 座標 [20] では力場パラメータを用いた近似値を用いる. そのため, Redundant 座標では, 初期 2 次微分値が改良され最適化サイクル数を大幅に減らすことができる.

10.4.3 単体実行性能の向上

紙の上でのアルゴリズムは同じでも, プログラムの書き方次第で計算速度は大きく異なる. 現在の計算機の仕組みを理解して書かなければ, CPU やメモリの性能を生かすことは困難である.

SIMD 演算では, 1 つの演算命令で複数のデータを同時に処理するため, do もしくは for ループを多用することで性能を引き出すことができる. その際, ループ内にデータの依存関係や if 文などがあると単純にループを回すのが難しくなるため, ループ内の演算はシンプルにする必要がある. ループ長がインプットに依存しない場合は, 変数で指定するのではなく, 具体的な数値やパラメータ変数 (プログラム内で値が変わらない) で書くと, コンパイラがさらに最適化しやすくなる. 今後, SIMD 長 (1 演算で処理できるデータ量) はさらに大きくなる可能性が高く, SIMD 化はますます重要になると考えられる.

電子相関計算では, 中間データ量が多く, 3, 4 次元配列を取り扱うことがよくある. CPU がメモリからデータを取ってくる時は, メモリ上のある程度連続したデータをまとめて移すため, メモリへのアクセス回数を減ら

せれば，データ転送時間を短くすることができる．よって，多次元配列の並び方と多重ループ構造を工夫して，連続したデータアクセスにすることでキャッシュミスを削減でき，CPU の演算を効率的に行うことができる．

数学ライブラリ BLAS および LAPACK の利用により，多重ループを手で書いて行列演算や対角化を行うよりもはるかに CPU を効率的に使うことが可能になる．特に電子相関計算の密行列–行列積で不可欠なのがレベル 3BLAS ルーチンで，キャッシュの有効利用が考慮され，さらにスレッド並列化されているため，ノード内行列–行列積計算が大幅に高速化される．

10.5 並列化

10.5.1 並列化手法

並列化のやり方は，どの範囲で何を分散させるかによって複数あり，それらを組み合わせることで多数のノードおよびコアを同時に効率的に利用することができる．ノード間は MPI，ノード内は OpenMP で並列化するのが主流となっており，行列演算ではノード内並列化されている BLAS および LAPACK ライブラリを併用することで効率的な開発が可能となる．MPI はノード間およびノード内並列化に対応しており，使い始めは大変だが性能を出すのは比較的容易である．一方，ノード内並列化の OpenMP は，使い始めは簡単だがノード内でどのようにデータを持つのか，どのようにループを分散させるのかをしっかりと考えないと性能を出すのは難しい場合が多い．今後ノードあたりのコア数はさらに増えると予想され，OpenMP の重要性はますます高まる．

MPI と OpenMP のハイブリッド並列化は図 10.11 の通りであり，量子化学分野での大きなメリットとしてはメモリの有効利用が挙げられる．もし MPI のみで分散した場合，図 10.11(b) のように各コアがそれぞれメモリ領域を確保し，MPI プロセスあたりの使えるメモリ量は小さくなる．そのため，大きな配列を確保するのが困難になる．OpenMP では，ノード内のコアでメモリ領域を共有できるため，配列サイズを大きくできる．もう一つの大きなメリットは，並列化効率の向上である．ハイブリッド並列化で MPI プロセスの数を全 CPU コア数から全ノード数まで削減でき，計算負

10.5. 並列化

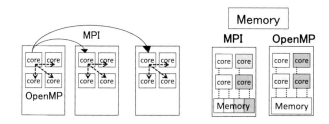

図 10.11 MPI と OpenMP のハイブリッド並列化 (a) 通信 (b) メモリ分散

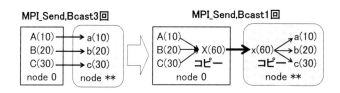

図 10.12 MPI 通信回数の削減方法

荷バランスの向上と通信量の削減に寄与する．ノード内では OpenMP で動的に計算負荷分散させることで，さらなる効率向上を達成できる．デメリットとして，アルゴリズムおよびプログラムが複雑になり，開発コストは上昇するが，現在そして今後の計算機を使った大規模計算では，それ以上にメリットが大きい．

10.5.2 MPI 通信の最適化

MPI 通信時間はデータサイズによって主要因が異なり，対応策が変わってくる．小さいデータの場合，レイテンシ時間が大半を占めるため送受信回数を削減し，大きいデータの場合，バンド幅が律速になるため送受信データ量を削減する必要がある．小さいデータでは，何度も送受信するよりも配列にデータを集めて一度だけ行うようにする (図 10.12)．

10.5.3　OpenMP 並列の最適化

OpenMP 並列領域では，すべての変数を各スレッドが別々の値を持つプライベート変数と 1 プロセスのスレッド間で共有する共有変数に分類する．既存のコードに OpenMP を導入するときは，private にすべき変数の指定忘れによるバグに注意する．!$OMP parallel や!$OMP do (特に schedule(dynamic)) のコストは，OpenMP 領域の演算量が少ないと無視できない．できるだけ多くの計算をまとめて OpenMP 並列領域に指定したり，多重ループの分散では外側のループを並列化することで，余分なコストをできるだけ減らす．

排他的処理の critical 節や atomic を多用すると，待ち時間が増加し効率が低下する．そこで，データをスレッド間で上書きしないループおよびデータ構造にするか，private 節や reduction 節でスレッドごとに変数を用意する．

10.5.4　高速化と並列化の重要性と難しさ

スーパーコンピュータ，研究室レベルの PC クラスタでも，今後ノード数およびノード当たりの CPU コア数は増加し，SIMD 長も大きくなると予測される．高速化と並列化は，特別な大規模計算のみならず日常の計算でも不可欠になりつつある．量子化学分野においては，既存のプログラムの改良では性能を出すのが難しく，式やアルゴリズムから考え直すことが求められる場合が多い．さらに，高速化と並列化を独立して進められず，同時に考慮しなければならないこともある．そのため，開発コストは増える一方となり，オープンソースでのプログラム公開と共有で分野全体でのコスト削減を考える段階に来ている．

10.6　高速化・並列化事例

10.6.1　原子軌道 2 電子積分計算アルゴリズム

原子軌道 (AO)2 電子積分はほとんどの量子化学計算で必要になる重要な項であり，電子の分布を Gauss 関数で扱うため，式 (10.1) のようになる．古

10.6. 高速化・並列化事例

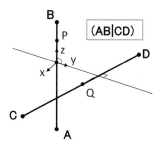

図 10.13 Pople-Hehre 法における座標軸回転

図 10.14 PH+MD 法の計算手順

典的な点電荷クーロン反発項に比べて計算が複雑になり、演算量は非常に多くなる. これまでに数多くのアルゴリズムが提案されてきた. Rys 多項式を利用する方法 [21], 座標軸を回転させ演算量を削減する Pople-Hehre(PH) 法 [22], 漸化式を使い軌道角運動量を効率的に上げる Obara-Saika 法 [23], McMurchie-Davidson(MD) 法 [24], Head-Gordon-Pople 法 [25], 随伴座標展開を用いる Accompanying Coordinate Expansion(ACE) 法 [26] などがある.

原子軌道 (基底) は, Gauss 関数の線形結合で記述し, 例えば STO-3G 基底関数では 3 つの Gauss 関数の足し合わせで一つの原子軌道とする. 2 電子積分の演算コストはその足し合わせ数の 4 乗, 2 乗, 0 乗に比例して増加し, 足し合わせるタイミングでコストは変わってくる. ここでは, PH 法と MD 法の組み合わせ [27] について紹介する.

PH 法は図 10.13 のように座標軸を回転させ, AB の x および y 成分, CD の y 成分を 0 に, その他いくつかの成分を一定値にすることで, 演算量を

表 10.3 $(sp, sp|sp, sp)$ 積分の演算量 $(= xK^4 + yK^2 + z$, K:基底関数の短縮数)

Method	PH	PH+MD
x	220	180
y	2300	1100
z	4000	5330

表 10.4 基底関数短縮数 (K) ごとの $(sp, sp|sp, sp)$ 積分の演算量

K	PH	PH+MD
1	6520	6583
2	16720	12490
3	42520	29535

削減する. MD 法では, 漸化式を用いて $(ss|ss)$ 型積分から軌道角運動量を効率的に上げていく (図 10.14). これらの組み合わせでは, まず座標軸を回転させ, 新たな座標系で漸化式を用いて軌道角運動量を上げ, 最後に座標軸を元に戻す. $(ss|ss)$ 型積分から軌道角運動量を上げるところで, 複数の成分が一定値となる特徴を生かして基底の 4 乗に比例するコストを下げる. ブラとケットに軌道角運動量を振り分けるところで, 複数の成分が 0 であるため 2 乗に比例する演算量を削減できる. $(sp, sp|sp, sp)$ 積分の場合, PH 法に比べて PH+MD 法では演算量が表 10.3 および 10.4 に示すようになり, STO-3G 基底関数 (基底の短縮数 K=3) では約 3 割演算量が少なくなる. 6-31G(d), cc-pVDZ など適度な短縮数の基底関数で, PH+MD 法は性能を発揮する.

表 10.5 Fock 行列計算時間 (sec)

分子	Taxol($C_{47}H_{51}NO_{14}$)		Luciferin($C_{11}H_8N_2O_3S_2$)
基底関数	STO-3G (361 次元)	6-31G(d) (1032 次元)	aug-cc-pVDZ (550 次元)
Original GAMESS (PH)	85.7	2015.2	2014.9
PH+MD	69.9	1361.8	1154.5

10.6. 高速化・並列化事例

このアルゴリズムを使い, $(ss|ss)$ から $(dd|dd)$ まで 21 種類の積分計算ルーチンを作成した. 漸化式部分のソースコードを作るプログラムを作成し, 約 2 万行のコードを自動生成して, デバッグを含めた開発時間を短縮した. GAMESS プログラム [28] に組み込み Fock 行列計算時間を測定したところ, 表 10.5 のように PH 法よりも計算時間を 2-4 割削減できた. 2005 年から GAMESS のデフォルト積分ルーチンとして PH+MD 法は使われている.

10.6.2 2 次の摂動 (MP2) 法の MPI 並列化

MP2 法は最も簡便な電子相関計算方法で, 式 (10.3) および (10.4) のように AO2 電子積分 $(\mu\nu|\lambda\sigma)$ に分子軌道 (MO) 係数 $C_{\mu a}$ を 4 回掛けて MO2 電子積分 $(ai|bj)$ に変換してエネルギーを求める.

$$E_{\mathrm{MP2}} = \sum_{ij}^{occ}\sum_{ab}^{vir} \frac{(ai|bj)\{2(ai|bj)-(aj|bi)\}}{\epsilon_i+\epsilon_j-\epsilon_a-\epsilon_b} \quad (10.3)$$

$$(ai|bj) = \sum_{\mu\nu\lambda\sigma}^{AO} C_{\mu a}C_{\nu i}C_{\lambda b}C_{\sigma j}(\mu\nu|\lambda\sigma) \quad (10.4)$$

ここで, ϵ は軌道エネルギー, i および j は電子が入っている MO, a および b は電子が入っていない MO である. これまでに, AO もしくは MO インデックスを分散させる並列計算アルゴリズムが複数開発されてきた. AO の分散では, 複数プロセスにまたがった部分的な MO2 電子積分の足し合わせが必要になり, 総通信量はプロセス数に依存する. MO の分散では, 同じ AO2 電子積分を複数のプロセスで重複して計算する必要があるため, プロセス数が増えると並列化効率が低下する.

Baker と Pulay は, 前半に AO, 後半に MO を分散させるアルゴリズム [29] を提案した. 通信のためのデータソーティングに多少時間がかかるが, すべての演算を分散させることができ, 総通信量はプロセス数にかかわらずほぼ一定という特徴を持つ. 前半の変換後の 2 電子積分のデータ量は, 基底の 4 乗に比例して増加するため, 数百原子の分子ではおおよそ

```
μ (AO index)   各ノードに分散
  do λ,σ
    AO 積分計算 (μν|λσ)    [ν,μλσ]   (all ν)
    第1変換      (μi|λσ)    [i,μλσ]    (all i)
    第2変換      (μi|λj)    [ij,λ,μ]   (all i ≥ j)
  end do λ,σ
  第3変換       (μi|bj)    [b,ij]    (all b)
  (μi|bj) をディスクに書込み [b,ij,μ]
end do μ
ij (MO index)  各ノードに分散
  (μi|bj) をディスクから読込み + MPI_isend,irecv
  第4変換       (ai|bj)    [b,a]    (all a,b)
  MP2 エネルギー計算
end do ij
```

図 10.15 MP2 エネルギー計算 MPI 並列アルゴリズム

TB 単位の量になる．そのため，2000 年ごろは中間データをディスクに保存していた．

図 10.15 はこのアルゴリズムを基にした，第 3 変換までを AO で，第 4 変換とエネルギー計算を MO で分散させたアルゴリズム [30] である．演算の分散と通信の特徴を維持したまま，シンプルなデータソーティングを実現している．第 2 から第 4 変換はレベル 3BLAS の行列–行列積計算ルーチン DGEMM を使い，演算と多次元配列のデータの並び替えを同時に行い，第 3 変換後の中間データをディスクに保存している．

DGEMM ルーチンで A(M,K) と B(K,N) の積を計算する場合，得られる行列 C の次元は 2 通り可能である (図 10.16)．A と B を転置せずに掛け合わせると C は (M,N) になり，転置して B と A の積にすると C は (N,M) になる．余分なコストを掛けずにデータを並び替えることで，実行性能を高めている．

これを GAMESS プログラムに実装し，Gigabit Ethernet で接続された Pentium4 3.0GHz クラスタでベンチマーク計算を行った．Taxol($C_{47}H_{51}NO_{14}$) 分子，6-31G(d)(1032 次元) および 6-311G(d,p)(1484 次元) 基底関数を用いた結果が表 10.6 である．2006 年当時の計算で，6-311G(d,p) 基底では中間データの総量は 202GB であった．どちらの基底も並列加速率は使用 CPU

10.6. 高速化・並列化事例

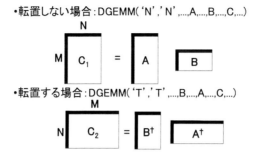

図 10.16 DGEMM ルーチンで得られる行列

表 10.6 MP2 エネルギー計算時間 (hour) と並列加速率

CPU 数	1	2	4	8	16
6-31G(d) (1032 次元)					
計算時間	10.2	5.08	2.54	1.31	0.64
並列加速率	1.0	2.0	4.0	7.8	15.8
6-311G(d,p) (1484 次元)					
計算時間	31.6	16.3	8.06	4.05	2.05
並列加速率	1.0	1.9	3.9	7.8	15.4

数とほぼ同じであり,高い並列性能を示している.

10.6.3 Hartree-Fock 計算の MPI/OpenMP ハイブリッド並列化

Hartree-Fock 計算で最も計算コストが大きいのは,AO2 電子積分計算と Fock 行列への足し込みである.この部分のハイブリッド並列化アルゴリズム [31] を図 10.17 に示す.4 重ループの最外ループを OpenMP で,第 3 ループを MPI ランクで計算負荷分散させ,4 重ループが終わった後,ノード内は reduction でノード間は MPI_allreduce で Fock 行列を足し合わせる.

OpenMP の分散を最外ループで行うことにより,スレッド生成や分散などの余分なコストを極力小さくし,演算量の多いインデックスから動的に

```
!$OMP parallel do schedule(dynamic,1) reduction(+:Fock)
do μ = nbasis, 1, -1        <-- OpenMPによる振り分け
  do ν = 1, μ
    μν = μ(μ+1)/2+ν
    λstart=mod(μν+mpi_rank,nproc)+1
    do λ = λstart, μ ,nproc  <-- MPIランクによる振り分け
      do σ = 1, λ
        AO2電子積分(μν|λσ)計算+Fock行列へ足し込み
      enddo
    enddo
  enddo
enddo
!$OMP end parallel do
call mpi_allreduce(Fock)
```

図 10.17 Fock 行列計算 MPI/OpenMP ハイブリッド並列化アルゴリズム

割り振ることでスレッド間の負荷分散を均等化している．MPI の分散では，if 文とカウンターを使わずに，一つ上のループでの mod(余り) 計算で割り振りを行っている．MPI ランクによる分散までの演算はすべてのプロセスが実行するため，この部分のコストを小さくしている．そして，MPI 通信を OpenMP 領域外で実行しており，シンプルな通信となっている．

MPI のみで並列化されている GAMESS プログラムにこのアルゴリズムを実装して，テスト計算を行った．その際，Fock 行列計算だけではなく，初期軌道計算の高速化と並列化も行った．拡張 Hückel 法で得られた分子軌道を，SCF 計算で使う基底に射影する段階で，行列–行列積を多用する式を採用した．さらに，繰り返し計算の途中では対角化をせずに擬 Newton-Raphson 法を基にした近似 Second-Order SCF 法 [32] を導入して，Fock 行列の対角化は最初と最後の 2 回のみ行っている．

Cray XT5 (Opteron 2.4GHz, 8 CPU コア/ノード) 2048 コアを用いて，TiO_2 クラスタ ($Ti_{35}O_{70}$, 6-31G 基底 (1645 次元), 30 SCF サイクル) でベンチマーク計算を行った．図 10.18 に全計算時間の並列加速率をまとめている．MPI のみのオリジナルの GAMESS に比べて，MPI のみの新アルゴリズムの並列加速率はコア数が多くなるほど改善されており，MPI/OpenMP

10.6. 高速化・並列化事例

表 10.7 初期軌道計算時間 (sec) と全計算に占める割合 (カッコ内)

CPU コア数		16	256	1024	2048
オリジナル GAMESS	MPI のみ	166.2 (0.9%)	143.6 (10.5%)	143.6 (27.2%)	143.8 (37.5%)
改良版	MPI のみ	20.2 (0.1%)	18.6 (1.5%)	18.9 (4.4%)	19.2 (7.0%)
改良版	MPI/OpenMP	18.6 (0.1%)	13.2 (1.1%)	13.6 (3.6%)	13.8 (5.9%)

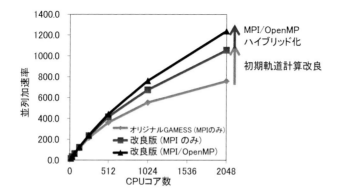

図 10.18 Hartree-Fock 計算の並列加速率

ハイブリッド並列化でさらに向上している.

初期軌道計算時間の全計算に占める割合は, オリジナルでは 16 コアで 1%以下であったが, 2048 コアでは約 40%を占めている (表 10.7). この計算の改良で 2048 コアでも 7%以下になり, 全体の並列加速率は大幅に増加した. Fock 行列計算時間 (表 10.8) は, 16 コアではどの計算でも変わりはないが, 2048 コアではハイブリッド並列化が最も短くなり, こちらも全体の計算時間短縮および並列加速率向上に大きく寄与している.

ハイブリッド並列化は利用コア数が増えるほどその効果が大きくなり, 今後のメニーコアシステムでは不可欠である. 初期軌道計算時間の解析から, 大規模並列計算ではすべての計算を高速化および並列化する必要

表 10.8 Fock 行列計算時間 (sec) と並列加速率 (カッコ内)

CPU コア数		16	256	1024	2048
オリジナル GAMESS	MPI のみ	17881.8 (16.0)	1175.2 (243.5)	334.0 (856.6)	188.6 (1517.0)
改良版	MPI のみ	17953.5 (16.0)	1175.2 (244.4)	360.0 (797.9)	203.1 (1414.4)
改良版	MPI/OpenMP	17777.6 (16.0)	1150.4 (247.3)	316.4 (899.0)	174.8 (1627.2)

があることがわかる.

GAMESS プログラムへの実装で OpenMP を導入する際, 大幅にプログラムを書き換えたため, 特定の計算しか流れないプログラムになった. OpenMP 領域の変数全てをプライベート変数もしくは共有変数に分類し, プライベートにすべき common 変数をサブルーチンの引数にして, さらに引数に書く変数の数を減らすため, スカラ変数を配列にまとめ直した. 既存のプログラムに OpenMP を導入して, 高い実行および並列性能を出すのは難しく, プログラムの設計段階から並列化を考慮したデータおよびループ構造での開発がこれからは求められる.

10.7 新たな量子化学計算プログラムの開発

10.7.1 SMASH プログラムの概要

上記の経験を基に, 新たに作られたプログラムが SMASH (Scalable Molecular Analysis Solver for High performance computing)[33] である. Apache 2.0 オープンソースライセンスで 2014 年 9 月に公開され, 2016 年時点でバージョンは 2.1.0, Hartree-Fock, DFT, MP2 のエネルギーおよび構造最適化計算が可能である. 対象マシンはスカラ型 CPU を搭載した計算機で, PC クラスタから「京」を含むスーパーコンピュータまでサポートされている. MPI/OpenMP ハイブリッド並列を設計段階から考慮した開発で, Fortran90/95 で書かれており, 電子相関計算の大容量データはすべてディスクではなくメモリ上に分散保存される. 1, 2 電子積分など頻繁

10.7. 新たな量子化学計算プログラムの開発

```
• int2elec(twoeri, exijkl, coijkl, xyzijkl, nprimijkl, nangijkl, nbfijkl, maxdim, mxprsh, threshex)
    twoeri      2電子積分計算値 (Output)
    exijkl      primitive関数の指数 (Input)
    coijkl      primitive関数の係数
    xyzijkl     xyz座標
    nprimijkl   primitive関数の数
    nangijkl    軌道角運動量(s=0, p=1, d=2,…)
    nbfijkl     基底関数の数(s=1, p=3, d=5or6,…)
    maxdim      最大twoeriの次元数
    mxprsh      最大primitive関数の数
    threshex    exp(-x²)計算の閾値
```

図 10.19 AO2 電子積分ルーチン

に使う計算ルーチンはライブラリ化されており,開発コストの削減と他のプログラムへの容易な移植が可能となっている.

10.7.2 原子軌道 2 電子積分計算ルーチン

AO2 電子積分計算ルーチンは図 10.19 のように,データをすべて引数で受け渡す構造になっており,ブラックボックス化されている. 2 電子積分の微分は軌道角運動量の異なる 2 電子積分の線形結合になるため,微分計算で 2 電子積分ルーチンを再利用できる. 適切な係数と軌道角運動量を引数で渡し,計算後適切な要素へ結果を足し込むだけで実装完了となる. 例えば,$(p_x s|ss)$ の微分計算の場合,

$$\partial(p_x s|ss)/\partial X_a = -2\alpha_a(d_{xx}s|ss) + (ss|ss)$$
$$\partial(p_x s|ss)/\partial Y_a = -2\alpha_a(d_{xy}s|ss) \quad (10.5)$$
$$\partial(p_x s|ss)/\partial Z_a = -2\alpha_a(d_{xz}s|ss)$$

となり, $(ds|ss)$ と $(ss|ss)$ 積分を計算するだけでよい.

```
do μλ (AO index pair)    MPIランクによる振り分け
!$OMP parallel do schedule(dynamic,1)
  do σ
    AO積分計算      (μν|λσ)     (all ν)
    第1変換         (μi|λσ)     (all i)
  enddo
!$OMP end parallel do
  第2変換(dgemm)    (μi|λj)     (all i ≥ j)
end do μλ
do ij (MO index pair)    MPIランクによる振り分け
  MPI_sendrecv (μi|λj)
  第3変換(dgemm)    (μi|bj)     (all b)
  第4変換(dgemm)    (ai|bj)     (all a, b)
  MP2エネルギー計算
end do ij
call mpi_reduce(MP2エネルギー)
```

図 10.20 MP2 エネルギー計算 MPI/OpenMP ハイブリッド並列化アルゴリズム

10.7.3 MPI/OpenMP ハイブリッド並列アルゴリズム

Hartree-Fock, DFT エネルギー計算の並列アルゴリズムは 10.6.3 項で説明したものを SMASH でも採用し, MP2 エネルギー計算については, 10.6.2 項のアルゴリズムを基に, ハイブリッド並列化および中間データのメモリ保存を導入したものを新たに開発した (図 10.20). 第 2 変換までは AO, 第 3 変換以降は MO のインデックスをプロセス間で分散させ, すべての演算をノード内で OpenMP および BLAS ライブラリで分散させている. 第 2 変換後の中間データを複数のノードに分散させることで, 全データをメモリ上に保存させることが可能になっている.

10.7.4 SMASH の性能

「京」(2.0GHz, 8CPU コア/ノード) で, SMASH のベンチマーク計算を行った. $(C_{150}H_{30})_2$ の B3LYP エネルギー計算 (cc-pVDZ 基底 (4500 次元), 16 SCF サイクル, 図 10.21) は 10 万 CPU コアで 5 万倍の並列加速率, 実行性能は 13%, 実行時間は 2 分半であった [34]. ノード内のみ並列化されている行列対角化 (LAPACK, DC 法) の時間はどのコア数でも 35 秒であ

10.7. 新たな量子化学計算プログラムの開発

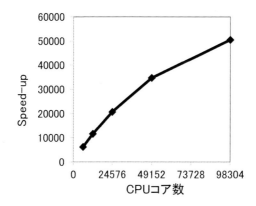

図 10.21 「京」における B3LYP エネルギー計算の並列加速率

表 10.9 B3LYP エネルギー 1 次微分計算時間 (sec) と並列加速率

CPU コア数	1024	4096	8192	16384
計算時間	402.0	101.2	50.8	25.5
並列加速率	1024.0	4067.7	8103.3	16143.1

り，これが 5 万，10 万 CPU コアでの並列化効率低下の主要因である．対角化は Fock 行列 2 回，基底の重なり行列 1 回，合計 3 回行っている．今後は，ScaLAPACK, EigenExa などプロセス間並列化されているライブラリの導入でさらなる並列性能の向上を進めていく必要がある．一方，$C_{150}H_{30}$ の B3LYP エネルギー微分計算 (cc-pVDZ 基底 (2250 次元), 表 10.9) は，行列対角化計算を含まないためコア数が増えても並列化効率はほぼ 100%となっている．

$C_{150}H_{30}$ の MP2 エネルギー計算 (6-31G(d) 基底 (2160 次元), 表 10.10) の中間データ量は 1.1TB と膨大であるが，多数のノードのメモリに分散保存させることで実行可能となっている．総量で 1.1TB の MPI_Sendrecv 通信があるにもかかわらず，18400 コアで並列加速率は 15000 倍，実行時間は 47 秒と高速かつ高い並列化効率で計算できている．

構造最適化計算では，エネルギー 1 次微分計算が高速に実行できるだけ

表 10.10 MP2 エネルギー計算時間 (sec) と並列加速率

CPU コア数	4608	6912	9216	18432
計算時間	152.5	105.7	83.4	46.9
並列加速率	4608.0	6648.2	8425.9	14983.4

表 10.11 B3LYP/cc-pVDZ 構造最適化サイクル数 (初期構造：HF/STO-3G)

	Cartesian 座標	Redundant 座標
Luciferin($C_{11}H_8N_2O_3S_2$)	63	11
Taxol($C_{47}H_{51}NO_{14}$)	203	40

では不十分で,最適化サイクル数の削減も必須である.シンプルな Cartesian 座標に比べて,分子構造の情報を使う Redundant 座標を導入すると,初期 2 次微分値が改善され,表 10.11 のようにサイクル回数は 1/5 から 1/6 となり,構造最適化計算全体が大幅に高速化された.

10.8 まとめ

　新たな理論・計算手法の開発,ソフトウェアの整備,計算機の性能向上により,多くの研究者が量子化学計算を容易に行えるようになった.そして,モデル化をすることなく実在系をそのまま取り扱えるようになり,実験との比較や解析においても十分な精度が得られる段階になった.今後,さらに大きな分子を高い精度で高速に計算したいというニーズは,ますます大きくなると予測される.この章で示したように,これからの計算機の性能を生かすためには,ソースコードのチューニングだけではなく,手間はかかるが,計算機を理解した上での新たな式の導出やアルゴリズムの開発など根本的なことからやり直さなければならない.そのためにも,量子化学分野の共通基盤ライブラリの整備といった分野での開発コスト削減の取り組みは,これからの大きな課題になるだろう.

練習問題

1. 大規模量子化学計算プログラム SMASH をウェブサイトからダウンロードして, make せよ.

2. MPI プロセス数もしくはスレッド数を変えて SMASH の実行をして, 計算時間を比較せよ.

参考文献

[1] https://ccportal.ims.ac.jp/.

[2] K. Kitaura, E. Ikeo, T. Asada, T. Nakano and M. Uebayasi, *Chem. Phys. Lett.*, **313**, 701 (1999).

[3] T. Akama, M. Kobayashi and H. Nakai, *J. Comput. Chem.*, **28**, 2003 (2007).

[4] A. Imamura, Y. Aoki and K. Maekawa, *J. Chem. Phys.*, **95**, 5419 (1991).

[5] M. Svensson, S. Humbel, R. D. J. Froese, T. Matsubara, S. Sieber and K. Morokuma, *J. Phys. Chem.*, **100**, 19357 (1996).

[6] A. Warshel and M. Karplus, *J. Am. Chem. Soc.*, **94**, 5612 (1972).

[7] (a) Y. S. Lee, W. C. Ermler and K. S. Pitzer, *J. Chem. Phys.*, **67**, 5861 (1977), (b) Y. Ishikawa and G. Malli, *J. Chem. Phys.*, **75**, 5423 (1981).

[8] (a) P. J. Hay and W. R. Wadt, *J. Chem. Phys.*, **82**, 270 (1985), (b) W. R. Wadt and P. J. Hay, *J. Chem. Phys.*, **82**, 284 (1985), (c) P. J. Hay and W. R. Wadt, *J. Chem. Phys.*, **82**, 299 (1985).

[9] P. Fuentealba, H. Preuss, H. Stoll and L. v. Szentpaly, *Chem. Phys. Lett.*, **89**, 418 (1982).

[10] W. J. Stevens, H. Basch and M. Krauss, *J. Chem. Phys.*, **81**, 6026 (1984).

[11] R. P. Hosteny, T. H. Dunning, R. R. Gilman, A. Pipano and I. Shavitt, *J. Chem. Phys.*, **62**, 4764 (1975).

[12] J. M. Foster and S. F. Boys, *Rev. Mod. Phys.*, **32**, 300 (1960).

[13] J. L. Whitten, *J. Chem. Phys.*, **58**, 4496 (1973).

[14] E. O. Steinborn and K. Ruedenberg, *Adv. Quantum Chem.*, **7**, 1 (1973).

[15] P. Pulay, *J. Comp. Chem.*, **3**, 556 (1982).

[16] G. B. Bacskay, *Chem. Phys.*, **61**, 385 (1981).

[17] D. H. Sleeman, *Thoret. Chem. Acta*, **11**, 135 (1968).

[18] (a) C. G. Broyden, *Journal of the Institute of Mathematics and Its Applications*, **6**, 76 (1970), (b) R. Fletcher, *Computer Journal*, **13**, 317 (1970), (c) D. Goldfarb, *Math. Comput.*, **24**, 23 (1970), (d) D. F. Shanno, *Math. Comput.* **24**, 647 (1970).

[19] H. B. Schlegel, *J. Comput. Chem.*, **3**, 214 (1982).

[20] P. Pulay and G. Fogarasi, *J. Chem. Phys.*, **96**, 2856 (1992).

[21] M. Dupuis, J. Rys and H. F. King, *J. Chem. Phys.*, **65**, 111 (1976).

[22] J. A. Pople and W. J. Hehre, *J. Comput. Phys.*, **27**, 161 (1978).

[23] S. Obara and A. Saika, *J. Chem. Phys.*, **84**, 3963 (1986).

[24] L. E. McMurchie and E. R. Davidson, *J. Comput. Phys.*, **65**, 218 (1978).

[25] M. Head-Gordon and J. A. Pople, *J. Chem. Phys.*, **89**, 5777 (1988).

[26] K. Ishida, *Int. J. Quant. Chem.*, **59**, 209 (1996).

[27] K. Ishimura and S. Nagase, *Theor. Chem. Acc.*, **120**, 185 (2008).

[28] M. W. Schmidt, K. K. Baldridge, J. A. Boatz, S. T. Elbert, M. S. Gordon, J. H. Jensen, S. Koseki, N. Matsunaga, K. A. Nguyen, S. J. Su, T. L. Windus, M. Dupuis and J. A. Montgomery, *J. Comput. Chem.*, **14**, 1347 (1993).

[29] J. Baker and P. Pulay, *J. Comput. Chem.*, **23**, 1150 (2002).

[30] K. Ishimura, P. Pulay and S. Nagase, *J. Comput. Chem.*, **27**, 407 (2006).

[31] K. Ishimura, K. Kuramoto, Y. Ikuta and S. Hyodo, *J. Chem. Theory Comput.*, **6**, 1075 (2010).

[32] G. Chaban, M. W. Schmidt and M. S. Gordon, *Theor. Chem. Acc.*, **97**, 88 (1997).

[33] K. Ishimura, SMASH, `http://smash-qc.sourceforge.net/`.

[34] K. Ishimura, *AIP Conf. Proc.*, **1702**, 090053 (2015).

第11章　計算精度に関する技術

大石 進一, 関根 晃太, 森倉 悠介 (11.1)
早稲田大学基幹理工学部応用数学科

黒田 久泰 (11.2)
愛媛大学大学院理工学研究科 電子情報工学専攻

中田 真秀 (11.3)
理化学研究所 情報基盤センター

　本章は,これまでの章とやや異なり,数値計算の精度についての基礎理論やいくつかの重要と思われる事例を取り上げる.案外計算機が出してきたデータに誤差が含まれており,特に並列化を行う場合に知っておかなければいけない重要な点を見過してしまうことがある.計算速度の追求はもちろん本書の中心的テーマであるが,それは正しい結果を出すことが前提である.ここで述べられる内容も是非知っておいてもらいたい.

11.1　大規模数値計算における精度保証

　現在の計算機は実数を IEEE 754-2008 [1] で定められた浮動小数点数に近似して演算を行う.また,浮動小数点数同士の演算結果も浮動小数点数で表せない場合,切り捨てや切り上げによって近似することで浮動小数点数にする.この誤差を丸め誤差という.そのため,浮動小数点数の演算は非常に高速である反面,演算を経て得られた結果は丸め誤差を含む近似値となる.丸め誤差の他にも,数値積分法や微分方程式などを扱う際には離散化誤差, Taylor 展開や Newton 法などを利用する際には打ち切り誤差なども発生する.このように計算機で得られた結果は必ずしも正しいわけではない.そのために近似値がどの程度正しい結果を得ているのか確かめる手段が必要であり,さらに正しさを確かめた結果,場合によっては近似値の改善も必要となる.

誤差が含まれた近似値がどの程度正しい結果を得ているか確かめる手段として精度保証付き数値計算法がある．精度保証付き数値計算とは，連立一次方程式をはじめとした固有値問題，積分，微分方程式などの解きたい問題の真の解 x^* と近似解 $\hat{x}$ に対し，数学的に厳密な誤差の上界を得る手法である．そのため，近似解の誤差を検討するだけでなく，数学の証明の道具として利用することも可能である．

ここでは，精度保証付き数値計算の基本的な考え方である区間演算をはじめに述べる．続いて，例題として連立一次方程式に対する精度保証付き数値計算法について述べる．また，他の問題における精度保証付き数値計算の詳細としては，文献 [2, 3] を参照して頂きたい．

11.1.1 浮動小数点演算における丸めと区間演算

$\mathbb{F}$ を IEEE 754-2008 で定められた倍精度浮動小数点数の集合とする．ただし，オーバーフローは起こらないと仮定する．また，四則演算を $\circ \in \{+, -, \times, /\}$ とする．IEEE 754-2008 では浮動小数点数の四則演算，及び平方根の 5 つの演算結果に限り結果に対する切り捨てや切り上げなどの丸め誤差に関するモードが定められている．例えば $a, b \in \mathbb{F}$ としたとき，四則演算は以下の通りである：

- 上向き丸め: $\bar{\circ}: \mathbb{F} \times \mathbb{F} \to \mathbb{F}$ とし，$\inf\{x \in \mathbb{F} \mid x \geq a \circ b\}$
- 下向き丸め: $\underline{\circ}: \mathbb{F} \times \mathbb{F} \to \mathbb{F}$ とし，$\sup\{x \in \mathbb{F} \mid x \leq a \circ b\}$
- 最近点丸め: $\tilde{\circ}: \mathbb{F} \times \mathbb{F} \to \mathbb{F}$ とし，最も近い浮動小数点数に丸める[1]．

例えば，C99 準拠の C 言語コンパイラでは fenv.h を使用することで，丸めモードの変更を行う fesetround 関数が利用できる[2,3]．

[1]最も近い浮動小数点数が二つある場合や，オーバーフロー付近における詳細は規格書 [1] を参照せよ

[2]Fortran 言語では Fortran2003 規格に準拠していれば，IEEE 算術演算に関する処理を行うモジュール IEEE_ARITHMETIC, IEEE_FEATURES を利用することで，丸めモードの変更ができる．例えば，CALL IEEE_SET_ROUNDING_MODE(IEEE_NEAREST) と記述することで最近点丸めになる．IEEE_NEAREST の代わりに IEEE_UP とすれば上向き丸め，IEEE_DOWN とすれば下向き丸めにも変更できる．

[3]コンパイラの最適化により計算順序が変更されたり，IEEE 754-2008 に準拠しない演算を行われ，意図せずに精度保証付き数値計算として成立しなくなる場合がある．そのために

11.1. 大規模数値計算における精度保証

次に，丸め誤差を把握するための基本的な道具となる区間演算について説明する．$\mathbb{R}$ を実数とし，ここでは端点に浮動小数点数を持つ区間を $[a,b] := \{x \in \mathbb{R} | a \leq x \leq b, a,b \in \mathbb{F}\}$ と表す．まず初めに2つの区間 $[a_l, a_u], [b_l, b_u]$ に対する区間四則演算を導入する．四則演算 $f : \mathbb{R} \times \mathbb{R} \to \mathbb{R}$ に対し，値域 $f([a_l,a_u],[b_l,b_u]) = \{z \in \mathbb{R} | z = f(x,y), x \in [a_l,a_u], y \in [b_l,b_u]\}$ を包含する区間 $[c_l, c_u]$ を求めることが区間演算の基本である．区間 $[a_l, a_u], [b_l, b_u]$ における区間演算は例えば以下のように計算できる：

- 加算：$[a_l, a_u] + [b_l, b_u] = [a_l \underline{+} b_l, a_u \overline{+} b_u]$

- 減算：$[a_l, a_u] - [b_l, b_u] = [a_l \underline{-} b_u, a_u \overline{-} b_l]$

- 乗算：$[a_l, a_u] \times [b_l, b_u] = [\min\{a_l \underline{\times} b_l, a_u \underline{\times} b_l, a_l \underline{\times} b_u, a_u \underline{\times} b_u\}, \max\{a_l \overline{\times} b_l, a_u \overline{\times} b_l, a_l \overline{\times} b_u, a_u \overline{\times} b_u\}]$

- 除算：$[a_l, a_u] / [b_l, b_u] = [\min\{a_l \underline{/} b_l, a_u \underline{/} b_l, a_l \underline{/} b_u, a_u \underline{/} b_u\}, \max\{a_l \overline{/} b_l, a_u \overline{/} b_l, a_l \overline{/} b_u, a_u \overline{/} b_u\}]$，ただし $0 \notin [b_l, b_u]$

乗算・除算に関しては端点の符号で場合分けすることができる．

11.1.2 大規模連立一次方程式の精度保証付き数値計算

本項では，$A \in \mathbb{F}^{n \times n}$, $b \in \mathbb{F}^n$ における連立一次方程式

$$Ax = b \tag{11.1}$$

の近似解 $\hat{x}$ に対する精度保証付き数値計算法について述べる．精度保証付き数値計算法では近似解 $\hat{x}$ と真の解 x^* の誤差上限を精密に求める．例えば，連立一次方程式の精度保証付き数値計算には以下の定理がよく用いられる．

最適化の抑制として，C 言語や Fortran2003 規格で定められている volatile 属性を変数に付加することで最適化を抑制したり，浮動小数点数に関する最適化オプション (-fp-model など) がコンパイラオプションとしてある場合は最も厳格に準拠 (strict) するような設定する必要がある．

定理 11.1.1 $A, R \in \mathbb{R}^{n \times n}, \hat{x}, b \in \mathbb{R}^n, I$ を単位行列とする. もし

$$\|RA - I\| < 1 \tag{11.2}$$

を満たすならば, A は正則であり

$$\|\hat{x} - A^{-1}b\| \leq \frac{\|R(A\hat{x} - b)\|}{1 - \|RA - I\|} \tag{11.3}$$

を満たす.

実際の計算機を用いた計算では, $\hat{x} \in \mathbb{F}^n$ は式 (11.1) の近似解, $R \in \mathbb{F}^{n \times n}$ は A の近似逆行列とし, ノルムは最大値ノルムで評価を行う. $x \in \mathbb{R}^n, A \in \mathbb{R}^{m \times n}$ における最大値ノルムは

$$\|x\|_\infty := \max_{1 \leq i \leq n} |x_i|, \quad \|A\|_\infty := \max_{1 \leq i \leq m} \sum_{j=1}^n |a_{ij}|$$

と定義する. 式 (11.2) を満たせば, 式 (11.3) より近似解と真の解との誤差上限が得られる. しかし, 式 (11.2), 式 (11.3) の浮動小数点演算には丸め誤差が含まれるため, 丸め誤差を考慮し上限を計算しなければならない. そこで, 11.1.1 項の区間演算を用いる必要がある. しかし, 11.1.1 項の区間演算を用いて RA などの行列–行列積を計算すると最適化が行われていないため実行速度が非常に遅くなる. そこで区間同士の演算をなくすために, 式 (11.3) の右辺の分子は

$$\|R(A\hat{x} - b)\| \leq \|R\|\|A\hat{x} - b\| \tag{11.4}$$

とする. これにより, 評価は粗くなるが点行列と区間ベクトルの積を導入しなくて済む.

さらに, 行列–行列積 RA や行列–ベクトル積 $A\hat{x}$ については最適化された BLAS を用いて真の値を包含することができる. 次にその包含手法を紹介する.

11.1.3 丸め変更を用いた行列積 RA の高速な包含方法

ここでは, $R, A \in \mathbb{F}^{n \times n}$ としたときの行列–行列積 RA の高速な包含法 [4] について述べる. 例えば, 以下のように計算できる.

11.1. 大規模数値計算における精度保証

```
#include <fenv.h>
fesetround(FE_UPWARD);       //上向き丸めモードへの変更
C_u=R*A;                     //上向き丸めで行列--行列積の計算
fesetround(FE_DOWNWARD);     //下向き丸めモードへの変更
C_d=R*A;                     //下向き丸めで行列--行列積の計算
```

$R*A$ の演算に最適化された BLAS を用いることで非常に高速に点行列同士の積の包含を得ることができる. ただし, 例えば 3 つの行列の積 $A*B*C$ などの一般的な場合は区間行列の演算になるため結果の包含が得られないことに注意する. さらに, $R*A$ を演算する前に丸めモードを変更しているが, 行列演算に利用する全ノード・全スレッドの丸めモードが変更されている必要がある. そのため, BLAS で利用する全ノード・全スレッドの丸めモードが変更されている保証が必要になる. さらに, Strassen などの計算量を削減するアルゴリズムでは引き算が含まれるため, すべての行列-行列積の演算の丸めモードが上向き (あるいは下向き) にしても行列-行列積の包含は得られない. そのため, BLAS には Strassen などのアルゴリズムが使われていないという保証も必要になる. そこで, 次に最近点丸めのみを利用する方法を紹介する. 最近点丸めのみを利用する方法は BLAS に Strassen などのアルゴリズムが使われていない場合, 丸め変更保証のない場合に利用できる有効な手法である.

11.1.4 最近点丸めのみを利用した連立一次方程式の解に対する高速な精度保証付き数値計算法

並列環境において丸めモードが適切に (全てのノード内, 全てのスレッドに) 変更が行われるかは注意が必要である. そのため, 最近点丸めとその事前誤差評価 [5] により丸め誤差を把握することで, 連立一次方程式の解に対する BLAS を用いた高速な精度保証付き数値計算法 [6] が提案されている:

定理 11.1.2 [6] $A \in \mathbb{F}^{n \times n}$, $b \in \mathbb{F}^n$ の連立一次方程式 $Ax = b$ において, $\hat{x}$ を近似解, $R \in \mathbb{F}^{n \times n}$ を A の近似逆行列, $e = (1, 1, \cdots, 1)^T \in \mathbb{F}^n$ とする. $\mathbf{u}$ を相対誤差, $\mathbf{u}_N$ を正規化数のなかで最も小さい正の数 (IEEE 75402008 の倍精度浮動小数点数では $\mathbf{u} = 2^{-53}, \mathbf{u}_N = 2^{-1022}$) とする. fl$(\cdots)$ は括

弧内の演算を最近点丸めの浮動小数点演算で行うことを意味する．また，$\tilde{\gamma}_n = \mathrm{fl}((n\mathbf{u})/(1 - n\mathbf{u}))$ とする．α_1, α_2 を

$$\alpha_1 := \mathrm{fl}(\|RA - I\|_\infty), \quad \alpha_2 := \mathrm{fl}(\||R|(|A|e)\|_\infty)$$

とする．このとき，$|\cdot|$ は各要素ごとの絶対値を表す．$(3n + 2)\mathbf{u} < 1$ かつ $\alpha_1 < 1$ を満たすならば $\|RA - I\|_\infty$ の上限は以下のように評価できる．

$$\|RA - I\|_\infty \leq \mathrm{fl}\left(\frac{\alpha_1 + \tilde{\gamma}_{3n+2}(\alpha_2 + 2)}{1 - 2\mathbf{u}}\right) =: \alpha.$$

このとき，$\|RA - I\|_\infty < 1$ ならば以下を満たす．

$$r_{\mathrm{mid}} := \mathrm{fl}(A\hat{x} - b), \quad r_{\mathrm{rad}} := \mathrm{fl}\left(\tilde{\gamma}_{2n+4}\{(|A|\|\hat{x}| + |b|) + \mathbf{u}^{-1}\mathbf{u}_N \cdot e\}\right).$$

t と q を

$$t := \mathrm{fl}(\tilde{\gamma}_{n+1}\max(|r_{\mathrm{mid}}|, \mathbf{u}_N \cdot e)), \quad q := \mathrm{fl}\left(\frac{|R|(t + r_{\mathrm{rad}}) + 2\mathbf{u}_N \cdot e}{1 - (n + 3)\mathbf{u}}\right)$$

とする．$\max(\cdot, \cdot)$ は各要素毎を比較した大きな要素を表す．このとき，以下の不等式が成り立つ

$$\|R(A\hat{x} - b)\|_\infty \leq \mathrm{fl}\left(\frac{\||R \cdot r_{\mathrm{mid}}| + q\|_\infty}{1 - 2\mathbf{u}}\right) =: \beta.$$

得られた α, β より

$$\|\hat{x} - A^{-1}b\|_\infty \leq \mathrm{fl}\left(\frac{\max(\beta, \mathbf{u}_N)}{1 - \alpha}/(1 - 3\mathbf{u})\right)$$

を計算することで，$\|\hat{x} - A^{-1}b\|_\infty$ の上限が得られる．

　この定理は最近点丸めのみを利用しているため，BLAS に要求する全ノード・全スレッドの丸めモード変更に関する保証が必要なくなる．そのため，最も計算量が大きい α_1 の計算において Strassen のアルゴリズムが使われていない限り BLAS を利用できる．事前誤差評価の詳細については，文献 [5, 6] を参考にして頂きたい．

11.1. 大規模数値計算における精度保証

List 11.1 Alg1 の Matlab コード.

```
function [alpha,err] = Alg1(A,R,b)
  feature('setround',0.5);
  n=length(A);
  I=eye(n);
  feature('setround',-inf);
  Gd = (abs(R*A-I));
  feature('setround',inf);
  Gu = (abs(R*A-I));
  Gu =max(Gd,Gu);
  alpha=norm(Gu,inf);
  if alpha >=1, ...
  error('verification failed.'),
    end
  feature('setround',0.5);
  x=R*b;
  feature('setround',-inf);
  rd = abs(A*x-b);
  alpha_=1-alpha;
  feature('setround',inf);
  ru = abs(A*x-b);
  ru = max(rd,ru);
  R_up=norm(abs(R),inf);
  ru_=norm(ru,inf);
  beta=R_up*ru_;
  err=beta/alpha_;
  feature('setround',0.5);
end
```

List 11.2 Alg2 の Matlab コード.

```
function [alpha,err] = Alg2(A,R,b)
  u=2^-53;
  u_=2^-1022;
  feature('setround',0.5);
  n=length(A);
  I=eye(n);
  e=ones(n,1);
  alpha_1 = norm(R*A-I,inf);
  alpha_2 = norm(abs(R)*(abs(A)*e),inf);
  if (3*n+2)*u >=1, ...
  error('verification failed.'), end
  if alpha_1 >=1,...
    error('verification failed.'), end
  alpha =  (alpha_1+...
  g_t(3*n+2)*(alpha_2+2))/(1-2*u);
  if alpha >=1,...
    error('verification failed.'), end
  x=R*b;
  r_mid=A*x-b;
  r_rad=g_t(2*n+4)*(abs(A)*abs(x)...
  +abs(b)+u^-1*u_*e);
  t = g_t(n+1)*max(abs(r_mid),u_*e);
  q = (abs(R)*(t+r_rad)+2*u_*e)/(1-(n+3)*u);
  beta=norm(abs(abs(R*r_mid)+q),inf)/(1-2*u);
  err = (max(beta,u_)/(1-alpha))/(1-3*u);
end
function res = g_t(n)
  u=2^-53;
  res=(n*u)/(1-n*u);
end
```

11.1.5 数値実験

最後に,数値実験例を示す.実行環境は,以下である：
OS：CentOS 6.5
CPU：Intel Xeon Processor E7-4830 v2 (20M Cache, 2.20 GHz), 4 CPU/40 cores
Memory：2Tbyte (DDR 3)
Software：MATLAB2016a

また実行したアルゴリズムは以下である：
Alg1：丸めモードの変更を用いて定理 11.1.1 における式 (11.3) を式 (11.4) として計算.
Alg2：丸めモードを変更せず（最近点丸めにおいて）定理 11.1.2 を計算.
　行列サイズを $n = 10000, 20000, 50000$ とし 5 回ずつ実験を行いその平均を記載する.テスト行列は "A=randn(n), $b = A * \text{ones}(n, 1)$" で作成した.

表 11.1 $\|RA - I\|_\infty$ の上限

n	Alg1	Alg2
10000	3.1319e-07	1.7342e-05
20000	2.1572e-07	4.2553e-04
50000	1.7369e-06	0.0063

表 11.2 $\|\hat{x} - A^{-1}b\|_\infty$ の上限

n	Alg1	Alg2
10000	5.3998e-05	1.1549e-05
20000	0.0013	2.8581e-04
50000	0.0618	0.0043

表 11.3 計算時間 (秒)

n	近似逆行列	Alg1	Alg2
10000	9.0790	6.6569	3.6661
20000	50.8709	47.3164	25.2638
50000	626.3300	710.7150	361.4290

MATLAB では feature('setround', mode), mode が inf のとき丸めモードを上向きに, 0.5 のとき最近点丸めに, -inf のとき下向き丸めに丸めモードを変更する.

表 11.1 は $\|RA - I\|_\infty$ の上限, 表 11.2 は $\|\hat{x} - A^{-1}b\|_\infty$ の上限を表す. 表 11.3 は計算時間 (sec) を表す.

表 11.1 より $\|RA - I\|_\infty$ の計算は, 事前誤差評価を用いている Alg2 のほうが Alg1 より過大評価になっている. また $\|\hat{x} - A^{-1}b\|_\infty$ の計算結果である表 11.2 より, Alg1 の結果は式 (11.4) のようにノルムを過大評価しているため, 事前誤差評価を利用している Alg2 の結果より過大評価されていることがわかる. また, 丸め変更を用いる場合でも工夫して式 (11.3) を直接計算すれば Alg2 よりも評価が良くなる. 最後に Alg2 は事前誤差評価を用いて式 (11.2) の行列-行列積の計算回数を 2 回から 1 回に減らしているため, 表 11.3 より, Alg2 は Alg1 より高速であることがわかる. そのため, Alg2 は大規模な行列を扱うスーパーコンピュータ向けのアルゴリズムとなっている.

また, 真の解 x^* の各要素は 1 に近くなるように設定しているため, 今回のテスト問題に限り表 11.2 の結果はほぼ相対誤差の上限値ともみなせる.

倍精度浮動小数点数演算 1 回の丸めに対する相対誤差は $2^{-53} (\approx 10^{-16})$ であるため, 表 11.2 の結果は全体的に誤差が大きく見える. このような場合には詳細は省くが, 高精度計算 (例えば [7]) を用いて近似解および誤差評価を改善することができる. 概要を述べると以下である:

- 残差反復 $\hat{x}_{i+1} = \hat{x}_i - R(A\hat{x}_i - b)$ を計算し, 近似解を改善する. ただし, 残差 $A\hat{x} - b$ を高精度に計算する.

- 誤差評価式 (11.3) の残差 $A\hat{x} - b$ の計算に誤差評価付き高精度計算を利用する.

これらのテクニックを利用することで最終的に得られる相対誤差の上限値は 10^{-10} から 10^{-16} まで小さくすることが可能である.

11.2　並列処理における収束精度問題

　時間経過とともに変化するシミュレーションでは, その計算途中で反復解法を用いている場合, 一定時間でその反復を打ち切ると誤算が蓄積・伝搬し, シミュレーションの結果に大きな影響を及ぼすことが多い. だからといって, 反復解法のところで十分な精度で解を求めたとしても並列計算においては注意すべき点がある.

　まず, 逐次実行であれば何回実行しても毎回同じシミュレーション結果が得られる. 乱数を使ったシミュレーションの場合でも, シード値 (擬似乱数生成アルゴリズムが内部的に利用する初期値) を同じにすることで, 同じシミュレーション結果が得られる.

　一方, 並列計算では実行のたびにシミュレーション結果が大きく異なることがある. そして, 再現性が得られず, 二度と同じシミュレーション結果を得ることができないといった事態に陥ることになる. 本節ではそのような事例と対策について述べる. なお, ここでは MPS 法を具体的として挙げるが, 一般的な並列計算でも発生する問題である.

$$\omega(r) = \begin{cases} \dfrac{r_e}{r} & 0 \leq r \leq r_e \\ 0 & r_e \leq r \end{cases}$$

r：粒子間距離
r_e：粒子間相互作用半径

図 11.1 粒子間相互作用モデル．全ての粒子に対して相互作用半径以内であるかどうかを探索する必要がある (近傍粒子探索と呼ぶ)．

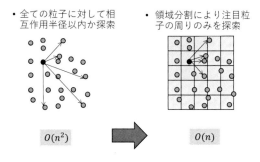

図 11.2 近傍粒子探索における領域分割

11.2.1 MPS 法

MPS(Moving Particle Semi-implicit) 法は東京大学の越塚誠一教授が 1995 年に開発した粒子法シミュレーションの一種である [8]．粒子法はシミュレーションの対象となる連続体を有限個の粒子によって表現し，連続体の挙動を粒子の運動によって計算する．MPS 法では微分演算子に対応する粒子間相互作用モデルを用いて連続体の支配方程式の離散化を行う．

ここで，粒子間相互作用モデルとは，図 11.1 のように，2 つの粒子間の距離 r が相互作用の影響範囲を決める r_e 以下であればその 2 つの粒子間で相互作用するという計算上のモデルのことである．

粒子間相互作用モデルでは，取り得る全ての粒子のペアに対して相互作用半径以内であるかどうかの探索が必要となる．粒子数を n とした場合，単純な実装では $O(n^2)$ の計算量となるが，領域分割を使えば，ほぼ $O(n)$ に近い計算量で実現可能である（図 11.2）．

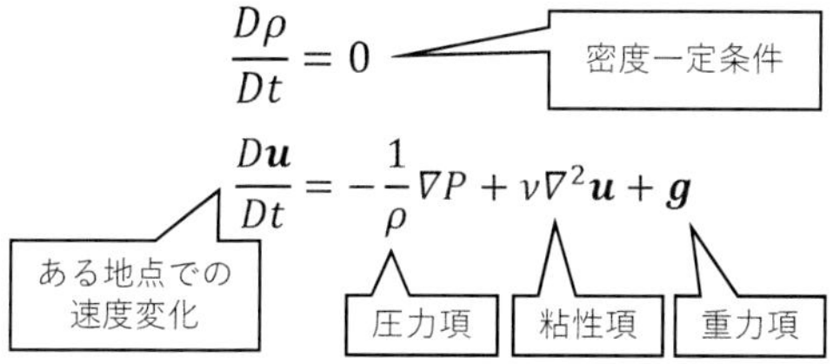

11.2. 並列処理における収束精度問題

$$\frac{D\rho}{Dt} = 0 \quad \text{密度一定条件}$$

$$\frac{D\boldsymbol{u}}{Dt} = -\frac{1}{\rho}\nabla P + \nu\nabla^2 \boldsymbol{u} + \boldsymbol{g}$$

ある地点での速度変化　圧力項　粘性項　重力項

図 11.3 非圧縮性流れ（粘性率が一定）におけるナビエ・ストークス方程式

$$r_0 = b - Ax_0; \quad \beta_0 = \frac{1}{(r_0, r_0)}; \quad p_0 = \beta_0 r_0$$
for $k = 0, 1, \cdots$ **until** $\|r_k\| \leq \varepsilon \|b\|$ **do**
$$a_k = \frac{1}{(p_k, Ap_k)}$$
$$x_{k+1} = x_k + \alpha_k p_k$$
$$r_{k+1} = r_k - \alpha_k Ap_k$$
$$\beta_{k+1} = \frac{1}{(r_{k+1}, r_{k+1})}$$
$$p_{k+1} = p_k + \beta_{k+1} r_{k+1}$$
end

図 11.4 共役勾配法 (高橋秀俊版)[9]

流体の現象をシミュレーションするには，図 11.3 に示す非圧縮性流れ (流体粒子の内部で密度が一定) の支配方程式であるナビエ・ストークス方程式と呼ばれる運動量保存則を利用する．

MPS 法では圧力項を陰的に，粘性項と重力項を陽的に計算する．圧力項の計算におけるポアソンの圧力方程式を解くときに共役勾配法を利用することが一般的である．MPS 法では，陽的解法部 → 近傍粒子探索 → 行列生成 → 陰的解法部 (共役勾配法) を繰り返して，時間経過によるシミュレーションを行っていく．

共役勾配法は連立一次方程式 $Ax = b$ を解くための反復解法の一つであり，アルゴリズムは図 11.4 のようになる．

この MPS 法で実際に並列計算を行うと，図 11.5 に示すように実行のたびに結果が異なるという現象を目にすることがある．それをわかりやす

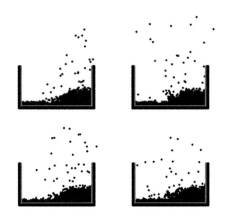

図 11.5 シミュレーション結果の違い（4つとも同時刻のものであり容器から液体が飛び散ることもあれば飛び散らないこともある）

く示したものが図 11.6 である．1 スレッドと 2 スレッドの実行で異なるシミュレーション結果となることがあり，1 スレッドと 2 スレッドそれぞれにおいては，何度実行しても同じ結果である．一方，3 スレッド以上の実行の場合，実行するたびにシミュレーション結果が異なるという現象が起きる．

11.2.2 シミュレーション結果が異なる原因

並列計算におけるシミュレーション結果の違いは，まず反復解法のところに原因がある．MPS 法の場合であれば，共役勾配法の部分である．共役勾配法で並列計算を行うと，演算結果に微妙な違いが発生するためである．時間経過によるシミュレーションでは，開始間近の一部の粒子の小さな振る舞いが大きな影響を及ぼすことがある．この実行結果の違いは，実行時間の違いにも影響してくるため，チューニングを行う上で，注意すべき点でもある．

共役勾配法の中のどの部分に問題が潜んでいるかというと，全スレッドに跨った 2 つのベクトルの内積の演算結果の部分である．図 11.4 のアルゴリズムにおいて，反復中の α_k と β_{k+1} を求める式に出てくる 2 つのベ

11.2. 並列処理における収束精度問題

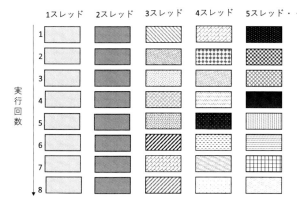

図 11.6 シミュレーション結果の違いをわかりやすくした図. 濃淡や模様の違いは異なるシミュレーション結果を表す. 3 スレッド以上になるとシミュレーションのたびに結果が異なる.

クトルの内積演算 $(\boldsymbol{p}_k, A\boldsymbol{p}_k)$ と $(\boldsymbol{r}_{k+1}, \boldsymbol{r}_{k+1})$ の結果がごくわずかではあるが違ってくることに原因がある.

ここで, スレッド数を T, スレッド番号を i (範囲は $0 \sim T-1$), ベクトル全体の要素数を n とし, ここではわかりやすく n は T で割り切れるものとする. また, 各スレッド i はベクトル $\boldsymbol{a}$ と $\boldsymbol{b}$ の $i*n/T$ 番目の要素から $(i+1)*n/T-1$ 番目までの要素を担当しているとする.

内積の演算では, 各スレッドでは下記のような部分ベクトルの内積を計算し,

$$s_i = \sum_{k=i*n/T}^{(i+1)*n/T-1} a_k \cdot b_k$$

その後, 各スレッドの部分ベクトルの内積結果の和を計算する.

$$内積結果 = \sum_{k=0}^{T-1} s_k$$

$s_0 + s_1$ の計算であれば毎回同じ結果となるが, $s_0 + s_1 + s_2$ の場合, $(s_0 + s_1) + s_2$ と計算するのと $s_0 + (s_1 + s_2)$ の計算では微妙に計算結果が異なることがある. つまり, 3 個以上の数値の足し算では, その順序によっ

て計算結果が異なる.

　毎回結果が同じで, かつ, 最も誤差が小さくなる計算方法は, 絶対値の大きさの順に並べ替え, 絶対値の小さい順に足し算をしていくことである. 収束の著しく悪い問題への対策として知られている方法ではあるが, 足し算の前にソーティングが必要となるため, 反復のたびに毎回行うとなるとオーバーヘッドが大きい.

11.2.3　改善策

　並列実行のたびにシミュレーション結果が異なるだけではなく, 連立一次方程式を解く反復解法のところで収束までの反復回数が変化し, それに伴い実行時間も変化するとなるとアルゴリズムや実装方式の評価が困難となる. ここでは, それらの対策について述べる.

常に同じスレッド数で実行する場合

　スレッド数やノード数を変更することなく常に固定してシミュレーションを行うのであれば, 対策は比較的簡単でオーバーヘッドも小さくすることができる. 通常, ノード間やスレッド間で和を求めるときにその計算順序は定められていない. そこで, 和を求めるときにスレッド番号やノード番号の決められた順番で和を求めることである. 共役勾配法では, 2つのベクトルの内積演算でそれを行う. 例えば, 8個のスレッドであれば下記のように個々のスレッドが持つ値を足していく演算の順序を固定化する.

$$s = ((s_0 + s_1) + (s_2 + s_3)) + ((s_4 + s_5) + (s_6 + s_7))$$

　これで少なくとも同じスレッド数で実行する場合, 何度実行してもベクトルの内積演算の結果がぴったりと一致し, 毎回同じシミュレーション結果が得られる.

　なお, コンパイラやMPIライブラリによっては, 同じスレッド数や同じプロセス数で実行した場合に演算順序を固定化し, 再現性が保てるような拡張機能が用意されているものもあるので, ここで簡単に紹介しておく.

11.2. 並列処理における収束精度問題

インテルコンパイラの場合

インテルコンパイラの OpenMP ランタイムでは，ランライムの動作を制御するインテル拡張の環境変数が用意されている．具体的には，環境変数 KMP_DETERMINISTIC_REDUCTION に 1（デフォルトは 0）を指定することで，OpenMP の reduction 指示節で実行される浮動小数点演算の順序が固定され，一貫性のある浮動小数点結果が得られる．

インテル MPI ライブラリの場合には，MPI 集合操作制御用環境変数 I_MPI_ADJUST_ALLREDUCE や I_MPI_ADJUST_REDUCE に演算順序を保証するアルゴリズム（複数用意されている）を選択することで毎回同じ演算結果が得られる．

富士通株式会社製コンパイラ

富士通株式会社製コンパイラは，コンパイル時に -Kordered_omp_reduction を指定すると，OpenMP の reduction 指示節で実行される演算の順序がスレッド番号順に固定される．省略時は，-Knoordered_omp_reduction オプションが指定されたものとみなされ演算順序は固定されない．

富士通社製の MPI ライブラリにおいては，実行時に mpiexec -mca coll_base_reduce_commute_safe 1 のように MCA パラメータの一つである coll_base_reduce_commute_safe を 1 に設定することでリダクション演算の順序を固定することができる．

スレッド数を変えて実行する場合

異なるスレッド数で実行しても同じ結果にするには，基本的には自分でプログラムを書く必要がある．具体的には，実行を考えているスレッド数の最小公倍数を求め，その最小公倍数でベクトルを分割して，内積演算を行うようにする．例えば，スレッド数が 1, 2, 4, 8, 10, 16, 20, 40 を予定している場合，それらの最小公倍数である 80 個にベクトルを分割する．

```
#define MIN(a, b) (((a) < (b)) ? (a) : (b))
double ddot(double p[], double q[], int n)
{
  int i, j, n_12;
  double l_s, s[12];

  n_12 = (n - 1) / 12 + 1;

  #pragma omp parallel for private(j, l_s)
  for(i = 0; i < 12; i++){
    l_s = 0.0;
    for(j=i*n_12; j<MIN((i+1)*n_12,n); j++) l_s+=p[j]*q[j];
    s[i] = l_s;
  }
  return s[0] + s[1] + s[2] + s[3] + s[4] + s[5]+
         s[6] + s[7] + s[8] + s[9] + s[10] + s[11];
}
```

図 11.7 毎回同じ値を返す内積演算ルーチン（12 の約数となるスレッド数に対応）

実際に, 1, 2, 3, 4, 6, 12 スレッド（最小公倍数は 12）で毎回同じ内積の値が得られるプログラムコードは図 11.7 のようになる. なお, 任意のスレッド数に対応させることは現実的には無理である.

11.2.4 まとめ

並列計算においても, 再現性のあるシミュレーションを実現することはとても重要であることは言うまでもない. また, 実行のたびに反復解法部分での収束回数が変わりシミュレーション全体の実行時間が大きく変わることは, デバッグや性能評価の測定において好ましいとは言えない. そこで, 並列計算のどの部分で実行のたびに演算結果が異なってくるのかを見極め, シミュレーションの再現性を保ちながら実行速度への影響ができるだけ小さくなるような工夫を行うことが重要となる.

11.3 多倍長精度計算, 高精度計算

多倍長精度, または高精度演算とよばれる精度, 演算, ライブラリなどについて解説する. ソフトウェアは一般的な Linux ディストリビューションで実行, 利用できる.

11.3.1 多倍長精度計算, 高精度計算の必要な場面

　浮動小数点数については, 前の章で説明があった. 現在 IEEE754-2008[1] の規格がほとんどのコンピュータで採用されている. ハードウェアで実装された binary32, binary64, いわゆる単精度, 倍精度とよばれる浮動小数点数とその演算は, 大変高速である. 市販品のアクセラレータ, プロセッサ倍精度演算でも単体で理論ピーク性能値として 4TFlops 程度出る場合もある. 演算精度は binary32 では 10 進数にして有効数字 7 桁, binary32 では同じく有効数字 16 桁である. ただ, これだけでは精度が足りない場合もある. IEEE754-2008 では binary128, いわゆる四倍精度もフォーマットとして定められており, これは 10 進数で有効桁 34 桁となっている.

　このような binary128 または, それ以上精度を使う必要性はあるのだろうか?

　では, まず, どのような場合, 計算結果が予期せぬ値になるのか, 浮動小数点数同士の演算は誤差を大きく含んでしまう, 有効桁が大きく減ってしまうのか, 高精度計算と関係ある場合について見てみよう. 仮に有効数字が 8 桁の 10 進数, で, 指数範囲が $-100 \sim 100$ までの浮動小数点数同士の演算で示してみる. 有効桁, 指数範囲を超える場合これより広い範囲をサポートしている高精度演算が必要となる.

- 大きい数に小さい数を足す場合

$$1.0 + 1.0 \times 10^{-9} = 1.0$$

1.0×10^{-9} は何度 1.0 に足しても 1.0 となってしまう.

- ほぼ同じ大きさの数を引き算する場合

$$3.141592653 - 3.141592652 = 1.0 \times 10^{-9}$$

この演算には誤差は無いのだが, 有効桁は一気に一桁まで減ってしまう.

- オーバーフロー

$$1.0^{100} \times 1.0^{100} = 1.0^{200}$$

この演算は特に問題なさそうに見えるが, IEEE754-2008 の場合は無限大となる.

サポートされている範囲を逸脱する場合は, 何かしら例外処理を要求される. そしてそれを考慮に入れてないプログラムを組むと, 予期せぬ結果を与えることがある.

さて, 以上は大変プリミティブな演算のみに焦点を当ててみた. 通常, 数値計算用に開発されたライブラリでは, このような問題のある演算を回避するようなアルゴリズムを用いる. 例えば, 2 次方程式の解を求める場合解の公式はそのままを用いないし, 連立一次方程式を解く場合にもクラメールの公式はそのまま用いない. しかしながらプログラム上の工夫をしたとしても, 桁や指数部を大きく取るのがよい場面が色々でてくる. これらを列挙してみよう [10, 11].

- 長時間シミュレーション, 大規模計算など.

- 実験数学: 例えばある値がゼロに収束するが数学的な証明が与えられない, というときに, 徐々に精度を上げてゆくとゼロに収束してゆくのを観察できる場合がある. その結果はゼロに収束する傍証になる (Riemann の ζ 関数のゼロ点を数え上げるなど [12]).

- 検証, デバッグを行う場合: 例えば, 理論的には値がゼロに近づくのだが, 倍精度で値が少し残る. これはバグのせいか, 数値誤差のせいかわからない場合. 精度を上げてゆき, ゼロの近づくかどうかを見る.

- Kahan の可算アルゴリズム: 数列の和を取るアルゴリズムで, 用いている精度の倍の精度を用いて計算すれば正確にできるというもの [13].

- 大きな数から大きな数を引く演算を多用する場合: これはファインマン積分のモンテカルロ的な評価を行う場合などに出てくる.

- BiCGStab のような反復法では, 多倍長精度演算を用いると収束したり反復回数が減ったりすることが知られている [14].

11.3. 多倍長精度計算, 高精度計算

- 半正定値計画法を高精度に解く場合 [15].

- 非対称固有値問題の解析を行う場合: 対称行列の固有値問題と比較して大変難しいとされ精度が必要とされる場合がでてくる.

- 物理の検証: 量子電磁力学 (QED) は非常に正確な自然のモデルである. しかしながら QCD の効果などは取り入れていない. そのわずかな差を精密に求めるには精度が高い計算が必要となる. Large Hadron Collider (LHC) でも, 特定の箇所で数値的不安定性が出てきており, 精度の高い計算が必要であった.

- SIAM News 2002 に Nick Trefethen によって行われた現代の計算数学における高精度計算について 10 の問題を解くコンテスト [16].

このように, 多倍長精度演算が重要になる局面は (意外にも, また, 以外にも) たくさんある.

11.3.2 多倍長精度の種類とその演算の実際について

IEEE754-2008 の binary128, および規格外も含め仮数部や指数部をさらに伸ばした浮動小数点数フォーマットを用いることがある. これらの数を多倍長精度数, 演算を多倍長精度演算などと呼ぶことがある. ただし厳密に定義された用語ではなく, 論文によって意味が若干変化することもある.

そして, 多倍長精度演算ではそもそも演算量が増えるため遅くなるが, ほとんどがソフトウェアによる実装となりさらに遅くなる. つまり演算速度が大変低い. 例えば, IEEE754-2008 で初めて定義された四倍精度のソフトウェア実装は, 規格に忠実に実装すると, ハードウェアに実装された倍精度に比べて 100 倍程度遅い. SIMD も無いため, 最近のプロセッサではさらに遅くなるだろう. 任意の仮数部を持てるようにし, 様々な精度が試せるようになっている実装はさらに遅い. しかしながら四倍精度では解けない問題を解くことができるため, 必要である. 少しでも速い実装の例として, 倍々精度を挙げる. 倍精度演算のみを用いるため, 高速である.

図 11.8 binary128 または四倍精度の bit の並び (図は Ivan Pozdeev による https://en.wikipedia.org/wiki/Quadruple-precision_floating-point_format#/media/File:IEEE_754_Quadruple_Floating_Point_Format.svg から).

また, 精度は若干落ちるがほぼ四倍精度相当の精度が出る. 先程の「本物の」四倍精度の 10 倍以上高速である.

binary128, 四倍精度演算について

binary128 は符号 1bit, 仮数幅 15bit, 仮数部 112bit, 合計 128bit の浮動小数点数フォーマットである. いわゆる四倍精度の数はこのフォーマットを用いる. このフォーマットを図示すると, 図 11.8 のようになる. 仮数部は最初の bit が 1 となっていることより 1bit 節約でき, 本質的には 113bit 使っている. 10 進数に直して, $\log_{10}(2^{113})$ = 34 桁表現できる. このフォーマットは著名なコンパイラである GNU Compiler Collection (GCC) にも実装されているため, C および FORTRAN で実際に使うことも可能である. 例えば, List11.3 のように, π を倍精度および四倍精度で計算し, その差を計算するという C のコードを実行してみた. π の値を求めて見ると, 倍精度は 15 桁, 四倍精度では 34 桁目まで合っている. それらを引き算をすると 1.0×10^{-16} 程度の誤差がある. これはちょうど予想された結果と一致する.

C では言語仕様の問題が大きい. C99 の言語仕様では, long double は double 以上の精度を持つことであり, 必ずしも四倍精度とは限らない. x86 の CPU では, long double というと 80bit 長の extended precision を指す場合があるし (IEEE 754 1985 までは定義されていたが 2008 では外された), IBM の Power 系だと次セクションの倍倍精度を指すことがある. 従って互換性が取れない場合が多く, 注意が必要である. 標準的な C の規格である C99 や C11 から外れ, GCC 特有の拡張であるが __float128 を用いるのが正しいのかもしれない.

11.3. 多倍長精度計算, 高精度計算

List 11.3 C での __float128 サンプルプログラムおよび実行.

```
$ cat test.c
#include <quadmath.h>
#include <math.h>
#include <stdlib.h>
#include <stdio.h>
int main ()
{
    __float128 r, s, t;
    double _t;
    char buf[128];
    r = atanq(1.0q) * 4.0q;
    _t = atan(1.0d) * 4.0d;
    t = _t;
    quadmath_snprintf (buf, sizeof buf, "%+-#*.38Qe", r);
    printf("%s\n", buf);
    quadmath_snprintf (buf, sizeof buf, "%+-#*.38Qe", t);
    printf("%s\n", buf);
    s = r - t;
    quadmath_snprintf (buf, sizeof buf, "%+-#*.38Qe", s);
    printf("%s\n", buf);
}
$ gcc test.c -lquadmath ; ./a.out
+3.14159265358979323846264338327950279748e+00
+3.14159265358979311599796346854418516159e+00
+1.22464679914735317635888491926262295573e-16
```

FORTRAN では REAL*16 を用いる場合, IBM や Sparc など倍倍精度を用いていることがある. その時はこの二つの REAL*16 には互換性がない. 結果をファイルに書き出したときなど, 注意が必要である.

倍倍精度とその周辺について

倍倍精度は, 倍精度で約 16 桁の精度の数 2 つをそのまま配列として持つことで約 32 桁の精度が実現される. つまり, 倍倍精度型の数 a は倍精度の数 a_{hi}, a_{lo} を使って

$$a = a_{hi} + a_{lo}$$

のように表し, $\otimes, \oplus, \ominus$ を倍精度同士の積, 和, 差を倍精度に丸める演算とする. 二つのアルゴリズム Quick-Two-sum および Two-Prod を使い, この上に演算を定義する.

前者は a, b を倍精度の数とし, $|a| \geq |b|$ の場合, $s = (a \oplus b)$ および $e = a + b - (a \oplus b)$ を 3 回の演算で厳密に評価する [17]. 倍精度同士での加算における誤差を厳密に計算できるアルゴリズムである. 後者は $a \times b = a \otimes b + e = p + e$ を行う [18]. こちらは倍精度同士の乗算におい

表 11.4 倍倍精度演算の基礎アルゴリズムおよびそれを使った倍倍精度での加算, 積算アルゴリズムにかかる倍精度演算の回数.

アルゴリズム	演算回数
倍倍精度加算	20
倍倍精度乗算	24
FMA を用いた乗算	10

て, 誤差を厳密に計算できるアルゴリズムである. これらを使うと倍倍精度型 a 上に四則演算が定義できる. C++でのライブラリも存在する [19]. 表 11.4 に, 加算乗算にかかる倍精度演算の回数をまとめた. 最近の CPU には Fused Multiply Add 命令が入っているがこれらを用いると乗算にかかる倍精度演算回数は半分以下になる.

倍倍精度型は倍精度のみで演算できるため高速である. FMA がサポートされていれば, 倍精度の計算時間の 20 倍以内で終わる. また SIMD などを用いない場合, 本物の四倍精度より 10 倍程度高速となるである. 最近の CPU は SSE4 や AVX2 などで SIMD がサポートされているため,「本物」の四倍精度 よりさらに高速な実装は可能である. NVIDIA C2050 を用いた実装では, 行列–行列演算で 16GFlops 程度のパフォーマンスがでている [20]. ただし, 四倍精度に比べて倍倍精度演算は 3 桁〜4 桁程度精度が落ちる (104bit vs 113bit). そして指数部は倍精度のままで表現できる数の範囲は小さいことに留意する必要がある. 現在の実用的な計算における「精度が足りない」問題はほぼこの倍倍精度で解決される.

任意長の仮数部を持てるライブラリ

実験数学などでもっとも重要なのは, 有効桁が四倍精度では全く足りない, または予測ができない場合である. この場合, 仮数部を任意長く取れる演算が必要である. そのような用途において最も高速かつ広く使われているライブラリは GMP[21], またそれをベースにした MPFR[22] である. GMP は任意長の整数演算や有理数演算も扱う. GMP は様々な高精度演算ライブラリと比較しても最も高速な部類に入る. MPFR は GMP に比

11.3. 多倍長精度計算, 高精度計算

べ初等関数 (指数関数, 対数関数, 三角関数) や, ガンマ関数, ゼータ関数などを実装し, よりよいセマンティクスをサポートしている.[4] 例えば IEEE 754 にあるような丸めモード, 無限大, NaN, オーバーフローなど. MPFR をベースにした複素数演算ライブラリ MPC[23] もある. さらに, この上の線形代数演算ライブラリには MPACK[24] や BNCpack[25] などもある. 任意の高精度数値計算環境はかなり揃ってきている状況である.

プログラミングは基本的に C で行うこととなるが, 非常に面倒である. そのため C++ のクラスを使って "double" と同じような感覚で利用できるようなラッパーを使用するのがよい.

練習問題

1. 11.1.5 の Alg1 と Alg2 を各自の環境でコンパイルして実行し, 表 11.3 と同じデータを取ってみよ. そのとき, コンパイルオプションの違いによる差も調べよ.

2. 図 11.7 のコードをコンパイル実行し, 1,2,3,4,6,12 スレッドでは数値が一致することを確認せよ. また, それ以外の数ではスレッド数に誤差が出ることを確認せよ.

3. 倍倍精度のライブラリ (apt-get install libqd-dev) を使って, 倍精度, 倍倍精度の各精度で π の値を求めるプログラムを書き, 比較せよ.

4. MPACK[24][26] を用い、ヒルベルト行列の逆行列を求めよ. 行列の大きさおよび精度を様々に変化させ, ヒルベルト行列とその逆行列の積から単位行列を引いた誤差行列の 1-norm を計算し, 正しく求まっているかどうか検証してみよ (答えは [26] を参照のこと, CiNii からオープンアクセスできるので web から手軽に読むことができる).

---

[4]IEEE754 でサポートされている, ゼロ除算例外, 無限大などのような数値計算上重要となる, 意味 (=セマンティクス) のある数値、処理または演算などを GMP より多くサポートしている.

参考文献

[1] IEEE Standard for Floating-Point Arithmetic, Std, 754–2008 (2008).

[2] 大石 進一 著 「現代非線形科学シリーズ 6 精度保証付き数値計算』コロナ社 (2001）．

[3] R. E. Moore , R. Baker K. and M. J. Cloud, *Introduction to Interval Analysis* (Society for Industrial and Applied Mathematics)(2009).

[4] S. Oishi and S. M. Rump, *Numer. Math.*, **90**(4), 755 (2002).

[5] N. J. Higham, *Accuracy and Stability of Numerical Algorithms, second edition*, (SIAM Publications, Philadelphia) (2002).

[6] T. Ogita, S. M. Rump, and S. Oishi, *Technical Report 2005-04, Advanced Research Institute for Science and Engineering*, (Waseda University, Tokyo, Japan (2005).

[7] T. Ogita, S. M. Rump, and S. Oishi, SIAM Journal on Scientific Computing (SISC), **26**(6), 1955 (2005).

[8] 越塚誠一, 柴田和也, 室谷浩平 『粒子法入門 流体シミュレーションの基礎から並列計算と可視化まで』丸善出版 (2014).

[9] 戸川隼人『共役勾配法 (シリーズ新しい応用の数学 17)』教育出版 (1977).

[10] D. H. Bailey, R. Barrio and J. M. Borwein, *Applied Mathematics and Computation*, **218**, 10106 (2012).

[11] D. H. Bailey and J. M. Borwein, *Mathematics*, **3**, 337 (2015).

[12] G. Beliakov and Y. Matiyasevich arXiv:1308.1536

[13] B. N. Parlett, *The Symmetric Eigenvalue Problem (Classics in Applied Mathematics)*. Society for Industrial Mathematics (1987).

[14] H. Hasegawa, In *Proceedings of the 8th SIAM Conference on Applied Linear Algebra*, **25** (2012).

[15] H. Waki, M. Nakata and M. Muramatsu, *Computational Optimization and Applications*, **53**, 823 (2012).

[16] F. Bornemann, D. Laurie, S. Wagon and J. Waldvogel, *Society for Industrial and Applied Mathematics* (2004).

[17] D. E. Knuth, *Art of Computer Programming, Volume 2: Seminumerical Algorithms (3rd Edition)*. Addison-Wesley Professional (1997).

[18] T. J Dekker, *Numerische Mathematik*, **18**, 224 (1971).

[19] Y. Hida, X. S. Li and D. H. Bailey, Technical report, Lawrence Berkeley National Laboratory (2008).

[20] M. Nakata, Y. Takao and S. Noda, R. Himeno, In *Third International Conference on Networking and Computing (ICNC)* (2012).

[21] T. Granlund and Gmp Development Team, Samurai Media Limited, United Kingdom (2015).

[22] L. Fousse, G. Hanrot, V. Lefèvre, P. Pélissier and P. Zimmermann, *ACM Trans. Math. Softw.*, **33**, 13 (2007).

[23] A. Enge, M. Gastineau, P. Théveny and P. Zimmermann, *mpc — A library for multiprecision complex arithmetic with exact rounding*. INRIA, 1.0.3 edition (2015).

[24] M Nakata, *MPACK*. RIKEN, 0.8.0 edition (2012).

[25] T. Koya, *BNCpack*. Shizuoka Institute of Science and Technology, 0.7 edition (2011).

[26] 中田真秀, 応用数理, 2:110–121 (2011).

索引

Accompanying Coordinate Expansion(ACE) 法, 233
ACEMD, 206
All-to-All 通信, 204, 205, 210, 211, 213
AMBER, 189, 206
API(Application Programming Interface), 36, 103
ATLAS(Automatically Tuned Linear Algebra Software), 120, 121, 123, 125

barrier 構文, 60
Bi-CGSTAB 法 (BiConjugate Gradient STABilised 法:安定化双共役勾配法), 174
BLAS, 25, 26, 75, 93, 99–104, 107, 110, 112, 114, 120–122, 125, 230, 242, 252–254
BNCpack, 271
Broyden-Fletcher-Goldfarb-Shanno (BFGS) 法, 229
Bytes per Flops(B/F), 119, 120, 123, 124

C99 準拠, 250
CBLAS, 107, 110

ccNUMA(Cache Coherent Non Uniform Memory Access), 64, 70, 71, 75
CCG法 (Conjugate Gradient 法: 共役勾配法), 174, 175
CG 法 (Conjugate Gradient 法; 共役勾配法), 259, 260, 262
CHARMM, 190, 205
CHARMM++, 204
CholeskyQR2, 168
Column major, 106, 107, 111, 114
communication-optimal なアルゴリズム, 172, 173
critical 構文, 60
critical 節, 57, 58, 232
CUDA, 65
CX 分解, 179, 180

DATA 構文, 66
DESMOND, 204–206
DGEMM, 25, 102, 104, 105, 122, 125, 236, 237
Direct Inversion of the Iterative subspace(DIIS) 法, 228, 229
Divide and Conquer(DC)法, 225,

242
do 構文, 54
dynamic 節, 63

Effective Core Potential (ECP) 法, 225
EigenExa, 243
Elongation 法, 225
Ewald 法, 193, 198, 204

Fault-Tolerant GMRES 法, 177
fesetround 関数, 250
FFT(Fast Fourier Transformation(高速Fourier変換), 193, 204–207, 210, 211, 213
Flexible GMRES 法, 177
flush 構文, 60
FMM(Fast Multipole Method:高速多重極展開法), 193, 195, 196, 198, 199, 205, 227
Fock 行列, 221, 227, 228, 234, 235, 237–239, 243
for 構文, 60
Fragment Molecular Orbital(FMO) 法, 225
Frozen Core 近似, 225
Fused Multiply Add 命令, 270

GAMESS, 235, 236, 238, 240
Gaussian-Split Ewald 法, 205
Gauss 関数, 232, 233

GENESISS, 193, 205–208, 210, 211, 213
GMP, 270
GMRES 法 (Generalized Minimum RESidual 法:最小残差法), 173
GMRES 法 (Generalized Minimum RESidual 法；最小残差法), 174, 175
GotoBLAS2, 121
gprof, 143–146
GPU, 1, 65, 66, 68, 74, 93, 126, 167, 178, 206
GROMACS, 190, 205, 206, 210
guided 節, 63

Hartree-Fock, 220–223, 237, 239, 240, 242
Head-Gordon-Pople 法, 233
HT(Hyper Threading), 37

IDR(s) 法 (Induced Dimension reduction (s) 法), 174
IEEE 754 1985, 268, 271
IEEE754-2008, 249, 250, 265–267

L2L(local to local), 198
L2P(local to particle), 197, 198
LAMMPS, 190
LAPACK, 26, 75, 93, 100, 103, 104, 107, 110, 112, 114,

120–122, 125, 126, 171, 230, 242
leading dimension, 107, 110, 112, 113
Legendre 多項式, 194
Lennard-Jones 相互作用, 201
Level Shift 法, 229
LINCS 法, 203
Liouville 演算子, 199, 200
LLC(Last Level cache), 5
Localized Molecular Orbital (LMO) 法, 225
LU 分解, 100, 103, 162, 166, 167, 170, 173

M2L(multipole to local), 196–198
M2M(multipole to multipole), 197, 198
map 節, 65
master 構文, 60
Matlab, 100, 111
Maxwell 分布, 190
McMurchie-Davidson(MD) 法, 233, 234
Midpoint Cell 法, 205, 208–211
Midpoint(中点)法, 204, 205, 208
MIMD, 30, 32
MISD, 30
MODYLAS, 190, 193, 198, 205
MOIL, 206
MMoore-Penrose の逆行列, 179

MP2, 223, 235–237, 240, 242–244
MPACK, 271
MPC, 271
MPFR, 270, 271
MPI(Message Passing Interface), 29, 33, 35–37, 39, 42–44, 46, 48, 49, 51, 68, 70, 72, 74, 76, 81, 85, 86, 89, 205, 208, 230, 231, 238, 262, 263
MPI-1(MPI バージョン 1), 36, 86
MPI_Allreduce, 44, 45, 48, 84, 161, 173–175, 237
MPI_Bcast, 42–45, 48
MPI_Comm_size, 37, 46
MPI_Init, 46
MPI_Isend, 85–87, 89
MPI_MAX, 44
MPI_MAXLOC, 44
MPI_MIN, 44
MPI_MINLOC, 44
MPI_PROD, 44
MPI_Recv, 40, 41, 87
MPI_Reduce, 43–45, 47
MPI_Send, 41, 85, 87, 89
MPI_Send_init, 87
MPI_Sendrecv, 243
MPI_Start, 87
MPI_SUM, 44

MPI_Wait, 39, 86, 87
MPS（Moving Particle Semi-implicit）法, 258–260
Multilevel summation 法, 193, 205
multiple time step, 192, 199–201

NAMD, 190, 204–206, 210
Newton-Raphson 法, 202
Newton 力学, 189
numactl コマンド, 75
NUMA(Non Uniform Memory Access) 構成, 6, 31, 32, 64, 69

Obara-Saika 法, 233
octave(GNU octave), 100, 101, 104, 106, 108, 111, 122, 124
ONIOM 法, 225
OpenACC, 66, 68, 74
OpenBLAS, 101, 114, 121–124
OpenMP, 20, 33, 51–55, 57–59, 61–65, 68, 71–75, 89, 103, 149, 205, 208, 230, 231, 237, 240, 242, 263
OPLS, 190

P2M(particle to multipole), 196, 197
P2P(particle to particle), 196
parallel do 構文, 55, 58, 59, 61, 63

parallel sections 構文, 55
parallel 構文, 54, 55, 59, 60
PE(Processing Element), 30, 32, 33, 41, 44, 220
Pencil(二次元) 分割, 210, 211
perf, 146, 148, 149, 156
PME(particle mesh Ewald) 法, 193, 199, 204, 205, 207, 210, 211
Pople-Hehre(PH) 法, 233, 234
ppOpen-AT, 88, 90
ppOpen-HPC プロジェクト, 90
print 文デバッグ, 130, 138
private 節, 58, 63, 232

QM/MM 法, 225
QMR 法 (Quasi-Minimum Residual 法:疑似最小残差法), 174
QR 分解, 103, 163, 166, 167, 170, 173, 178, 184
Quadratically convergent SCF 法, 229

RATTLE 法, 203, 212
reduction 節, 59, 232
Redundant 座標, 229, 244
reference BLAS, 101, 102, 120, 123, 125
Resolution of Identity(RI) 法, 227
RESPA 多重時間刻み積分, 212, 213

RESPA 法, 192, 199, 201, 213
Row major, 107, 111
Rys 多項式, 233

ScaLAPACK, 26, 75, 171, 181, 182, 243
Schur 分解, 103
sections 構文, 54, 56, 60
Seism3D, 81
Self-Consistent Field(SCF)(自己無撞着場), 221, 225, 227, 228, 238, 242
SETTLE 法, 203, 212
SHAKE 法, 203, 212
SIMD, 30, 32, 33, 117, 123, 150, 229, 232, 267, 270
single 構文, 54, 59, 60
SISD, 30
分割 Slab(一次元)分割, 210, 211
SMASH, 240, 242, 245
SMP(Symmetry Multiprocessor), 30
sort+diff デバッグ, 130, 133, 135, 136
SPMD(Single Program Multiple Data), 32, 33, 36, 46
static 節, 62
Strassen, 253, 254
Subversion, 139
Suzuki-Trotter 展開, 200

target 構文, 65

Tensor Train 形式, 181
TSQR(Tall-Skinny QR), 167, 168, 184

UMA(Uniform Memory Access), 30

van der Waals 相互作用, 191, 204

z-Pares, 169

アジャイル動開発, 136
アムダールの法則, 34, 35, 49
1 対 1 通信, 41, 42, 47
1 対 1 通信関数, 40
1 対全通信関数, 42
一般固有値問題, 169
IF 文の除去, 22
イメージセル, 196, 198
上三角因子, 167
上三角行列, 102, 103, 167, 184
打ち切り誤差, 249
永続的通信, 86, 87, 89
エクストリーム・プログラミング, 136
N ウェイ・セット・アソシアティブ方式, 12
L1 キャッシュ, 4
演算精度の非均質性, 6
演算の非均質性, 6
帯行列, 166, 167

オーバーヘッド, 21, 29, 54, 182, 262
階層キャッシュ, 26
階層的 Tucker 分解, 181
階層メモリ, 4, 5, 11, 158, 163
影のハミルトニアン, 200
カットオフ, 192, 193, 204, 221, 223, 227
カットオフ距離, 131, 132, 204, 205, 207–209, 212
外積形式, 8, 9
ガウスの消去法, 94, 96
基本セル, 193, 195
キャッシュ, 4, 5, 8, 11, 12, 16, 17, 19, 26, 149, 150, 152, 153, 170–172, 175, 230
キャッシュサイズ, 17, 18, 27
キャッシュブロックキング, 18, 25
キャッシュブロック, 12
キャッシュブロック化, 8, 17
キャッシュブロック化 (タイリング), 17, 79
キャッシュミス, 17, 148, 149, 230
キャッシュメモリ, 5, 11, 160, 184
キャッシュライン, 11–13, 16, 17, 150, 151
キャッシュライン衝突, 13
球面調和関数, 194

強スケーリング, 34, 162, 165, 181–183
共通部分式の削除, 22
共有キャッシュ, 4
共有変数, 58, 59, 63, 232, 240
共有メモリ, 30, 32, 51, 52, 64, 69, 71
極分解, 182
近似逆行列, 252, 253, 256
近似計算アルゴリズム, 180
近似 Second-Order SCF 法, 238
擬 Newton-Raphson 法, 229, 238
逆行列, 99, 103
行列–行列積, 7–10, 14–18, 25, 27, 99, 100, 102, 104, 105, 107, 112, 122, 170, 171, 173, 174, 221, 223, 230, 236, 238, 252, 253, 256
行列–ベクトル積, 3, 4, 71, 76, 102, 124, 143, 173–175, 181, 252
区間演算, 250–252
クリティカルセクション, 57
クリロフ部分空間, 173–176
クリロフ部分空間法, 168, 169, 173–175
グリッド探索, 131, 132, 151
結合クラスター法, 223
結合法則, 98
原子軌道 (AO), 220, 221, 223,

227, 232, 233, 235, 236, 242
原子軌道関数, 227, 228
原子分割, 204, 208
拘束動力学, 192, 201–203
構造体配列 (Array of Structure), 10
コミュニケータ, 41, 43–45
固有値問題, 26, 103, 166, 169, 183, 250, 267
コレスキー分解, 103, 167, 168, 170, 171, 173, 184
混合演算アルゴリズム, 6
混合精度, 165
コードの移動, 22
剛体回転子, 201, 203
誤差関数, 193, 207
最近点丸め, 253–256
近点丸め, 250
最小二乗法, 97, 103, 173
櫻井・杉浦法, 169, 170, 177, 178
サブセル, 195–198
差分近似法, 192
三重対角化, 166, 167, 182
周期境界条件, 192, 193
集団通信演算, 43
集団通信関数, 44, 47
シュワルツの不等式, 227
伸縮ポテンシャル, 191
シンプレクティック数値解法, 192
シンプレクティック性, 201
時間発展演算子, 200, 213
実対称行列, 181
実対称固有値問題, 184
ソフトウェア自動チューニング (自動チューニング), 121, 125, 183
自動並列化, 51, 53, 68, 88
自動並列化コンパイラ, 55, 88, 89
弱スケーリング, 34, 35, 162, 165
地雷型バグ, 130, 136, 137, 142
数値参照テーブル (Lookup Table), 207, 208
数値積分, 169, 177, 178, 192, 199, 200, 202
スケーラビリティ, 36, 182
ストア・イン一方式, 12
ストア・スルー方式, 12
スレッド, 26, 33, 51, 54–61, 63, 74, 103, 149, 232, 237, 238, 245, 253, 254, 260–264, 271
スレッド実行, 33, 54, 68, 71–73, 75
スレッド並列化, 26, 53, 55, 75, 81, 88, 230
スーパーリニア・スピードアップ, 33

索引

静電相互作用 (クーロン相互作用), 191, 192, 194, 201, 204, 227
静電ポテンシャル, 193
精度保証付き数値計算, 250
セット・アソシアティブ方式, 12
摂動法, 223
相互作用分割, 204
疎行列, 166, 168, 170, 173, 178, 221, 223
速度 Verlet 法, 192, 200–202, 213
ソケット, 32, 69, 70, 75, 76
速攻型バグ, 130, 136
ソフトウェア自動チューニング, 18, 88, 89
ソフトウェア性能工学 (SPE, Software Performance Engineering), 88
ソフトウェアパイプライニング, 23, 24, 79, 150
対角化, 107, 109, 110, 221, 223, 230, 238, 242, 243
耐故障性, 164, 176–178, 183
体積分割 (三次元), 204–206, 208–211
多極子モーメント, 195–198
多重極展開 (multipole expansion), 194, 227
縦長行列, 166–168, 184

多倍精度演算, 265–267
単精度 (binary32), 6, 98, 102, 103, 265
単体テスト, 130
台数効果, 33, 34, 49, 54, 76
ダイレクト・マッピング方式, 12, 13
逐次転送方式, 47–49
チャンクサイズ, 62, 63
中間積形式, 8, 9
通信回避 CG 法, 84
通信レイテンシ, 79, 83, 84, 161
低ランク近似, 165, 179–181
テスト駆動開発, 136
転送モード, 39
ディレクティブ, 62, 65, 74, 79, 88, 89
デバッグ, 129, 130, 132–134, 136, 137, 140–142, 156, 235, 264, 266
電子相関エネルギー, 223
電子相関計算, 223, 225, 227–230, 235, 240
データ構造, 8, 10, 80, 190, 232
データ構造変換, 10, 11
統計アンサンブル, 190
特異値分解, 103, 163, 165, 173, 179, 180, 182
内殻電子, 225
内積形式, 8, 9
二分木転送方式, 47–49

ねじれポテンシャル, 191
ノン・ブロッキング関数, 39, 85, 86, 89
ノン・ブロッキング通信, 85–87, 89
配置間相互作用法, 223
ハイブリッド MPI 実行, 70–72, 74–76
ハイブリッド環境, 178
ハイブリッド実行, 33, 52, 74
ハイブリッド並列化, 68, 74, 75, 205, 208, 230, 237, 239, 242
配列構造体 (Structureof (Array), 10
ハウスホルダー法, 167
8 分木構造, 195
反復解法, 84, 87, 257, 259, 260, 262, 264
反復法, 181, 266
倍精度 (binary64), 6, 98, 102, 103, 161, 163, 165, 168, 250, 265, 267, 268
バッチジョブシステム, 48
バージョン管理システム, 129, 137, 139, 142, 156
パイプライニング, 2–4, 23, 24
パイプライン並列性, 7
パイプライン・レイテンシ, 4
パディング, 13, 150
非共有結合力, 204

非共有結合力相互作用, 204–207, 209, 210
非均質構成, 6
非対称固有値問題, 166, 267
標準通信モード, 39, 40
ファーストタッチ, 64
フィルタ対角化, 169
フォンノイマン型コンピュータ, 115
フォンノイマンボトルネック, 115
複素単精度, 102, 103
複素倍精度, 102, 103
浮動小数点数, 97, 98, 249–253, 265
フルセット・アソシアティブ方式, 12
フロベニウスノルム, 179
ブロッキング関数, 37, 39, 40, 85
ブロッキング通信, 89
ブロック, 11–13, 17, 54, 150, 166, 170, 172
ブロック GMRES 法, 174, 175
ブロック化, 17–19, 27, 79, 170, 184
ブロック化アルゴリズム, 79, 171, 172
ブロック化コレスキー分解, 170–172
ブロッククリロフ部分空間, 174

索引

ブロッククリロフ部分空間法, 169
ブロックサイズ, 18, 171, 184
ブロックヤコビ法, 182
分散共有メモリ型, 32
分散メモリ, 30, 32, 36
分散メモリ型, 26, 30, 32, 35, 52
分子間相互作用, 190, 191
分子軌道 (MO), 220, 223, 225, 227, 235, 236, 238, 242
分子軌道法, 181
分子動力学計算 (MD計算), 151, 189, 190, 192, 198, 199, 201–207, 209, 211, 212
分子動力学法 (MD法), 130, 131, 133, 134, 139, 146, 150, 151, 162
分子内自由度, 192, 201
分子内相互作用, 191
分子力場計算, 225
分配法則, 98
プライベート変数, 58, 63, 232, 240
プリフェッチ, 72, 79
プロファイラ, 81, 89, 129, 142–144, 152
並列化効率, 34, 51, 181, 190, 204, 205, 210, 213, 230, 235, 243
並列性, 1, 6, 7, 19, 20, 30, 32, 34, 36, 47, 72, 78, 88, 160, 163, 166–169, 176, 181, 183
並列プログラミング, 29, 30, 32, 69–71, 89
ヘッセンベルグ化, 166, 170
ヘテロジニアス構成, 6
変角ポテンシャル, 191
ペアリスト, 131, 132, 134–136, 209, 212
補誤差関数, 193
補助基底, 227
ホットスポット, 78, 79, 81, 142–144, 147
ホロノーム型の拘束条件, 202
ボトルネック, 79, 80, 114, 115, 126, 149, 152, 204, 207, 210
前処理, 121, 190, 209
マルチコア, 117, 119, 121, 125
マルチコア化, 117
マルチコア型 CPU, 1, 65, 74, 99, 208
マルチスレッド, 103, 119, 125, 148
丸め誤差, 165, 249–253
丸めモード, 250, 253–256, 271
密行列, 163, 166, 170, 178, 221
密行列計算, 162
密度行列, 227
密度汎関数理論 (Density Func-

tional Theory(DFT)), 220, 221, 240, 242
密度フィッティング法, 227
ムーアの法則, 116
命令レベル並列性, 30
メインメモリ, 4, 5, 11, 12, 14–16, 20, 23
メニーコア, 68, 72, 239
メニーコア型 CPU, 1, 65
メモリアクセスの非均質性, 6
メモリバンド幅 (バンド幅), 115, 118–120, 124, 125, 152, 231
メモリブロック, 12
ヤコビ法, 182
予測子-修正子法, 192
四倍精度 (binary128), 163, 265, 267, 268, 270
ランク, 37, 39, 41, 43, 44, 46, 76, 237, 238
離散化誤差, 249
リダクション演算, 43, 44, 84
粒子間相互作用モデル, 258
量子化学計算, 228, 232, 244
理論ピーク性能 (ピーク性能), 26, 117, 123, 125, 265
ループアンローリング, 14, 16, 18, 23
ループ消滅, 20, 81, 88, 89
ループ内連続アクセス, 7, 10
ループ分割, 21, 81, 82, 88, 89

ループ変換, 19, 20, 82, 88
ループ融合, 20, 81, 82, 89
レイテンシ, 80, 152, 160, 161, 165, 173, 231
レイリー・リッツ法, 169, 178
レジスタ, 4, 5, 14–16, 19, 21, 23, 27, 58, 60, 152, 153, 155
レジスタ・スピル, 16, 21
レベル 3BLAS(BLAS3), 25, 26, 230, 236
レベル 2BLAS(BLAS2), 25, 26
レベル 1BLAS(BLAS1), 25, 26
連立一次方程式, 26, 84, 94, 97, 99, 102, 103, 168, 173, 177, 178, 250, 251, 253, 259, 262
ロードバランス (負荷バランス), 62, 149, 209, 231
ワークシェアリング構文, 54

責任編集

下司　雅章（げし・まさあき）
大阪大学ナノサイエンスデザイン教育研究センター　特任准教授
専門は，第一原理計算，物質設計，高圧物性．金沢大学大学院数理情報科学専攻修了．博士（理学）．National Research Council of Canada 研究員，東京大学大学院工学系研究科研究員，大阪大学大学院基礎工学研究科研究員，助手，助教，大阪大学ナノサイエンスデザイン教育研究センター特任講師を経て現在に至る．

計算科学のための HPC 技術 1

発行日	2017 年 3 月 31 日　初版第 1 刷発行　　［検印廃止］
責任編集	下司　雅章
発行所	大 阪 大 学 出 版 会 代表者　三成 賢次 〒565-0871 大阪府吹田市山田丘 2-7　大阪大学ウエストフロント 電　話：06-6877-1614（直通）　ＦＡＸ：06-6877-1617 ＵＲＬ：http://www.osaka-up.or.jp/
印刷・製本	株式会社 遊文舎

©Masaaki GESHI　2017　　　　　　　　　　　　　　　Printed in Japan
ISBN978-4-87259-586-4 C3044
R＜日本複製権センター委託出版物＞
本書を無断で複写複製（コピー）することは，著作権法上の例外を除き，禁じられています．本書をコピーされる場合は，事前に日本複製権センター（JRRC）の許諾を受けてください．